Stefan Lukschy
Der Glückliche schlägt keine Hunde

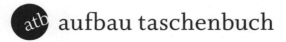

Stefan Lukschy, geboren 1948 in Berlin, studierte nach dem Abitur Musikwissenschaft, Philosophie, Germanistik und Publizistik an der Freien Universität Berlin sowie Regie an der Deutschen Film- und Fernsehakademie Berlin (dffb), danach freiberuflich tätig als Autor und Regisseur, zahlreiche Fernsehproduktionen und Spielfilme.

Loriots Sketche sind Teil des kollektiven Gedächtnisses geworden – wer kann sich heute noch eine Liebeserklärung ohne Nudel vorstellen? Stefan Lukschy lernte Vicco von Bülow 1975 kennen, als er dessen Regieassistent wurde. Aus dieser Zusammenarbeit entwickelte sich eine langjährige Freundschaft – bis zu Loriots Tod im Jahr 2011. Beide verband nicht nur ihre Liebe zur Komik, sondern auch die Faszination für die Musik, insbesondere für die Oper. Lukschy erzählt, wie er als langhaariger Student aus Berlin den »preußischen Edelmann« in Ammerland kennen lernte. Er schildert den für seinen Perfektionismus berüchtigten Künstler ebenso wie den Privatmann Loriot, der seinen Freunden ein inniger und loyaler Vertrauter war.

Stefan Lukschy

Der Glückliche
schlägt keine Hunde

Ein
Loriot
Porträt

atb aufbau taschenbuch

Mit 60 Abbildungen

ISBN 978-3-7466-3106-6

Aufbau Taschenbuch ist eine Marke der Aufbau Verlag GmbH & Co. KG

2. Auflage 2017
© Aufbau Verlag GmbH & Co. KG, Berlin 2015
Die Originalausgabe erschien 2013 bei Aufbau, einer Marke der Aufbau
Verlag GmbH & Co. KG
Umschlaggestaltung hißmann, heilmann, Hamburg
grafische Adaption Mediabureau Di Stefano, Berlin
unter Verwendung zweier Motive von mauritius images/Holger Jacobs
gesetzt aus der Adobe Garamond und der Odette
durch die LVD GmbH, Berlin
Druck und Binden CPI books, Leck, Germany
Printed in Germany

www.aufbau-verlag.de

Statt eines Vorwortes

FÜR STEFAN LUKSCHY
WÜNSCHT FIEL ERVOLG
LORIOT
GAUTING AM 2.4.60

Unsere erste Begegnung war gewissermaßen virtuell. Man schrieb das Jahr 1960. Ich war zarte elf Jahre alt und bereits ein glühender Fan des bedeutendsten humoristischen Zeichners Deutschlands, als mein Vater den erheblich jüngeren Vicco von Bülow in dessen Haus in Gauting bei München besuchte. Möglicherweise hatten die beiden sich über Bernhard Wicki kennengelernt, denn wenig später traten sie gemeinsam in der internationalen Hollywood-Produktion »The Longest Day« (»Der längste Tag«) auf, bei der Wicki Regie für die deutschen Teile führte. Nicht, dass sie eine gemeinsame Szene gehabt hätten – mein Vater, der Schauspieler Wolfgang Lukschy, spielte in dem Weltkriegsdrama General Jodl und musste sich am Telefon weigern, Hitler angesichts der Invasion der Alliierten in der Normandie aus dem Bett zu holen (was ihm in der englischen Version, die parallel gedreht wurde, sichtlich schwer fiel), während sich Vicco von Bülow in seiner Rolle als anonymer deutscher Leutnant die Zunge mit dem Satz »We haven't been able to get it through, Sir« zerbrach. An den Tücken des

»th« hat er sich später mit der »Englischen Ansage« (»North Cothelstone Hall …«) angemessen gerächt.

Unter Umständen sind die beiden sich sogar schon 1940 über den Weg gelaufen. Mein Vater spielte eine kleine Rolle in dem Ufa-Film »Schiller – Der Triumph eines Genies«, Loriot gab als Komparse einen Lakaien am Hof des Herzogs Karl Eugen von Württemberg.

Bei seinem Besuch in Gauting, im Jahr 1960, wurde mein Vater, wie viele Gäste im Hause Bülow, von Loriot mit dessen 4x4cm-Rolleiflex-Kamera, Baujahr 1952, in Schwarz-Weiß neben einer kleinen Holzsäule fotografiert.

Zurück in Berlin, überreichte er mir das kleine, blassrosafarbene »Diogenes Tabu« (Tabu = Taschenbuch), »Der Weg zum Erfolg«, von meinem Idol mit schwarzer Tusche signiert. Ich hüte es bis heute, und als ich es im Mai 2010, bei einem seiner letzten Besuche in Berlin, meinem Freund Vicco zeigte, waren wir beide sehr gerührt. Warum er dem Elfjährigen im Zusammenhang mit »fiel Ervolg« eine eher matronige Mutti zeichnete, war allerdings nicht mehr zu klären und wird infolgedessen auf ewig ein Rätsel bleiben.

Loriots Bücher aus der Reihe »Diogenes Tabus«, kleinformatige, glänzende Bändchen mit den Werken der besten Cartoonisten ihrer Zeit, gehörten schon länger zu meinen Favoriten. An »Auf den Hund gekommen«, »Der gute Ton« und »Der Weg zum Erfolg« hat sich wesentlich mein Sinn für das Komische gebildet.

Meine Bewunderung für Loriot setzte sich fort, als ich 1968 als junger Student in einer WG in Berlin-Lichterfelde wohnte. Die Stuttgarter »Cartoon«-Sendungen zu sehen gehörte zum festen Ritual unserer Wohngemeinschaft. Ich glaube nicht, dass wir auch nur eine Sendung verpasst haben. Loriot war für uns in Sachen Humor das Maß aller Dinge. Und er machte die schwierige Zeit der politischen Auseinandersetzungen und der Studentenunruhen, in der vieles so übertrieben ernst genommen wurde, auf wunderbare Weise leicht.

Vermutlich war er der einzige Humorist, über den sowohl das »Establishment« als auch die rebellischen Studenten – und als ein solcher verstand ich mich – lachen konnten. Loriot stand über den Dingen, er war kritisch bis zur Anarchie, ließ sich aber nie vor irgendeinen politischen Karren spannen.

Woran lag das? In seinem luziden Essay »Wir sind Loriot« beschreibt der Historiker Christoph Stölzl das Phänomen Loriot so: »Niemand hat die Zeitungen, die Benimmbücher, die Grußworte, die Parlamentsreden und die Tarifverträge der Bundesrepublik mit kälterem Ethnologenblick durchforstet als Loriot. [...] Wenn man einmal die Geschichte unseres Landes nach dem Zweiten Weltkrieg schreiben wird, kann man getrost auf die Tonnen bedruckten Papiers der Sozialforscher verzichten und sich Loriots gesammelten Werken zuwenden: Das sind wir, in Glanz und Elend.« Er war ein wahrhaftiger Freigeist, der die Aufbaujahre der kleinbürgerlichen Republik mit größtmöglicher Ironie begleitete und auch in der DDR viele Fans hatte.

Die Reihe »Cartoon« war 1966 entstanden, als die Dokumentarabteilung (!) des Süddeutschen Rundfunks jemanden suchte, der durch eine Sendung mit internationalen Zeichentrickfilmen führen konnte. Man verfiel auf den erfolgreichsten Cartoonisten des Landes, Vicco von Bülow, der auf einem roten Sofa Platz nahm und es binnen kurzer Zeit verstand, seine Moderationen zum eigentlichen Höhepunkt von »Cartoon« zu machen – abgesehen von seinen eigenen Trickfilmen, die am Ende einer jeden Sendung liefen.

Ich war also durch kindliche Vorstudien von Loriots Zeichnungen und das regelmäßige Sehen seiner frühen Fernsehwerke bestens auf das vorbereitet, was mich 1975 eher zufällig ereilte.

Mein Studium der Germanistik, Musikwissenschaft und Publizistik an der Freien Universität Berlin hatte ich aufgegeben, um an der dffb (Deutsche Film- und Fernsehakademie

Berlin) zu studieren. Unser Regiedozent Roland Gall drehte für Radio Bremen das Anarchistendrama »Lenau«. Für den Dreh des Fernsehfilms nahm Gall zwei seiner Studenten als Regieassistenten mit nach Bremen, einer davon war ich. Ich glaube, als professioneller Regieassistent war ich eine ziemliche Katastrophe. An der Filmakademie hatte man uns beigebracht, selbständige und freie »Filmemacher« zu werden, von den arbeitsteiligen Prozessen einer professionellen Produktion hatten wir keinen Schimmer.

Dennoch habe ich offenbar einen ganz anständigen Eindruck bei Jürgen Breest, dem Fernsehspielchef des Senders, hinterlassen. Zum Abschied bat ich ihn, sich doch bei mir zu melden, wenn er mal wieder einen Job hätte. Zwar war mein Studium noch nicht beendet – mein Abschlussfilm stand noch aus –, aber einen Job und Geld konnte ich immer gebrauchen. Vielsagend lächelnd antwortete Breest mir, dass ich möglicherweise schon bald von ihm hören würde.

Am 16. Januar 1975 erfuhr ich von Jürgen Breest, dass Loriot in Zukunft seine »Cartoon«-Sendungen in Bremen statt in Stuttgart produzieren werde. Der ehemalige Stuttgarter Programmdirektor Dieter Ertel hatte den Sender gewechselt, und Loriot folgte ihm – und er suchte einen neuen Assistenten. Anfang März war es dann so weit. Ich flog nach Bremen und lernte Loriot im Redaktionsbüro von Breest kennen.

Unsere Begegnung fand in bewegten Zeiten statt. Ich war, als Student der dffb, ein Linker, das gehörte dort gewissermaßen zum guten Ton. Zwar war ich nicht politisch organisiert, aber an der Berliner Filmakademie war man links, die einen mehr, die anderen, zu denen ich zählte, weniger. Der jenseits von politischen Einstellungen bewunderte Film der Saison war »Chinatown« von Roman Polanski. Ein Jahr zuvor war Bölls Erzählung »Die verlorene Ehre der Katharina Blum«, eine scharfe Abrechnung mit dem Sensationsjournalismus der »Bild«-Zeitung, herausgekommen. Bölls bissige Verfassungs-

8

schutzsatire »Berichte zur Gesinnungslage der Nation«, in der sich mehrere Verfassungsschützer gegenseitig bespitzeln, erschien im Jahr der ersten Bremer Loriot-Sendung.

Kurz vor meinem Flug nach Bremen war Peter Lorenz, der damalige Vorsitzende der Berliner CDU, von der »Bewegung 2. Juni« entführt worden. Als langhaariger Student mit speckiger Lederjacke wurde ich schon beim Betreten der Passkontrolle am Flughafen Berlin-Tempelhof schräg angeschaut. Lorenz wurde am 4. März wieder freigelassen, am 3. März gab der Langhaarige mit der Lederjacke dem konservativ gekleideten Loriot zum ersten Mal in Bremen die Hand.

Unser Treffen war von gegenseitiger Sympathie geprägt. Dass Loriot meinen Vater flüchtig kannte, spielte keine Rolle. In meinem Tagebuch notierte ich: *»Bremen sehr gut alles in allem. Loriot ist wunderbar. Viele tolle Ideen, dabei offen und gutherzig. Ich freue mich schon sehr auf die Zusammenarbeit, vor allem, da ich viel selber werde machen können.«*

Wir stiegen, kaum dass wir uns kannten, in die inhaltliche Vorbereitung der ersten Sendung ein. Kein unnötiger Smalltalk, schnörkellos medias in res. Auf der anschließenden gemeinsamen Bahnfahrt von Bremen nach Hamburg – Loriot flog von dort nach München, ich besuchte Freunde – führten wir auch gleich das erste politische Gespräch. Ich vertrat die These, dass alle Humoristen links seien. Auch wenn er vermutlich nicht ganz meiner Meinung war, ließ er das doch unwidersprochen stehen. Das eben war das Besondere an ihm. Da, wo wir uns empörten, stand er souverän lächelnd daneben, beobachtete die kränkelnde Gesellschaft mit unbestechlicher Genauigkeit und stellte sie durch Lachen bloß. Er lehnte die bestehende Ordnung nicht ab, sondern liebte sie geradezu, weil er es reizvoll fand, sie zu unterlaufen, und weil er fand, dass es nichts Komischeres gibt, als Anarchist zu sein, ohne im Grunde einer zu sein. Die Satire nannte er eine Waffe, die sich grundsätzlich gegen die Macht richtet, »es gibt keine andere

Richtung«. Wobei er anfügte, dass in der Demokratie das Volk, »der Wähler, der Konsument, der Zuschauer, der Autobesitzer«, die Macht habe. »Damit werden sie zum Ziel der Satire.« Ich ahnte, dass ich von ihm sehr viel würde lernen können.

Der Rebell und der Humorist wohnen im selben Haus, Wand an Wand, nur ist die Tür in der Wand meist verschlossen. Loriot hat mir diese Tür weit geöffnet.

Ammerland, die Erste

Am 16. März 1975, knapp zwei Wochen nach unserem ersten Beschnuppern, erreichte mich ein Brief unseres Redakteurs Jürgen Breest: »Lieber Stefan, Loriot ist sehr angetan von Dir, unserer Arbeit steht nun also nichts mehr im Wege.«

Diese positive Nachricht fiel in eine für mich privat sehr schwere Zeit. Während der Vorbereitungen und des Drehs der ersten Bremer Sendung hatte mein Bruder psychische Probleme, die ihn zu Aufenthalten in Nervenkliniken zwangen, mit meinem Vater lag ich politisch über Kreuz, die geliebte Großmutter, mein Anker in der Familie, war altersschwach und bedurfte meiner Hilfe. Und das Studium an der dffb verlangte mir viel ab. Während ich in Berlin meinen eigenen Abschlussfilm, die Heimarbeiterinnen-Komödie »Krawatten für Olympia«, vorbereitete, arbeitete ich parallel als Kameramann bei dem Abschlussfilm einer Kommilitonin. Zu allem Überfluss war ich auch noch unglücklich verliebt.

Aus einer zerrissenen Stadt und aus einer zerrissenen Lebenssituation kommend, setzte ich mich am 6. April 1975 stark übernächtigt in meinen zum Campen selbst ausgebauten rostigen alten VW-Bus (grau, geteilte Frontscheibe, Ersatzreifen mit roter Radkappe vorn angeschraubt, schadhaftes Getriebe) und fuhr über die löchrige und kaputte DDR-Autobahn zum Starnberger See. Ich kam aus der Vorhölle und landete im Paradies.

Loriots Haus in Ammerland ist, er hat dies oft erzählt, kein der Gegend entsprechendes typisch bayerisches Bauernhaus.

Er hat es selbst entworfen, vom Stil her ist es ein bescheidenes märkisches Herrenhaus, wie man es in den Straßendörfern Brandenburgs häufig findet – eine Hommage an Loriots Kindheit in seiner Geburtsstadt Brandenburg und in Berlin. Der klassizistische Entwurf sah im Rohbau derart schlicht aus, dass der Chef der ausführenden Baufirma vor Scham die Bauschilder mit seinem Firmennamen entfernte. Erst als Stuck und dunkelgrüne Fensterläden den Bau schmückten, wies der Mann mit Stolz darauf hin, dass er das Haus gebaut hatte.

Familie von Bülow brachte in mir Saiten zum Klingen, von denen ich glaubte, sie seien längst verstummt. Meine eigene Familie war eine seltsame Mischung aus unterschiedlichen Lebenswelten. Meine Mutter, die Bühnenbildnerin, Innenarchitektin und Malerin Viktoria von Schack, stammte aus verarmtem Land- und Offiziersadel, mein Vater hatte sich aus ärmlichen kleinbürgerlichen Verhältnissen hochgearbeitet. Meine Eltern waren Künstler, heute würde man ihren Lebensstil vielleicht als »bourgeois-bohèmien« bezeichnen. In dieser reizvollen Mischung aus erlesenem Geschmack (meine Mutter) und sprühendem Witz (mein Vater) wuchs ich auf. Leider hielt die Ehe meiner Eltern nur kurz. Nachdem die zweite Ehe meiner Mutter ebenfalls gescheitert war und sich die psychischen Probleme meines Bruders häuften, nahm sich meine Mutter 1965 das Leben. Ich war siebzehn Jahre alt. Für mich brach eine scheinbar heile Welt zusammen, die ich, wenn auch in anderer Form, bei Bülows wiederfand.

Der erste Nachmittag bei Loriot erinnerte mich an vieles, was ich verdrängt und vergessen hatte. Aber im Gegensatz zu meiner eigenen Familie funktionierte es hier. Die Ehe war stabil, die Beziehungen intakt. Der gute Geschmack sowie der Sinn für Proportionen und Symmetrie standen seltsamerweise in keinem Widerspruch zu Loriots subversivem Humor – es passte einfach alles zusammen.

Und wieder kamen wir gleich zur Sache. Natürlich hatte ich nicht mehr alle »Cartoon«-Sendungen detailliert im Gedächtnis. Aber Loriot gehörte zu den wenigen Menschen, die schon damals einen »VCR«-Recorder hatten, ein Ungetüm mit dicken Kassetten, auf die man, und das war neu, zuhause Fernsehsendungen aufzeichnen konnte. Er führte mir von seiner Arbeit das vor, was er für besonders gelungen hielt. Zwischen Biedermeiermöbeln sitzend, guckten wir uns Sketche an, in denen unter anderem ein verzweifelter alkoholisierter Kleinbürger auf chaotische Weise an den Tücken eines Benimmkurses scheitert: *»Wir sahen alte ›Cartoon‹-Sendungen vom VCR. Großartig die Szene in der Benimmschule, die leider von der Kritik abgelehnt wurde.«*

Heute ist nur noch schwer vorstellbar, dass Kritik und Publikum dem frühen Loriot keineswegs zu Füßen lagen. Viele seiner Sketche wurden als geschmacklos und unfein abgelehnt. Die »Stern«-Serie, auf der sein erstes Buch »Auf den Hund gekommen« (auch dies ein Lieblingsbuch meiner Kindheit) basierte, rief 1953 sogar derart erboste Reaktionen hervor, dass die Serie von der Redaktion des Blattes schon nach sieben Folgen eingestellt wurde: »Lassen Sie doch endlich die blöden und abstoßenden Hundebilder aus Ihrer Zeitung. Diese heben das Niveau des ›Stern‹ sicher nicht. Ein Dauerabonnent.«

So kurz nach dem Ende des Zweien Weltkrieges war man sich der Stellung des Menschen in der Schöpfung offenbar noch nicht wieder sicher und fühlte sich durch Loriots ironische Inversion der Rollen von Mensch und Hund – große Hunde hielten sich kleine Menschen als Haustiere und führten sie an der Leine – auf den Schlips getreten: »Ich bin jedes Mal von neuem enttäuscht, wieder eine Fortsetzung dieser mir so gar nicht witzig erscheinenden Zeichnungen ›Auf den Hund gekommen‹ in Kauf nehmen zu müssen. Ich sehe in den Bildern eine starke Herabsetzung des ›homo sapiens‹. So weit darf es doch nicht gehen. Können Sie denn nicht endlich damit Schluss machen? Mir wird speiübel dabei.«

Ein angesichts Loriot'scher Zeichnungen von »Brechreiz« gepeinigter Abonnent schlug dem Verleger sogar vor: »Können Sie ihm nicht ein kl. Fläschchen E 605 eingeben«, das hochtoxische Pflanzenschutzmittel war auch als »Schwiegermuttergift« bekannt.

Den Beschwerden der Kirche über die Darstellung des Hündischen im Menschen und des Menschlichen im Hund begegnete Loriot damit, dass er einem Pfarrer klarmachte, auch Hunde seien Teil der Schöpfung und damit zu respektieren. Ein sich anschließender Briefwechsel endete immerhin damit, dass der Pfarrer Loriots Zeichnungen mehrfach zum Anlass von Predigten nahm.

Auch die Fernsehsendungen waren nicht unumstritten. Nach der ersten »Cartoon«-Sendung schrieb ein wütender Zuschauer aus Pforzheim: »Ihre heute, Sonntagabend, vorgeführte neueste Errungenschaft ›Cartoon‹ ist eine Sünde und eine Schande, nicht nur für den Südfunk Stuttgart, sondern auch für die Stadt Stuttgart, für ganz Baden-Württemberg, ja für ganz Deutschland. Es ist höchste Zeit, dass der Allmächtige eingreift und die ganze Menschheit vernichtet. So kann es nicht weitergehen.«

Ich hingegen schätzte Loriot schon als Kind. Als die Hunde den »Stern« aufmischten, war ich jedoch noch zu klein, um zu begreifen, dass die bundesdeutsche Nachkriegsgesellschaft sich beim Versuch, ihre verloren gegangene Würde wiederzugewinnen, durch Loriot gestört fühlte.

Neben der Arbeit gab es noch etwas, was im Laufe unserer sechsunddreißig Jahre währenden Freundschaft eine immer größere Rolle spielen sollte. Schon an diesem ersten Nachmittag in Ammerland stellten wir fest, dass wir eine gemeinsame Liebe für die Musik hegten. Loriot als leidenschaftlich genießender musikalischer Laie (»Meine große Liebe ist die Musik geblieben, mehr, als es das Zeichnen oder die bildende Kunst je hätten sein können.«), ich, der ich früher einmal Dirigent werden wollte, als musikalisch Ausgebildeter und Praktizierender. *»Wir liegen sehr auf der gleichen Welle, was mir nicht zuletzt seine Schallplattensammlung bewies«*, notierte ich in meinem Tagebuch

Mit der Liebe zur klassischen Musik hatte man es als junger Mann in den 1960er Jahren nicht leicht. Die Popmusik hatte sich vom traditionellen Rock 'n' Roll emanzipiert, aus England kamen die Beatles, die Stones und viele andere Gruppen, die ein vollkommen neues Lebensgefühl vermittelten. Ich war ständig hin- und hergerissen. Einerseits zog mich die aktuelle Musik in ihren Bann – ich spiele selber Gitarre –, andererseits bewegten mich die tiefen musikalischen Erlebnisse, die ich immer wieder in der Berliner Philharmonie hatte. Es war der alte Kampf zwischen »U« und »E«. Gleichaltrige, mit denen ich mich über klassische Musik austauschen konnte, waren rar. Und mein Vater, der nach dem Krieg mit vielen bedeutenden Musikern persönlich bekannt war, wusste eigentlich nur Anekdotisches von ihnen zu berichten. Ein wirklich tiefes Verständnis für Musik hatte er wohl nicht. In Loriot hingegen fand ich diesbezüglich einen sachkundigen und klugen Gesprächspartner.

Wie er mir später sagte, war seine Verwunderung allerdings nicht gering, dass sich der langhaarige Student als intimer Kenner des klassischen Opern- und Konzert-Repertoires erwies.

Und dann war da noch vieles mehr, was das Leben in Ammerland so angenehm machte: der herrliche Garten, die Möpse Henry und Gilbert, die mir nach und nach ans Herz wuchsen, Loriots sehr nette Töchter, Bettina, die ältere, eine Kunststudentin, Susanne, die jüngere, noch Schülerin, und allem voran: Romi.

Romi war (und ist bis heute) ein Phänomen. Als Scheidungs-
kind kannte ich intakte Familien nur von Schulfreunden. Das
waren bürgerlich-spießige Familien mit Müttern, die Haus und
Küche bestellten und dem althergebrachten weiblichen Rol-
lenklischee entsprachen, das mit der aufkommenden Emanzi-
pationsbewegung zu Beginn der siebziger Jahre endlich in
Frage gestellt wurde.

Romi war anders. Auch sie bestellte Haus und Küche, aber
sie entsprach so gar nicht dem Bild von einem Hausmütter-
chen. Romi sah schon immer zwanzig Jahre jünger aus, als sie
war – bis heute. Sie malte, sie gärtnerte mit Leidenschaft, sie
ritt Dressur, sie war witzig, und sie war die beste Köchin, die
man sich wünschen konnte. Dies alles mit Leichtigkeit und
burschikosem Charme – und ganz ohne Jodeldiplom.

Der kulinarisch nicht verwöhnte Student schwelgte in Köstlichkeiten und wünschte sich, auch später einmal eine so
selbstbewusste Frau wie Romi an seiner Seite zu haben. Loriot
wäre ohne seine Romi vollkommen aufgeschmissen gewesen.
Nach eigenem Bekunden war er weder in der Lage, eine Tee-
tasse oder einen Löffel in seiner Küche zu finden, noch sich
selbständig ein Butterbrot zu schmieren. Wie sollte er auch, er
hat ja unablässig gearbeitet.

Vorbereitungen

Im April 1975, eine Woche nach meinem Besuch in Ammerland, begannen vor Ort die Planungen für die erste der legendären Bremer Sendungen. Terminbesprechungen, Festlegung der Besetzung, Motivbesichtigungen. Radio Bremen war ein kleiner, aber feiner Sender. Der Studiokomplex, der inzwischen leider nicht mehr existiert, war eine perfekte kleine Filmfabrik. Es gab für alle Gewerke Archive, Lager und Werkstätten. Die Wege waren kurz, die Requisiten- und Kostümfundi gut gefüllt. Was nicht vor Ort vorhanden war, wurde herangeschafft. Die einzige Einschränkung: Es durfte nichts aus dem nahen Hamburg besorgt werden, da waren die Bremer eigen.

Ein feinsinniger Humorist und ein linker Student gehen mit vier Augen auf Motivsuche. Die ersten drei Sketche, die auf dem Drehplan standen, waren die Szene mit der Bananenschale auf dem Frankfurter Flughafen, das Arbeiterinterview mit dem zähen Schinkenbrot in der Werkshalle einer Stahlfabrik und die spanische Touristen-Tragödie »Gran Paradiso«.

In der kritischen Betrachtung eines seinerzeit hypermodern wirkenden Flughafens und eines zeitlos scheußlichen Neubauviertels waren wir uns einig. Die noch nicht ganz fertiggestellte Bremer Trabantenstadt „Neue Vahr" entsprach präzise dem Bild, das Loriot von den Hotelbettenburgen an der Costa Brava hatte. Dass er das Mittelmeer nach Bremen verlegte, war nicht ohne Perfidie.

»Frankfurt Airport« erschien uns als gebaute negative Utopie. Mir kam damals allerdings auch der frisch eröffnete Flughafen Berlin-Tegel »utopisch modern« vor. Die politische Situation wollte es zudem, dass während unserer Motivbesichtigung in Frankfurt extreme Sicherheitsvorschriften herrschten. Überall standen bis an die Zähne bewaffnete Beamte des Bundesgrenzschutzes herum. Wir liefen staunend durch die riesigen Hallen des Terminals und legten fest, wo welche Einstellungen gedreht werden sollten. Der Flughafen Bremen kam mangels Größe als Drehort nicht in Frage.

Beim »Arbeiterinterview« hatte ich gewisse politische Bedenken. In dem Sketch ging es um ein Tagesschau-Interview mit einem Stahlarbeiter und Betriebsratsvorsitzenden an seinem Arbeitsplatz. Der Interviewer Schmoller (Loriot) fragt sein Gegenüber (Heinz Meier) nach den Auswirkungen eines neuen Mitbestimmungsmodells. Der Arbeiter will gerade antworten, da ertönt in der Halle ohrenbetäubender Lärm, und das Interview muss abgebrochen werden. Als wieder Stille eingekehrt ist und das Interview fortgesetzt wird, beißt der Arbeiter in eine Klappstulle und kämpft fortan verbissen mit einer zähen Schinkenscheibe, so dass seine Antwort wieder unverständlich ist.

Der Zeitgeist hatte »den Arbeiter« etwas übertrieben zum Idol erhoben. Manche Studenten verdingten sich zur Vervollständigung ihrer »Bewusstseinsbildung« zeitweilig in Fabriken. Sie wollten die Realität der Produktion kennenlernen und die Massen revolutionär agitieren.

Nun gingen Loriot und ich, vom freundlichen Fabrikdirektor begleitet, durch die Werkshallen der Firma »Hanomag« und suchten nach einer Maschine, die den größtmöglichen Gegensatz zum kleinen, zähen Schinkenbrot darstellte. Sie sollte riesig und vor allem sehr laut sein. Als wir endlich die »Schnittpresse« gefunden hatten, beschlich mich ein seltsames Unwohlsein. Ich fühlte mich wie ein Voyeur an einem Ort, an dem die Arbeitsbedingungen und der Lärm mir fast unerträglich erschienen. Ich sah zum ersten Mal in meinem Leben eine Fabrik von innen und hätte die Beschäftigten am liebsten zu politischen Themen befragt. Loriot hingegen war auf der Suche nach dem komischen Bild. War das erlaubt? Selbstverständlich war es erlaubt, denn am Ende blieb der Arbeiter in seiner Würde unangetastet, was nicht zuletzt Heinz Meiers ernster und dadurch umso komischerer Darstellung zu verdanken ist.

Außer Heinz Meier und Heiner Schmidt, die schon bei »Cartoon« mit dabei waren, sollten die Schauspieler nach Möglichkeit vom Bremer Theater kommen. Unser Produktionsetat war begrenzt, und wir waren angehalten, Reisekosten und Spesen zu sparen.

Das Bremer Theater war ein renommiertes Haus. Während der Intendanz von Kurt Hübner, die gerade vorüber war, inszenierten in Bremen die Shootingstars der aufkommenden Regietheater-Szene: Peter Zadek, Klaus Michael Grüber, Peter Stein, Rainer Werner Fassbinder und Wilfried Minks. Hübners Nachfolger Peter Stoltzenberg holte George Tabori ans Haus. Im Ensemble gab es viele hervorragende Schauspieler.

Dennoch hatten wir Schwierigkeiten mit der Besetzung der weiblichen Hauptrolle für »Gran Paradiso«. Loriot schwebte eine kleine, vollschlanke, breithüftige, blonde deutsche Hausfrau und Mutti vor.

Jürgen Breest, unser Redakteur, der das Ensemble des Bremer Theaters gut kannte, war ratlos: »So was haben die leider nicht am Haus. Aber es gibt da eine sehr begabte junge Schauspielerin, die ist zwar vom Typ her nicht ganz das, was ihr sucht, aber die solltet ihr euch vielleicht mal anschauen.«

Gespannt warteten wir beim Casting auf das Erscheinen der »deutschen Mutti«. Die unbekannte Schauspielerin, die mit einem breiten Lächeln hereinkam, war groß gewachsen, gertenschlank, hatte eine gekräuselte Lockenmähne und trug eine verwaschene Jeans unter einer indischen Hippie-Weste mit kleinen eingenähten Spiegeln – es war Evelyn Hamann.

Loriots oft zitierte Bitte, sie solle auf Kosten des Senders mehrere Wochen täglich Schweinshaxen essen, um fülliger zu werden, erinnere ich zwar nicht, sehr wohl aber, wie wir sofort damit begannen, in den Masken- und Kostümfundus zu marschieren, um Evelyn »umzubauen«. Hier kamen zwei Wesenszüge Loriots zusammen. Er wollte einerseits dem Sender keine Schwierigkeiten machen – es lag ihm daran, den Vorschlag des Redakteurs ernsthaft zu prüfen und ihm im Zweifel doch eine Chance zu geben, auch wenn Evelyn so ganz und gar nicht dem entsprach, was er erwartet hatte –, andererseits weckte die scheinbare Fehlbesetzung Loriots Ehrgeiz als bildender Künstler, und das ist hier im wahrsten Sinne des Wortes zu verstehen. Er betrachtete die junge Schauspielerin quasi als leeres Blatt seines Zeichenblocks und versuchte – ähnlich wie er es mit einer Trickfilmfigur gemacht hätte – sie so zu verwandeln und seinen Wünschen anzugleichen, dass sie in die Rolle passte.

Bei Radio Bremen in Osterholz lagen Kostüm- und Maskenfundus direkt neben den Redaktionsgebäuden – ein Glücksfall. Wir gingen schnurstracks in die Kostümabteilung und suchten für Evelyn sommerliche Ferienkleidung heraus. Sie bekam, wie in Loriots Personenbeschreibung wörtlich gefordert, türkisfarbene Shorts und einen geblümten BH sowie hochhackige Korkstrandschuhe und eine rote Holzkugel-Halskette verpasst, der flache Bauch blieb frei. Aber da war immer noch die lange Lockenmähne, die eher an eine rebellische Studentin als an eine brave deutsche Mutti erinnerte. Also ging es weiter in den Maskenfundus.

Der Sender pflegte alles aufzuheben, was irgendwann für eine Produktion angeschafft worden war. Ich habe nie wieder in einem Fundus eine derart reichhaltige Auswahl an Brillen gesehen. Viele dieser Brillen sind später in Loriot-Sketchen »aufgetreten«. Bei Evelyn war es nicht die Brille, sondern eine blonde Hochsteckfrisur, die ihr endgültig die Rolle sicherte.

Seltsamerweise entsprach die fertige Figur – bis auf die breiten Hüften – ziemlich genau dem, was Loriot vorher skizziert hatte. Man merkte, wie wichtig ihm Sorgfalt im Detail war – sein Credo war, dass Komik nur dann entsteht, wenn der Zufall keine Rolle spielt. In der biederen Ferienkleidung und mit dem Vogelnest auf dem Kopf war die »zufällig« gecastete Evelyn das ideale Gegenbild zu dem rundlichen Edgar Hoppe, der mit Shorts sowie Freizeithemd und -hut ihren Gatten spielen würde. »Gran Paradiso« war besetzt und Evelyn Hamann entdeckt. Bis sie zu Loriots ständiger Partnerin wurde, dauerte es allerdings zwei weitere Sendungen.

In die erste Vorbereitungsphase fiel für mich noch ein Besuch im Tagesschau-Archiv in Hamburg, um Politikerinterviews herauszusuchen, aus denen später Trickfilme gemacht werden sollten. Und wir fingen an, die Schnittauflösung der ersten Sketche zu besprechen. Loriot war extrem gut vorbereitet. Er hatte von allen Szenen schematisierte Grundrisse gezeichnet. Seine Präzision war beeindruckend.

Es folgte ein Monat Pause, in dem ich mit meinem Freund und Kollegen Hartmann Schmige nach Griechenland flog, um das Drehbuch für meinen dffb-Abschlussfilm zu schreiben. Es war in diesem Mai 1975, als der Vietnamkrieg mit einer Niederlage der von uns Studenten verachteten USA endete.

Dass wir die Sendung »Loriots sauberer Bildschirm« nicht in einem Stück produzierten, war ungewöhnlich und lag unter anderem daran, dass Loriot, außer für Radio Bremen, regelmäßige Verpflichtungen für den »Stern« und für das ZDF hatte, denen er zuhause in Ammerland nachging. Im »Stern« erschien seine wöchentliche gezeichnete Kolumne »Wussten Sie schon …«, im ZDF traten einmal im Monat die Zeichentrickfiguren Wum und Wendelin als Partner von Wim Thoelke im »Großen Preis« auf, einer der beliebtesten Quizshows des deutschen Fernsehens.

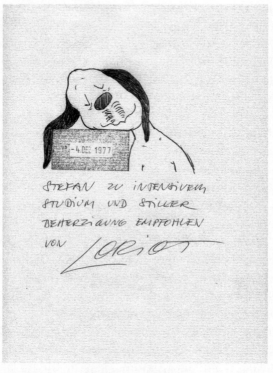

Widmung des Buches »Wum und Wendelin«, präzise datiert

Ammerland, die Zweite

Zur weiteren Vorbereitung der Sendung flog ich am 15. Mai 1975 für drei Tage nach Ammerland. Loriot hatte inzwischen mit seiner Trickfilmcrew die Cartoons der Politikerinterviews hergestellt. Die ersten kleinen Bausteine für die Sendung waren fertig, und sie waren sehr komisch geworden, allen voran der als Nasenmann gezeichnete Helmut Schmidt, der sich ab und zu mit der Zunge über die Lippen leckte und jedesmal bei Erwähnung der »CDU-CSU« breit die Zähne bleckte. Friedrich Nowottny, der ebenfalls, wenn auch nur von hinten karikierte Interviewer, nannte das später einmal das »Raubtierlächeln«.

Ammerland präsentierte sich in diesem Frühsommer von seiner schönsten, beinahe italienischen Seite. Der Garten blühte, die Möpse Henry und Gilbert schnurchelten um die Wette, und der riesige Bobtail Olaf hütete die beiden älteren Mopsherren – die er, so Loriot, wegen ihrer geringen Größe offenbar als seine Kinder ansah – mit fürsorglicher Aufmerksamkeit.

Loriot arbeitete eigentlich immer. Nur so erklärt sich sein ungeheuer umfangreiches Œuvre. Das Wort »Wochenende« hatte er wohl schon einmal gehört, eine Bedeutung hatte es für ihn nicht. Da er selten und wenn, dann auch nur kurz Ferien machte, erholte er sich immer wieder während kleinerer Pausen zwischen der Arbeit.

In meiner Erinnerung waren die Tage in Ammerland indes mehr Ferien als Arbeit, vielleicht weil uns die Arbeit so leicht von der Hand ging. Zwischen Tischtennispartien, zu denen gelegentlich Loriots Freund Patrick Süskind erschien, und köstlichstem Essen saßen wir auf der Terrasse bei Tee und Gebäck und lösten »Gran Paradiso« in Schnitte auf. Dabei ging es uns deutlich besser als der armen Urlauberfamilie, die vergeblich das Paradies am Mittelmeer sucht. Das arkadische Ammerländer Leben, in dem es keinen Widerspruch zwischen Arbeit und Freizeit und keine geregelten Arbeitszeiten gab, schien mir als das Ideal von »nicht entfremdeter Arbeit«.

Auf der Terrasse in Ammerland

Fuhr man durch den Wald zum See, so kam man nach wenigen Minuten zu einem romantischen kleinen Holzhäuschen, das Loriots Trickfilmstudio beherbergte. Er hatte dort sein Büro mit der nimmermüden Sekretärin Vera Brücker, einen Raum für die Zeichner und Coloristen mit dem Chefzeichner Günther Schilling, einen Raum für die Trickkamera von Heinz Schäde und einen Schneideraum mit einem umbaubaren Schneidetisch für 35mm- und 16mm-Film. Obendrein gab es hochprofessionelle Tonaufnahme- und Überspielgeräte – ein komplettes Produktionsstudio. Es war das Paradies für einen jungen Filmstudenten, der sich danach sehnte, unabhängig zu arbeiten.

Wenn man aus der Tür des Studios trat und eine kleine Böschung hinabging, musste man nur noch die ruhige Uferstraße überqueren, schon stand man am See. Der hatte bereits damals Trinkwasserqualität, im Gegensatz zu unserer vergleichsweise dreckigen Berliner Havel. Fünfhundert Meter weiter lag Loriots kleines unbebautes Seegrundstück mit einem Ruderkahn und einem einfachen Katamaran – alles, was das Herz begehrte.

Die 68er Jahre hatten uns weitgehend skeptisch gegenüber den Freuden des Lebens gemacht. Luxus war sträflich, Hedonismus gefährlich, und das Leben auch nur ein bisschen zu genießen war zumindest verdächtig. In Ammerland entdeckte ich die Annehmlichkeiten bürgerlichen Wohlstands, die ich aus meiner Kindheit kannte, wieder. Auch mein Vater hatte ein handtuchgroßes Wassergrundstück mit Holzhäuschen und schiefem Bootssteg. Der politisierte Berliner Blick hätte Loriot damals vermutlich einen verschwenderischen bourgeoisen Lebensstil vorgeworfen, war man aber in Ammerland, so wirkte alles selbstverständlich und keineswegs verwerflich. Ich fühlte mich bei Bülows fast zuhause.

Viel wichtiger als alles andere war aber die Musik. Schon bei meinem ersten Besuch spielte sie eine Rolle, nur hatten wir da noch nicht genügend Zeit, uns dem Thema ausführlicher zu widmen. Jetzt, bei meinem zweiten, längeren Aufenthalt bei Bülows, stöberten wir gemeinsam in Loriots Plattenschätzen – die sich zum Teil mit meiner Sammlung in Berlin deckten – und gaben uns gegenseitig Kennertipps. Schließlich stellte er mir die Gretchenfrage: »Was halten Sie eigentlich von Wagner?« Wir siezten uns selbstverständlich, und das noch eine lange Zeit. An diesem Nachmittag outete sich Loriot mir gegenüber als glühender Wagnerianer.

Mit Wagner war das bei mir so eine Sache. Meine Erfahrungen mit dem Bayreuther Meister waren rudimentär. Ich hatte Jahre zuvor den »Lohengrin« in einer eher ermüdenden Inszenierung in Berlin gesehen und später einen intensiven Abend im Haus von musikliebenden Freunden meiner Mutter mit einer »Parsifal«-Schallplattenaufnahme und der Partitur auf den Knien verbracht. Damit erschöpfte sich meine Wagnerkenntnis. Außerdem war mir der Komponist wegen der Begeisterung der Nazis für seine Musikdramen und wegen seines Antisemitismus politisch suspekt. Meine Götter der Opernbühne waren Verdi und natürlich Mozart, dessen Bühnenwerke ich mehr oder weniger auswendig kannte und der als gesellschaftliches Enfant terrible deutlich besser in mein rebellisches Weltbild passte als der anscheinend so reaktionäre Wagner. Dass Wagner im Dresdner Aufstand Barrikaden gebaut hatte, steckbrieflich als Revolutionär gesucht wurde und mit dem russischen Anarchisten Bakunin befreundet war, wusste ich zu diesem Zeitpunkt noch nicht.

Loriot begriff sofort, dass hier ein fruchtbarer Boden war, den zu bestellen er die Chance nicht verstreichen lassen wollte. Ich gestand ihm, dass meine musikalische Sozialisation bei Bruckner (dem »Wagner der Symphonie«) und Mahler stehengeblieben war. Mahler und Bruckner waren zwar ohne Wagner nicht denkbar und beide große Verehrer des Bayreuthers, aber das war mir zu diesem Zeitpunkt noch nicht bewusst. In Berlin gab es seit Jahren geradezu eine Mahler-Renaissance, mithin die besten nur vorstellbaren Aufführungen seiner Symphonien. Loriot ließ nicht locker und wollte es wissen. Mit unermüdlicher Zähigkeit und großer Geduld spielte er mir zunächst seine Lieblingsstellen aus der »Walküre« vor. Die Tatsache, dass ich grundsätzlich Opern mochte und ein Liebhaber großer Stimmen war, machte ihm – und mir – die Sache leicht. Ich war erstaunt, wie zart Wagner klingen konnte. Das war alles andere als Nazimusik. In die Diskussion, ob Wagner für die Verbrechen des Nationalsozialismus verantwortlich zu machen sei, sind wir erst viel später eingestiegen (mit einem klaren »nein« als Antwort), hier stand zunächst die Musik im Mittelpunkt und fegte mit ihrer poetisch-erotischen Kraft alle meine politischen Ressentiments hinweg.

Schon wieder öffnete Loriot mir eine Tür, durch die ich zunächst nur zaghaft blinzelte. Später ging ich hindurch, die Ergründung des Kosmos Wagner hat mich seitdem nicht mehr losgelassen.

Loriot vermochte die kompliziertesten Handlungsstränge und philosophischen Implikationen – zum Beispiel im »Ring des Nibelungen« – derart klar und gleichzeitig humorvoll zu vermitteln, dass man nicht das geringste Problem hatte, die Stücke leicht zu verstehen. Heißt es bei Wagner (Fricka zu Wotan in der zweiten Szene des »Rheingold«): »Liebeloser, leidigster Mann! Um der Macht und Herrschaft müßigen Tand verspielst du in lästerndem Spott Liebe und Weibes Wert?«, so wird daraus bei Loriot eine typische eheliche Auseinandersetzung, »die dem Ehemann keine Chance bietet«. In den folgenden Jahren wurde ich mehrfach Zeuge, wie er Wagner-Novizen in das Werk des Meisters einführte, immer mit Erfolg, immer mit sehr viel Humor.

Viel später resultierte aus dieser eher privaten Leidenschaft – er wollte seine Freude an Wagner schlicht mit anderen teilen – sein »Ring an einem Abend«. Die CD ist inzwischen ein Muss für jeden Wagner-Neuling. Dieses live in seinem Arbeitszimmer erlebt zu haben gehört zu den beglückendsten musikdramatischen Erfahrungen meines Lebens.

Loriots Arbeitszimmer war einer der kleineren Räume im Haus, sein Schreibtisch winzig, zugestellt mit Schreib- und Zeichenutensilien. An der Wand schräg rechts gegenüber vom Schreibtisch stand ein deckenhohes Regal mit Schallplatten – die CD war, als wir miteinander zu arbeiten begannen, noch nicht erfunden. Dem Schreibtisch direkt gegenüber, im Regal mit seinen eigenen Büchern, standen zwei riesige, für den kleinen Raum eindeutig überdimensionierte Aktiv-Lautsprecher, die das Arbeitszimmer in einen gewaltigen Konzertsaal verwandelten.

Wenn wir nicht auf der Terrasse oder im Gartenhäuschen arbeiteten, sah der normale Arbeitsablauf so aus: Wir setzten uns nach dem Frühstück an seinen Schreibtisch, er an seinen Platz, ich mich, ihm gegenüber, in einen bequemen ledernen Kippsessel. Bevor wir zur Sache kamen, fiel ihm meist irgendeine Stelle oder ein Sänger ein, den er mir noch unbedingt vorspielen wollte. Er ging zu seinem High-Tech-Plattenspieler, der vor dem Plattenregal auf einem weißlackierten Tischchen stand, suchte die Schallplatte heraus und legte sie auf. In den seltensten Fällen setzte er sich wieder hin, weil auf das erste Musikbeispiel in der Regel ein weiteres und noch eins und dann noch viele andere folgten.

Sein Freund Reinhard Baumgart hat dies so beschrieben: »Es wird berichtet, dass er, vor der monumentalen Hi-Fi-Anlage im winzigen Arbeitsstübchen sitzend, seine Besucher zunächst leise auf die jeweilige Sängerlautstärke hinweist, um dann plötzlich jäh aufleuchtende Spitzentöne mit einem locker aus dem Ellenbogengelenk in die Luft fahrenden Faustschlag zu begleiten, eine nicht nur unter Fernlastfahrern beliebte Geste männlicher Aggression und Potenz, die er, v. B., mit einem gar nicht mehr so leisen Laut seiner leisen Stimme zu verstärken pflegt, den seine Besucher als ›Uccch!‹ oder ›Occch!‹ wiedergeben.«

Loriot hat zum Zeichnen immer Musik gehört. Wenn er Stellen einer Platte – oder später einer CD – besonders mochte, notierte er dies gleich mit Bleistift auf dem Plattencover oder im Begleitheft. Was er angestrichen hatte, war jedoch nicht nur für ihn bestimmt. Er benutzte diese Notizen als Erinnerung, wenn er der Familie, seinen Freunden und Gästen seine musikalischen Trouvaillen vorspielen wollte. In seinem Enthusiasmus war er ansteckend, ein lebender Beweis dafür, dass geteilte Freude doppelte Freude ist.

Es wurden aber nicht nur meine Ohren verwöhnt – mit Loriots Lieblingsstellen aus der »Walküre« und anderen Opern (zum Beispiel der Verwandlungsmusik vom Vorspiel des ersten Aktes der »Götterdämmerung«, der sogenannten »Morgenröte«) –, er tat auch etwas für meine Augen und zeigte mir ausführlich seine Sammlung visueller Kostbarkeiten. Da gab es illustrierte Naturgeschichten mit kolorierten Stichen aus dem frühen 19. Jahrhundert, Enzyklopädien von Vögeln, Säugetieren und fremden Ländern sowie biedermeierliche Guckkästen mit gemalten Stadtansichten, die von hinten zu beleuchten waren – ein Universum des naiven Sehens tat sich auf. Ich entdeckte darin Vorformen des Kinos und war begeistert.

Als ich ihm, im Gegenzug zu seinen Wagner-Präsentationen, einige meiner musikalischen Favoriten vorspielte, merkte ich, dass hinter der Fassade des auch im privaten Gespräch immer sehr komischen Loriot eine melancholische Seele wohnte. Schon am zweiten Tag dieses Besuchs in Ammerland verbrachten wir viel Zeit mit der »Tränenarie« (»Erbarme dich, mein Gott …«) aus Bachs »Matthäus-Passion«.

»Fr, 16. 5. 1975 – Frühstück im Grünen, sehr harmonisch, fast schon zu harmonisch. […] Wahrscheinlich kommt man in solcher Umgebung auch nur auf Quatsch. Viel Musik gehört, von der wir uns kaum losreißen können. Mehrfach Nr. 47 aus der Matthäus-Passion. […] Schönes Arbeiten, durch schönes Essen unterbrochen. Ich diktierte die Regiebücher der Sekretärin. […] TV: »In a Lonely Place« von Nicholas Ray. […] Wir zogen es vor, Musik zu hören, was in diesem Haus unbegrenzt laut möglich ist. Viel Wagner und alte Sänger. Lauri Volpi, Charles Kullmann, Caruso, schöne Momente.«

Das war, neben Wagner, Loriots zweite musikalische Leidenschaft, große Stimmen, vor allem die großer Tenöre. Bis zu seinem Tod konnte ihn weniges so beglücken wie verrauschte alte Aufnahmen aus der Glanzzeit des Gesangs. Giacomo Lauri Volpi, Beniamino Gigli, Giuseppe Di Stefano,

Gianni Raimondi, Helge Rosvaenge, Franz Völker, Max Lorenz, Mario del Monaco, die Liste ist lang …

Loriot war als Cartoonist auch ein Kenner und Sammler von Originalzeichnungen. Er bewunderte und liebte den Engländer Ronald Searle, aber von niemandem hatte er wohl so viele Blätter wie von dem unvergessenen F. K. Waechter inklusive des Originals von »Wahrscheinlich guckt wieder kein Schwein«. Von Saul Steinberg besaß er meines Wissens keine Zeichnung, dafür wusste er eine sehr schöne Geschichte zu erzählen. Als er Steinberg in den sechziger Jahren in New York besuchte, ging der zu einem Schrank und holte ein Blatt hervor. Es war eine Zeichnung, die er 1958 in Cannes zusammen mit Picasso zu Papier gebracht hatte. Wie zwei Kinder, von denen eines mit vorgehaltener Hand zu zeichnen beginnt, hatten sie wechselseitig das Blatt zusammengefaltet, so dass der jeweils andere immer nur den Ansatz der vorigen Zeichnung übernehmen und weiterführen konnte. Loriot war fasziniert von dem mehrfach gefalteten Ergebnis der beiden Großmeister. Wenn man im Internet nach »Picasso Steinberg« sucht, findet man mit etwas Glück eine Abbildung des Kunstwerks.

Die drei Tage am Starnberger See vergingen wie im Flug. Natürlich hatten wir unsere Schularbeiten gemacht und den Dreh sorgfältig vorbereitet, in der Erinnerung, aber auch in der damaligen Wahrnehmung waren es Tage der puren Freude: »*Sa, 17. 5. 1975 – Frühstück mit Barockmusik (Händel) nach kleinem Spaziergang mit Hunden. Dann wieder Tischtennis und Musikhören. Plattentips. Ich habe fast das Gefühl, drei Tage Ferien gemacht zu haben. Nach großartigem Spargelessen (Erdbeeren jeden Tag) Fahrt über Grünwald zum Flughafen.*«

Bevor der Dreh in Frankfurt begann, gab es noch einen konzentrierten Tag mit Produktionsbesprechungen in Bremen. Am 4. Juni 1975 war es endlich so weit – mein erster Drehtag mit Loriot.

Loriots sauberer Bildschirm (Loriot 1)
I. Akt

Als wir die »Bananenschale«, den ersten Sketch der ersten Bremer Sendung, drehten, ahnten wir nicht, dass dies der Beginn einer neuen Ära des deutschen Fernseh-Humors werden sollte. Vor Drehbeginn hatten wir jedoch ein kleines Problem. In der Szene geht es um einen seriösen Geschäftsmann (Loriot mit schwarzem Hut, dicker Hornbrille, Kamelhaarmantel und Menjou-Bärtchen), der sich in der Abflughalle eines Großflughafens vor seiner Reise noch eine Zeitung und eine Banane kauft. Nach dem ersten Biss merkt er, dass die Banane faul ist, und macht sich auf die Suche nach einem Papierkorb, um das Corpus Delicti loszuwerden. Das ist im Wesentlichen der Inhalt. Problematisch war, dass in der Haupthalle des Frankfurter Flughafens, wo wir drehten, an jeder Ecke ein Papierkorb stand. Bei allen Totalen musste die Halle also komplett von Papierkörben »bereinigt« werden, eine Aufgabe, mit der unser kleines Team schnell an seine logistischen Grenzen stieß. Der Sketch hätte schlichtweg nicht mehr funktioniert, wenn der Geschäftsmann einen Papierkorb gefunden hätte.

Es ist eher untypisch für Loriot, der ein so genauer Beobachter der Wirklichkeit war, dass er sich die Wirklichkeit dann doch zurechtbog, wenn es um den komischen Effekt ging. Aber selbst wenn sich der eine oder andere Zuschauer fragen mochte, warum es in Frankfurt keine Abfallkörbe gibt, der Sketch funktionierte.

Für den Dreh des knapp vier Minuten langen Filmchens hatten wir drei Tage Zeit, für heutige Verhältnisse eine unvorstellbar großzügige Disposition, selbst wenn man die erschwerten Bedingungen eines Flughafendrehs berücksichtigt.

Mit meinen Leistungen als Regieassistent war ich selbst höchst unzufrieden. Ich zweifelte daran, ob ich je ein guter Assistent werden würde. Vermutlich zu Recht, denn außer bei Loriot habe ich später nie wieder assistiert. Dennoch fühlte ich mich von Loriot in professioneller Hinsicht durchaus ernst genommen. Er suchte weniger einen Erfüllungsgehilfen als viel mehr ein intellektuell-künstlerisches Gegenüber auf Augenhöhe, mit dem er seine permanent vorhandenen Zweifel teilen konnte.

Bei einem abendlichen Gespräch im Hotel kamen wir auf meine ersten eigenen Erfahrungen als Regisseur zu sprechen. Ich erzählte ihm von meinen studentischen Arbeiten, allesamt politisch engagierte Kurzfilm-Satiren, die schon auf diversen Festivals gelaufen waren. Bei der Gelegenheit erzählte ich ihm auch, dass ich meine Filme immer selber geschnitten hatte. »Dann können Sie doch unsere Sendungen auch schneiden.« Ich war erstaunt und höchst erfreut über das unerwartete Angebot, bedeutete dies doch nicht nur eine weitere Verdienstquelle für den notorisch geldknappen Studenten, sondern zudem längere Aufenthalte im paradiesischen Ammerland.

Die Tage im Flughafen-Terminal waren anstrengend, aber wir hatten alles im Kasten. Anschließend ging es nach Bremen.

Loriot war bemerkenswert bescheiden. Zwar wohnte er gern in guten Hotels, aber da der Sender sparen musste, willigte er ein, in einem nahe dem Studio gelegenen Motel in Oyten (mit angeschlossenem Autohaus!) abzusteigen, in dem auch ich untergebracht war. Das war zwar deutlich besser als das Hotel im flughafennahen Kelsterbach bei Frankfurt, aber wir fühlten uns, als hätte es uns ans Ende der Welt verschlagen.

Weit weg von der Bremer Innenstadt saßen wir abends zwischen Außendienstmitarbeitern von Kartonagenfabriken an der kargen Bar und erhielten tiefe Einblicke in das Wesen bundesdeutscher Handelsvertreter. Loriot beobachtete tapfer lächelnd das Geschehen und machte leise Scherze, wofür ihm das Etablissement reichlich Anlass gab. An einem Abend waren wir umgeben von lauter Herren von der »Europa-Karton«, schon der Firmenname klingt so, als entstamme er einem Sketch von Loriot. Langsam kam auch ich dahinter, dass es besser war, sich dem Zauber der trostlosen Situation hinzugeben, als beim Sender energisch nach einem angemessenen Hotel in der Stadt zu verlangen. Immerhin hatte das Motel eine Tischtennisplatte, die wir gern bespielten, und einen Swimmingpool. Eines Abends rückte uns die Besitzerin des Hauses auf die Pelle und erheiterte uns mit der Ankündigung, dass sie uns von ihren schlaflosen Nächten erzählen wolle. Wir erwarteten erotische Storys aus den Untiefen des norddeutschen Flachlands und wurden mit der Erzählung einer Frau überrascht, die die ganze Nacht in panischer Angst wach lag, ihr Swimmingpool, der über Nacht frisch einlaufen sollte, könne überlaufen. Als sie am Morgen mit geröteten Augen nachschaute, war der Pool gerade mal zwei Zentimeter hoch gefüllt. Das war unser Kulturprogramm in Oyten.

Da lag es nahe, dass Loriot zum Schrecken unserer angstgeplagten Gastgeberin im Motel einen seiner Lieblingsscherze machte. Er ging scheinbar gänzlich unbeteiligt an einem der im Flur hängenden Feuerlöscher vorbei, legte kurz die flache Hand auf den Auslöseknopf und machte gleichzeitig mit dem Mund ein heftig zischendes Geräusch, so dass jedermann in seiner Nähe denken musste, der Feuerlöscher sei eben gerade losgegangen. Unsere Wirtin fiel fast in Ohnmacht, und wir verschwanden schnell in unseren Zimmern.

Auch für Sketch Nummer zwei, »Gran Paradiso«, hatten wir viel Zeit – diesmal sogar vier Tage. Die Idee: Eine vierköpfige deutsche Urlauberfamilie, mit Gummiboot, Sonnenschirm und allerlei Badeutensilien ausgestattet, irrt auf der Suche nach dem »hoteleigenen Strand« verzweifelt durch endlose Schluchten anonymer Hochhäuser. Aus dem Off kommentiert ein salbungsvoller Werbetext die Schönheit der Hotelanlage in der »romantischen Ortsmitte eines alten Fischerdorfes«.

Die Sicherheit, mit der Loriot es verstand, aus einem tristen Bremer Neubauviertel eine spanische Hotelbettenburg zu machen, war erstaunlich. Im Grunde haben wir kaum etwas verändert, hier und da wurden eine jämmerliche Topfpalme und ein einsamer Esel ins Bild gestellt (»Schau mal, Mutti, ein Esel!«), und zweimal ritt ein Spanier (wenn ich mich recht erinnere, war der Komparse Grieche) auf demselben Esel durchs Bild, hob den Daumen und antwortete auf die drängende Frage des Familienvaters: »Vielleicht können Sie uns sagen, wo's hier zum Strandbad geht?« – »Deutsch gut!«

Dieser knappe Ausruf erwies sich als Problem. Der Komparse, der »Deutsch gut!« sagen sollte, brachte es einfach nicht heraus, es wurde immer »Dolsch gud« daraus. Erst als wir auf die Idee verfielen, ihm seinen Text in Lautschrift aufzuschreiben (»DOICH«), und nachdem Loriot ihm sehr langsam und mit höchst expressiven Lippenbewegungen und stark konsonantiertem End-t die Worte »Doitsch gut« vorsprach, gelang dem Mann das knappe Lob der touristischen Gastnation.

Mehr als bei den Studiosketchen war bei »Gran Paradiso« der Cartoonist Loriot bei der Arbeit zu beobachten. Im Prinzip baute er filmische Bilder, die seinen Zeichnungen entsprachen. Er rückte die Requisiten und Schauspieler so lange hin und her, bis sein Bild stand. Aber nicht nur die Kameraeinstellung musste seiner »inneren Zeichnung« entsprechen. So wie der Trickfilmer jede winzige Regung seiner Figuren detailliert bestimmt, jedes Augenzwinkern, jedes noch so kleine Lächeln, hatte Loriot auch genaue Vorstellungen von Mimik und Timing seiner Schauspieler.

Hier kam Evelyn Hamanns phänomenale Präzision das erste Mal zum Tragen. Wenn Loriot die Bitte äußerte – er bat immer und war ein äußerst leiser Diktator –, zwischen zwei bestimmten Worten die linke Augenbraue leicht anzuheben, so wie er es eine Trickfilmfigur hätte machen lassen, kam Evelyn seiner Bitte mit atemberaubender Genauigkeit nach. Die dicke Mutti, die für die Rolle vorgesehen war, war schnell vergessen. Wir waren äußerst angetan von der dünnen Evelyn. Auf jeden Fall hatte sie Loriot so sehr überzeugt, dass er sie für die zweite Bremer Sendung »Loriots Teleskizzen« gleich wieder engagierte – in einer völlig anderen Rolle.

Beim anschließenden Dreh des »Arbeiterinterviews« im Hanomag-Werk lernte ich endlich Heinz Meier kennen. Er gehörte schon bei den Stuttgarter »Cartoon«-Sendungen zum festen Loriot-Ensemble und wurde als einer der wenigen Schauspieler nach Bremen eingeflogen. Heinz Meier hatte in »Der Astronaut«, einem meiner absoluten Lieblingssketche aus »Cartoon«, einen Verwaltungsinspektor gespielt, der versehentlich von einem Fernsehreporter für einen Astronauten gehalten wird. Nachdem der falsche Astronaut seine wahre Identität preisgegeben hat, ignoriert der Reporter – Loriot in der Rolle des Viktor Schmoller – diese völlig und stellt unbeirrt weiter Fragen zu weltraumtechnischen Details: »Verwaltungsinspektor, das ist ein erregender, abenteuerlicher Beruf …« – »Jaaa-eh …« – »Was war bisher die äußerste Entfernung von der Erdoberfläche, in der Sie gearbeitet haben?« Die Art und Weise, wie Heinz Meier stoisch und vollkommen unpointiert alle diese Fragen beantwortet, ist schlichtweg hinreißend: »Ja, wir arbeiten jetzt im … äh … dritten Obergeschoss …«

Als Meier dann den mit seinem Schinkenbrot kämpfenden Arbeiter spielte, beseitigte er meine Skepsis, ob man sich derart über die »Arbeiterklasse« lustig machen durfte, zumindest teilweise. Er war einfach zu komisch.

Mit dem Fabriksketch war der Dreh an Originalmotiven Mitte Juni 1975 abgeschlossen. Der Studioblock folgte erst Ende August. Bei den Originaldrehs arbeiteten wir mit 16mm-

Umkehrfilm (vergleichbar einem Diapositiv-Film), einem Material, das in erster Linie in der aktuellen Berichterstattung zum Einsatz kam – und leider auch entsprechend aussah. Bis heute leide ich darunter, dass die 16mm-Aufnahmen selbst nach digitaler Restaurierung im 21. Jahrhundert nur von geringer farblicher Brillanz und Schärfe sind. Der Komik und dem Erfolg der Sache hat dies glücklicherweise nie geschadet.

Die Pause zwischen dem ersten Block und dem Studioblock gab uns Gelegenheit, das bisher Gedrehte in aller Ruhe zu schneiden und gleichzeitig den Studioblock intensiv vorzubereiten. Die Sketche dafür waren zum Teil noch gar nicht geschrieben.

Das Vertrauen des Senders in Loriot war grenzenlos. Die Sendung wurde geplant, ohne dass ein fertiges Buch vorlag. Ja, es wurden sogar schon Dekorationen nach Loriots Entwürfen gebaut, ohne dass man wusste, was später in diesen Dekorationen genau gespielt werden würde. Loriot hatte bei Radio Bremen Carte blanche, er konnte machen, was er wollte, eine Situation, wie ich sie danach nie wieder erlebt habe.

Loriots sauberer Bildschirm (Loriot 1)
II. Akt

Für mich folgten hektische Wochen in Berlin, in denen ich hauptsächlich den immer näher kommenden Dreh meines Abschlussfilms vorbereitete. Mitte Juli flog ich dann endlich nach München. Loriot holte mich persönlich am Flughafen ab, der noch in Riem lag, im Osten der Stadt.

Auf dem Weg nach Ammerland besuchten wir zunächst Elvira Ochoa, die argentinische Komponistin von Loriots Wum-Song »Ich wünsch' mir 'ne kleine Miezekatze« und anderen. Elvira arbeitete als Assistentin des großen Karl Richter, der als der bedeutendste Bach-Dirigent seiner Zeit galt und in München seinen eigenen Chor und sein eigenes Orchester leitete. In ihrer Wohnung bewahrte sie das kostbare Cembalo des Maestro auf. Staunend betrachtete ich das Instrument, das ich von Schallplattenaufnahmen her kannte. Schon wieder stand, gleich zu Beginn meines Aufenthalts, die Musik im Mittelpunkt. Und ich durfte sogar auf dem Cembalo spielen. Bei meinem ersten Besuch in Ammerland hatte ich mich zu Loriots großem Vergnügen ab und zu an sein weiß lackiertes Klavier gesetzt und gespielt. Jetzt wollte er mir ganz offensichtlich eine Freude machen und mir mit Richters Cembalo etwas bieten. Ich war sehr aufgeregt und spielte, glaube ich, ganz anständig einige kleine Bach-Präludien. Loriot jedenfalls freute sich, und Elvira Ochoa hatte keine Einwände.

In Ammerland bezog ich das Gästezimmer im Erdgeschoss von Loriots Haus. Diesmal nicht für drei Tage, sondern für zwei ganze Wochen, in denen ich mich auf eine Art in die Familie aufgenommen fühlte, die mich tief berührte. Es war wie eine Reise in die Vergangenheit meiner eigenen Familie, mit dem Unterschied, dass hier alles frei war von Abgründen, wie ich sie zuhause ständig erlebt hatte.

Auch die Arbeit war sehr familiär und privat eingerichtet. Loriots ältere Tochter Bettina fungierte als meine (ungelernte) Cutterassistentin und machte ihre Sache sehr gut.

Man schnitt Filme an monströsen Schneidetischen, Schnittcomputer gab es noch nicht. Bild und Ton waren getrennt zu behandeln, die auseinandergeschnittenen Film- und Tonstreifen wurden mit weißer Tusche beschriftet und für die sofortige Verwendung an einen sogenannten Galgen gehängt, eine Holzleiste mit kleinen, kopflosen Nägeln, unter der sich ein Korb mit einem großen Samtsack befand, der das in ihn hineinhängende Filmmaterial davor schützen sollte, zu zerschrammen. Die Reste und die erst später verwendeten Szenen wurden zusammengerollt, in flache Filmkisten gelegt und ins Regal eingeordnet, viel Arbeit für die Assistentin. Loriot hatte einen speziellen umbaubaren Schneidetisch, der sowohl für 35mm- als auch für 16mm-Film verwendbar war, also das Material, das wir in Bremen benutzt hatten. Wir teilten uns das Gerät mit der Crew, die für die in 35mm gedrehten Trickfilme zuständig war.

Loriot war während des Schnitts der Sketche ständig damit beschäftigt, neue Episoden für Wum und Wendelin zu produzieren, seine Kolumne für den »Stern« zu schreiben und zu zeichnen und seinen Geschäften mit dem Züricher Diogenes Verlag nachzugehen. So konnte ich relativ autonom im Schneideraum arbeiten. Das Vertrauen, das er in mich hatte, war groß. Andererseits kannte niemand das Material so gut wie ich.

Da das Studio Loriot in unmittelbarer Nähe des Starnberger Sees lag, verbrachten wir die Mittagspausen in der Regel auf Loriots Seegrundstück, mit Picknick und Schwimmen, es blieb paradiesisch. Aber die Tage waren auch mit Arbeit angefüllt. Nach dem Abendessen auf der häuslichen Terrasse zogen wir uns meist zurück, um – wenn wir nicht Musik hörten – die Texte und die Auflösung für die noch ausstehenden Studiosketche zu besprechen. Loriot folgte hier einem Arbeitsprinzip, dem er immer treu geblieben ist. Er schrieb zwar alles selbst, brauchte aber zur Inspiration einen Sparringspartner, der ihm sehr wohl Contra geben durfte, ja, von dem er dies sogar ausdrücklich verlangte. Ich übernahm diese Rolle gern, zumal meine Vorschläge nicht selten Gehör fanden.

Einerseits genoss ich die oberbayerische Landschaft, den unglaublichen Blick auf die Alpen bei Föhn und die ständigen Strandpicknicks, andererseits empfand ich die Idylle in dem blühenden Garten beinahe als irreal. War dies hier das wahre Leben, oder war es nicht vielmehr das, was ich aus Berlin kannte? Mir waren München und Umgebung nicht fremd – ich war als Kind dort zwei Jahre zur Schule gegangen –, aber so viel Friedlichkeit und Schönheit, während in Berlin immer wieder die Revolution ausgerufen wurde?

Eines Nachmittags sprach ich mit Loriot auf der sonnenbeschienenen Terrasse bei Tee und Zwetschgendatschi über meine Zweifel. Und in gewisser Weise teilte er sie sogar. Er gestand, dass er in Ammerland eigentlich ein permanentes Feriengefühl habe und dass es nicht immer leicht sei, sich dort zur Arbeit zu zwingen. Vor allem aber dass er all das, das Haus, den Garten, nur als geliehen, nicht als selbstverständlich und schon gar nicht als dauerhaft empfinde. Wenn alles plötzlich weg gewesen wäre, hätte er das auch hingenommen.

Der frühe Verlust der Mutter und seine Erfahrungen von Krieg und Not – er hatte den Zweiten Weltkrieg an der Ostfront erlebt, sein Bruder war noch kurz vor Kriegsende im März 1945 gefallen – hatten ihn gelehrt, dass es den Anspruch auf ein endgültiges Glück nicht gibt. Mit melancholisch-heiterer Gelassenheit erzählte er oft, dass er die Tatsache des Todes seiner Mutter – er war sechs – in der Annahme akzeptiert habe, dass alle Mütter sterben, wenn die Kinder sechs Jahre alt sind. Von da an habe er die Dinge einfach so hingenommen, wie sie kamen. Was ihn nicht davon abhielt, das Leben zu genießen und sich auch über Nebensächliches zu freuen. Unweit des Tisches stand auf der Terrasse ein großer Topf mit Kakteen. Wenn der Sommer warm war, blühten sie manchmal. Loriots Freude gerade auch an solchen Kleinigkeiten war bemerkenswert.

Woher hatte er diese Haltung, über den Dingen zu stehen und die Wirklichkeit so unbestechlich distanziert beobachten zu können? Vielleicht von seinem Vater, von dem er sehr anrührend erzählte, dass der sich von den vierzig Mark, die bei der Währungsreform im Sommer 1948 jeder Deutsche bekam, nicht etwa etwas Vernünftiges gekauft hatte, sondern einen Zauberkasten, »das Sinnloseste, was man an diesem Tage wohl kaufen konnte«, aber in sofern eben doch nicht sinnlos, denn die Familie hatte ungeheuren Spaß daran, vor allem als die erste Zaubervorstellung gründlich in die Hose ging.

Der erste Sketch, den wir schnitten, war »Gran Paradiso«. Es folgten das »Arbeiterinterview« und die »Bananenschale«. Sobald ein Sketch im Rohschnitt vorlag, fungierten die Familie und die Mitarbeiter des Studios als Testpublikum. Die spontanen Reaktionen waren uns wichtig, weil wir die Szenen zu oft gesehen hatten und uns schwertaten, noch zu lachen. Die kritischste Instanz war Loriots Frau Romi. Wir waren jedes Mal glücklich, wenn die Sketche ihrem strengen Urteil standhielten. Mich beruhigte vor allem, dass das »Arbeiterinterview« sowohl von der jüngeren Tochter Susanne als auch von Romi nicht als »Denunziation des Proletariats« verstanden wurde. Beide befanden, dass sich der Sketch eher gegen den Fernsehreporter richte, der das offensichtliche Leiden des Mannes mit der zähen Schinkenscheibe ignoriert und das Interview ungerührt fortsetzt.

Es ist in Zeiten von Internet-Musik-Datenbanken schwer vorstellbar, mit welcher geradezu rührend anmutenden Mühe wir vorgingen, um passende Hintergrundmusiken für die schmierige Off-Stimme in »Gran Paradiso« zu suchen. Was uns vorschwebte, war eine Art mediterrane Fahrstuhlmusik, die den fiktiven Werbespot für die spanische Hotelanlage untermalen sollte. Um die Musik zu finden, gingen wir in ein kleines Kaufhaus in Starnberg und hörten in einer engen Vorführkabine einen Stapel von Vinylplatten durch, bis wir das Passende fanden: »Mantovani – Adios«. Auch für die »Bananenschale« wurden wir fündig: »Russ Conway – I've Never Been In Love Before«.

Die Tonumspielung der Schallplatten fand nicht im Studio Loriot statt, sondern fünfhundert Meter weiter im Trickfilmstudio seines Freundes und Kollegen Manfred Schmidt, dem Schöpfer des legendären Detektivs Nick Knatterton. Die Knatterton-Comics waren eine der Lieblingslektüren meiner Kindheit, jetzt lernte ich den von mir so sehr bewunderten Manfred Schmidt mit seinem trockenen hanseatischen Humor persönlich kennen. »Haben Sie denn die alten Hefte noch?«, fragte mich ›M.Sch.‹ (so signierte er seine Werke). Ich verneinte, die Hefte waren bei einem meiner vielen Umzüge verloren gegangen. Daraufhin ging Manfred Schmidt zu einem Regal, zog eine Gesamtausgabe hervor, schrieb mir eine Widmung hinein und drückte mir das Buch in die Hand. In der folgenden Nacht schlief ich kaum. Nick Knatterton zog mich wieder in seinen Bann.

Loriot war detailbesessen, er suchte immer nach der bestmöglichen Lösung und gab nicht auf, bevor er sie gefunden hatte. Bei dem Flughafensketch gab es einen heiklen Schnitt. Es ist die Stelle, an der sich der Geschäftsmann mit der faulen Banane in eine Fluggastbrücke verirrt und die Gelegenheit, allein zu sein, nutzen will, um die lästige Schale endlich loszuwerden. Er wirft sie heimlich zu Boden, um direkt danach auf seiner eigenen Bananenschale auszurutschen. Natürlich hat sich Loriot beim Dreh nicht wirklich fallen lassen. Ein Stuntman war nicht engagiert worden, und seine Stunts selber zu machen war nicht Loriots Sache. Also lösten wir die Szene über einen Schnitt. Oben fällt der Geschäftsmann aus dem Bild, unten landen erst seine Hand und dann er selbst in der matschigen Schale.

Beim Filmschnitt ging man früher, im Gegensatz zum heutigen Computerschnitt, wo die Bilder nur noch virtuell als Daten zur Verfügung stehen, folgendermaßen vor: Man spielte den Film bis an die Stelle, an der man den Schnitt plante. Dann nahm man einen dicken weißen Fettstift und markierte auf dem Filmstreifen die ausgesuchte Stelle – direkt an der Projektionslinse des Schneidetisches. Anschließend zer*schnitt* man den Filmstreifen mit einer Schneidemaschine, der sogenannten »Wumme«, an der markierten Stelle. Genauso verfuhr man mit dem Teil der Szene, der an der Schnittstelle folgen sollte. Am Ende wurden die beiden Filmstreifen mit einer Art Tesafilm, wieder mittels »Wumme«, aneinandergeklebt. Dann folgte dieselbe Prozedur mit dem perforierten Tonband.

Wir betrachteten meinen ersten Schnitt des Sturzes und waren nicht unglücklich, aber vielleicht gab es ja doch noch eine Verbesserungsmöglichkeit. Also versuchten wir, den Schnitt auf der einen Seite um ein Bild, also eine 25stel Sekunde, zu verkürzen. Es wurde nicht wesentlich besser, deshalb nahmen wir von der anderen Einstellung auch ein Feld weg. Wir probierten in jede Richtung eine Verschiebung von etwa zehn Feldern aus und setzten am Ende alle Bilder einzeln wieder zusammen. Nach einigen Stunden intensiven Schneidens glaubten wir endlich die optimale Stelle für diesen schwierigen Übergang gefunden zu haben. Umso größer war unser Erstaunen, als sich an der letztendlichen Schnittstelle genau meine ursprüngliche Fettstiftmarkierung fand. Wir waren exakt wieder am Anfang gelandet, bei meinem ersten Schnitt, und dabei blieb es. Ich war schon stolz, die beste Variante gleich im ersten Anlauf gefunden zu haben, aber die Stunden des Ausprobierens und der Unsicherheit gehörten bei Loriot immer zum Arbeitsprozess. Es war ja nicht ausgeschlossen, dass wir eine noch schönere Lösung hätten finden können.

Auch ein Meister wie Loriot war nie frei von Zweifeln. Selbst auf dem Höhepunkt seiner Popularität bekannte er öffentlich, seiner Sache nie ganz sicher zu sein, besonders nicht in den Fällen, wo es hinterher funktioniert hat. Er war überzeugt davon, dass der Zweifel dazugehört, wenn man etwas erreichen will: »Ich misstraue dem Erfolg ohne Zweifel.«

Auffallend war, dass Loriot elegante, quasi unmerkliche Bewegungsschnitte nicht mochte. Das, worum sich Cutter in der Regel bemühen, hätte seinen Figuren das ungelenk Komische genommen, aber genau darum ging es ihm. Der Schnitt sollte eben gerade ungelenk komisch sein, er sollte den Rhythmus, das Timing der Komik bestimmen. So schnitten wir nur selten mitten in Bewegungen, sondern meist in Momenten der Ruhe – vor oder nach der Bewegung oder der Geste eines Schauspielers. Rein schnitttechnisch war das fast eine Sünde, der Komik half es.

Loriots Großzügigkeit war enorm. Als ich einmal durch eine Unachtsamkeit ein empfindliches Teil des Schneidetisches kaputt gemacht hatte, litt ich Qualen, wie ich es ihm beibringen sollte. Ich rang mich durch und gestand ihm, dass ich beim Versuch, den teuren Spiegel (der das Licht vom Filmstreifen auf die Mattscheibe lenkte) zu putzen, die aufgedampfte Spiegeloberfläche zerstört hatte. Er quittierte die kleine Katastrophe mit einem souveränen Lächeln und bestellte den Service, um den Spiegel reparieren zu lassen. Kein Vorwurf, keine Belehrung, er tat das Nötige, damit wir weiterarbeiten konnten.

Neben dem Schnitt und der Planung sowie Auflösung der Studioteile waren diese zwei Wochen für mich aber auch persönlich von großer Bedeutung. Loriot und ich stellten, außer der Musik, schnell weitere Gemeinsamkeiten fest. Unter anderem entdeckten wir eine ähnliche Zuneigung zu unserer Berliner Heimat und ihrem Idiom. Loriot ist zwar nicht in Berlin geboren, er stammt aus Brandenburg an der Havel, hatte aber die prägenden Jahre seiner Kindheit in der Hauptstadt verbracht. Obwohl wir beide nicht berlinerten, konnten wir uns über berlinische Zitate königlich amüsieren. Wenn Loriot in schleppend-kehligem Jargon den Bademeister im Halenseebad zitierte: »Runta von die Liebesinsel, aus die Seerosen rau-es!« oder einen Gast im Café: »Herr Oba, ein Cocer-Coler!«, dann löste er bei mir nicht nur heimatliche Gefühle aus, er wusste, dass nur ein Berliner die subtile Komik der heimischen Lautverschiebungen in vollem Umfang würdigen konnte.

Auch in diesen herrlichen Sommerwochen spielte die Musik – naturgemäß – wieder eine herausragende Rolle. Diesmal stand die Schubert'sche Kammermusik im Mittelpunkt, in erster Linie dessen Streichquintett, eine seiner unergründlichsten Kompositionen.

Und wir redeten ausführlicher über unsere Familien. Dass mein Vater Schauspieler war, war ihm bekannt, von meiner Familie mütterlicherseits wusste er nichts.

Loriot war nach der Scheidung seiner Eltern, nicht lange vor dem frühen Tod seiner Mutter, als Vierjähriger mit seinem Bruder zu seiner Großmutter Margarete und Urgroßmutter Marie nach Berlin-Wilmersdorf in die Pariser Straße 55 gezogen. Dort lebte er mit den beiden älteren Damen, seine Großmutter war 52 und Offizierswitwe, ganz in der längst untergegangenen Welt des 19. Jahrhunderts, die fortan sein Fühlen so stark dominierte: »... da ich ja nun mit meiner Großmutter und Urgroßmutter in Berlin aufwuchs, interessierte ich mich besonders für das, was diese alten Damen noch irgendwo in der Wohnung rumliegen hatten, und das waren Bücher aus einer Zeit, in der mein Vater ein Kind war.«

Ähnlich ging es mir. Schon während der beiden Scheidungen meiner Mutter, noch viel mehr aber nach ihrem ebenfalls frühen Tod war die stabilste Bezugsperson in meiner Familie meine Großmutter mütterlicherseits, Gertrud von Schack – sie wohnte unweit der Pariser Straße in Charlottenburg, war eine adlige Offizierswitwe und gerade mal zehn Jahre jünger als Loriots Großmutter, im Grunde derselbe Typus. Als Witwe eines deutlich älteren Mannes – mein Großvater war Jahrgang 1854 (!) – war auch sie ganz im 19. Jahrhundert verwurzelt. Die illustrierte Bibel von Schnorr von Carolsfeld, die Loriots kindliches Bild vom christlichen Glauben prägte – der liebe Gott mit Rauschebart –, stand auch bei meiner Großmutter im Regal. Wenn Loriot von seiner Kindheit sprach, hatte ich eine ziemlich genaue Vorstellung davon, wie es in der Wohnung der beiden älteren Damen ausgesehen haben mag, ich musste mir nur die Wohnung meiner Großmutter vor Augen führen, in der noch der gerahmte Kaiser Wilhelm II. mit persönlicher Widmung an der Wand hing.

Als ich eines Tages in seinem Bücherregal ein Regimentsbuch des kaiserlichen Alexanderregiments entdeckte und dies mit einem knappen »Ach, das Alexanderregiment ...« quittierte, verfiel Loriot, wie er mir später sagte, in ungläubiges Staunen. Der linke Berliner Filmstudent mit dem klapprigen alten VW-Bully und der speckigen Lederjacke kannte das Leibregiment Seiner Majestät? Die Antwort war simpel: Mein Großvater hatte dort gedient.

Und mein Erstaunen war umso größer, als Loriot sagte: »Meiner auch.« Wie sich herausstellte, waren die beiden Herren Offiziere gute Freunde gewesen, wobei mein Großvater der an Lebens- und Dienstjahren Ältere war. Als wir die Sache später weiterverfolgten, führten unsere Recherchen noch zu verblüffenden Entdeckungen.

Loriot wurde für mich schon bald so etwas wie ein väterlicher Freund. Im Gegensatz zu meinem eigenen Vater, der mein Studium an der Filmakademie sehr kritisch sah, fühlte ich mich von Loriot professionell akzeptiert. Und ich wurde nicht wie irgendein x-beliebiger Mitarbeiter behandelt, sondern wie ein alter Bekannter, der selbstverständlich das Gästezimmer bezog. Eines Morgens klopfte er, um mich zu wecken, an meine Tür und imitierte die Zeitansage des Telefons: »Beim nächsten Ton des Zeitzeichens ist es 9 Uhr – piep!« Ich stand auf, schlich zur Tür und rief zurück: »Aufstehen!« Es ging wahrlich familiär zu.

Nach dieser arbeitsreichen und gleichzeitig ferienhaft schönen Zeit durfte ich zum Abschied bei Elvira Ochoa in München noch einmal auf Karl Richters Cembalo spielen. Da ich in den zwei Wochen immer mal wieder auf Loriots leicht verstimmtem Klavier geübt hatte, ging es diesmal noch besser. Danach gab es Schallplattengeschenke, und als Krönung gingen wir »en famille« ins »Tantris«, das angesagteste Feinschmecker-Restaurant Deutschlands mit seinem Starkoch Eckart Witzigmann. Ich gebe zu, dass mir die Vorstellung, den halben Monatslohn eines Fabrikarbeiters für ein Abendessen auszugeben, vom sozialen Standpunkt her fragwürdig erschien. Aber wie so oft erlöste mich Loriot mit einem gelungenen Scherz aus meinem inneren Zwiespalt.

Als der Weinkellner mit einer kostbaren Flasche Weißwein an unseren Tisch trat und Loriot einen Tropfen einschenkte, schaute dieser mit Kennerblick auf das Etikett der ihm hingehaltenen Flasche und nahm den Probierschluck. Gespannte Stille. Der Kellner schaute voller Erwartung auf den prominenten Gast, der mit übertriebenen Kaubewegungen den Wein »unter die Zunge« brachte. Loriot liebte es, diesen Moment auszukosten. Je länger er »kostete«, desto nervöser wurde der Kellner. Schließlich schluckte Loriot den Wein herunter, um unmittelbar darauf in einen heftigen gespielten Hustenanfall auszubrechen. Der Kellner erbleichte. Sollte etwas mit dem Wein nicht stimmen? Die Peinlichkeit trieb ihm den Schweiß auf die Stirn. Doch Loriot ließ ihn nicht länger zappeln, hörte auf zu husten und erlöste den armen Mann im Frack mit einem nonchalanten »Danke, sehr gut ...« Der Verwirrte goss die restlichen Gläser ein und ging erleichtert seines Wegs. Wo andere in diesem Tempel der Gaumenfreuden vor Ehrfurcht erstarrten, machte Loriot seine fast kindlich anarchischen Späße.

Onkel Stefan

Zurück in Berlin, das mich mit all seiner Realität schnell wiederhatte, kümmerte ich mich verstärkt um meine Großmutter, der es gesundheitlich sehr schlecht ging. Sie ahnte wohl, dass sie nicht mehr allzu lange leben würde, und bat mich, die unzähligen Fotoalben ihres verstorbenen Mannes an mich zu nehmen. Es war ein reicher Schatz uralter Aufnahmen, die zum großen Teil noch aus dem 19. Jahrhundert stammten. Darunter befand sich auch ein Prachtband mit Porträts aller Mitglieder des Alexanderregiments und Fotos der Messe und des Exerzierplatzes. Außerdem gab es diverse Familienalben sowie – mein Großvater war ein früher Pionier der Fotografie und entwickelte seine Abzüge sogar selbst – endlose Bilder von seinen Reisen in alle Welt.

Der Zufall wollte es, dass ich in dem Buch des Alexanderregiments Fotos von Loriots Großvater Wilhelm von Bülow fand, die Loriot noch nie gesehen hatte (»Frühjahrsparade 1892, der Tag meiner Ernennung zum Hauptmann u. Chef der 8ten Companie«). Noch erstaunlicher aber war, dass in einem Familienalbum von Loriots Onkel, dem Bruder seiner Mutter, Bilder von meinem Großvater Max von Schack auftauchten, in trauter Nachbarschaft zu Loriots Großvater mütterlicherseits, Otto von Roeder.

Onkel Max Schack — *Papi 1933*

MAX v. SCHACK
(GROSSVATER VON STEFAN LUKSCHY)

OTTO v. ROEDER
(GROSSVATER VON VICCO v. BÜLOW, ALIAS LORIOT)

AUS DEM FAMILIENALBUM VON KARL-HEINRICH v. ROEDER
(BRUDER VON CHARLOTTE v. ROEDER, VICCO'S MUTTER.
KARL-HEINRICH v. ROEDER WAR MIT MARLIES v. DOETINCHEM
VERHEIRATET, DER GROSSNICHTE VON MAX v. SCHACK

ERGO: STEFAN LUKSCHY IST LORIOT'S ONKEL.

oben:
Kopie aus dem Roederschen Familienalbum: links: Max von Schack; rechts: Otto von Roeder

mitte: Rückseite der Kopie aus dem Roeder'schen Familienalbum, von Loriot beschriftet

links:
v. Schack (zu Pferde) und v. Bülow (zu Fuß, links), 1892

Otto von Roeder war, wie wir erstaunt feststellten, mit meinem Großvater Max von Schack, also dem Freund und Regimentskameraden von Wilhelm von Bülow, entfernt verwandt. Wir begannen zu rechnen: Mein Großvater war der Halbbruder des Großvaters der Frau des Bruders von Loriots Mutter, also deren angeheirateter Halbgroßonkel. Der alte Schack war deshalb Loriots Urgroßonkel, woraus sich ergab, dass ich, als dessen Enkel, Loriots Onkel dritten Grades war ... Noch Fragen?

Unsere Zusammenarbeit hat all das weder positiv noch negativ beeinflusst. Wir fanden die unerwartete Verwandtschaft sehr komisch, siezten uns jedoch auch nach dieser Entdeckung selbstverständlich weiter.

Meine neugewonnene Großnichte, Loriots Tochter Bettina, die in London Malerei studierte, plante im Herbst 1975 mit Freunden eine Autoreise durch die algerische Wüste, damals konnte man das noch. Da ich drei Jahre zuvor eine ähnliche Reise unternommen hatte, gab ich ihr schon im »Tantris« zwischen Hummersüppchen und pochiertem Steinbutt Tipps für die Fahrt mit einem klapprigen Citroën 2CV durch die Sahara.

Loriot war sehr besorgt um das Wohl seiner Ältesten. Deshalb rief er mich einige Wochen später in Berlin an und bat mich, auf Bettina einzuwirken, die gefährliche Reise vielleicht doch abzublasen, wohl in der irrigen Annahme, das Wort des jungen angeheirateten Großonkels wöge schwerer als das des leiblichen Vaters. Ich rief also Bettina in London an und führte ein längeres warnendes Telefonat mit ihr. Sie ließ sich von ihrem Vorhaben zwar nicht abbringen, aber wenigstens konnte ich sie erneut für die Gefahren einer Wüstendurchquerung sensibilisieren und ihr weitere Ratschläge geben. Wir telefonierten etwa eine Stunde miteinander. In Zeiten teurer Ferngespräche war dies eine für einen Studenten kostspielige Angelegenheit. Loriot wusste das und fragte mich, was er mir

50

schuldig sei. Selbstverständlich lehnte ich es ab, mir von ihm die Telefonkosten erstatten zu lassen. Im Gegenteil, ich war glücklich, für den Mann, der in der kurzen Zeit unserer Bekanntschaft schon so viel für mich getan hatte, auch einmal etwas tun zu können.

Loriot nahm meine Weigerung scheinbar an, doch wenig später flatterte mir ein Brief ins Haus. Er enthielt ein sorgsam gefaltetes DIN-A4-Blatt mit einem am oberen Rand aufgeklebten grünen 20-Mark-Schein. Der Schein zeigt Dürers Renaissance-Porträt der Nürnberger Patrizierin und Kaufmannsfrau Elisabeth Tucher, das Loriot mit Kugelschreiber nach unten auf dem Blatt verlängert hatte, wobei sich die Patrizierin in der Zeichnung als spießige Mutti von 1975 mit Blümchenkleid und Klavierbeinen in halbhohen Pumps entpuppte.

Natürlich habe ich den Geldschein nie aus dem Kunstwerk herausgelöst. Das Werk hängt bis heute bei uns gerahmt an der Wand. Und Bettina ist heil von der Reise zurückgekommen.

In Berlin sehnte ich die Fortsetzung des Loriot-Drehs im Studio herbei. Ich war mit den Bedingungen, unter denen ich als Kameramann für einen weiteren dffb-Abschlussfilm arbeitete, nicht glücklich, und die Vorbereitungen für meinen eigenen Abschlussfilm, der direkt nach dem Bremer Studioteil gedreht werden sollte, waren mit Schwierigkeiten verbunden. Meine erste große Regiearbeit, eine Spielfilmkomödie von achtzig Minuten, lag wie ein fast unüberwindlicher Berg vor mir. Bremen versprach da erheblich entspannter und amüsanter zu werden.

Loriots sauberer Bildschirm (Loriot 1)
III. Akt

Aber auch in Bremen herrschte nicht immer nur Sonnenschein. Der kultivierte Humorist vom Starnberger See und der aufmüpfige Filmstudent aus Berlin waren in der fast beamtenhaften Welt festangestellter Fernsehmitarbeiter doch ziemliche Exoten. Unsere Angewohnheit, geregelte Arbeitszeiten nicht kennen zu wollen, stieß im Sender auf Unverständnis.

Nun konnte man von den Mitarbeitern nicht verlangen, dass sie abends und am Wochenende arbeiteten, aber für uns war das normal, wir fühlten uns als freie Künstlerseelen, die keine derartigen Beschränkungen akzeptierten.

Loriot ging, wie immer, mit der Situation souverän um. Im Gegensatz zu mir, der ich dazu neigte, den zuweilen behäbigen Apparat durch Druck in Bewegung setzen zu wollen, machte er es mit Eleganz und Humor. Im Grunde genommen ergänzten wir uns ganz gut. Da, wo er konziliant war, war ich unerbittlich, da, wo ich mich unbeliebt machte, glättete er die Wogen, wohl wissend, dass der von mir erzeugte Druck der gemeinsamen Sache dienlich war. Im Doppelpack müssen wir für die Mitarbeiter des Senders manchmal eine Zumutung gewesen sein.

Während der Pause zwischen den beiden Drehblöcken wurden in Bremen die Dekorationen gebaut. So klein der Sender war, so gut war er mit Werkstätten ausgestattet. Die Entwürfe stammten von Loriots Hand. Er hatte Übung darin. Außer sei-

53

nem Haus in Ammerland hatte er auch dessen komplette In-
nenausstattung selbst entworfen. Als wir in Bremen ankamen,
standen die Dekorationen bereits im großen Studio, es mussten lediglich Requisiten ergänzt und arrangiert werden. Wir
waren in guten Händen.

Der Studiodreh begann am 25. August 1975 mit Loriots
Parodie von Hoimar von Ditfurth, »Du und dein Körper«. Loriots Fähigkeit, in die Masken prominenter Zeitgenossen zu
schlüpfen, war phänomenal. Es waren nicht nur die von der
Maskenbildnerin präzise nachmodellierten Nasen und Bärte,
es waren der verbale Gestus und die Körpersprache, die seine
Parodien so einmalig machten. Loriot alias Hoimar von Ditfurth, seinerzeit der bekannteste deutsche Wissenschaftsjour-
nalist, erklärte unser Sonnensystem anhand von kleinen Papp-
modellen.

Einer meiner Lieblingssätze aus allen Loriot-Sketchen
kommt aus dem Mund des TV-Wissenschaftlers: »Sonne,
Mond und Erde … Das sind natürlich nur Modelle, aber die
ungeheure Größe der Himmelskörper wird deutlich, wenn Sie
zum Vergleich einen Stecknadelkopf betrachten.« Dabei hielt
Loriot/Ditfurth eine Stecknadel neben die handballgroße
Erde, ein absurder Vergleich, der nichts bewies. Die Aufnahmen mit dem falschen Ditfurth und seinen Menschenversu-
chen zum Thema Fernsehen verliefen mühelos, es war genau
der richtige Beginn, um sich auf die kommenden Höhepunkte
einzustimmen.

Schon am nächsten Tag drehten wir einen der berühmtesten Loriot-Sketche überhaupt, das Interview mit dem Lottogewinner Erwin Lindemann. Auch wenn der weitverbrei-
tete Irrtum sich hartnäckig hält, Loriot habe den Rentner
selbst gespielt – es war wieder einmal der wunderbare Heinz
Meier.

Beim »Lottogewinner« verlangte das Drehbuch, dass der
Protagonist mit niedersächsischer Färbung sprechen sollte, aber

Heinz Meier schlug vor, die Figur ostpreußisch anzulegen. Er stammte aus Ostpreußen und beherrschte den Dialekt perfekt. Loriot hatte das Niedersächsische vermutlich deshalb gewählt, weil es eine neutrale Mundart ist. Üblicherweise war es nicht seine Art, aus dem Dialekt seiner Figuren Komik zu beziehen. Er dachte einen kurzen Augenblick nach und bat Meier, die ersten Dialogsätze ostpreußisch zu sprechen: »Ach ja, machen Sie doch mal …« Dann entschied er, dem Vorschlag seines Schauspielers zu folgen. Es war dies insofern ungewöhnlich, als Loriot in der Regel alles plante und jeglicher Improvisation am Set äußerst skeptisch gegenüberstand. Meier durfte also ostpreußeln, aber nur so dezent, dass daraus kein Mundart-stück wurde.

Die Komik bezieht auch dieser Sketch aus der Situation. Der arme Rentner und Lottogewinner wird von einem gnaden-losen Reporter gequält. Neben Heinz Meier stand Claus-Dieter Clausnitzer vom Bremer Theater als Reporter vor der Kamera. Das restliche Filmteam bestand aus der Original-Kameracrew, mit der wir unsere Außendrehs bestritten hatten. Es waren also keine Komparsen, schon gar keine Schauspieler, sondern echte Teammitglieder. Aber wie so oft, wenn man Fachleute vor der Kamera hat, verlieren sie ihre Natürlichkeit und werden steif. Erst nach intensiven Proben konnten unsere Darsteller locker das »spielen«, was sie in ihrem Berufsleben tagtäglich machten.

Niemand von uns ahnte, wie populär dieser Sketch später werden sollte. Wir filmten ihn wie jeden anderen, lachten viel beim Drehen und machten handwerklich sauber unsere Ar-beit. Dass wir eine TV-Legende herstellten, war uns nicht bewusst. In meinem Tagebuch notierte ich: *»Dreh von Rent-ner-Interview mit Heinz Meier, der sehr gut und präzise ist. Das Drehen macht Spaß, die Geschichte wird gut.«*

☞ GEGENSCHUSS* HEINZ MEIER ☜

Er hat mir mal gesagt: »Zwei große Fehler hab ich gemacht: Ich hab mein Haus nicht unterkellert, und ich habe Sie den Lindemann spielen lassen.«

Als Regisseur spielte Loriot nie vor. Eine typische Regieanweisung lautete: »Bitte etwas angelegentlicher!« Wenn das Understatement ins Unbeteiligte abzugleiten drohte, ihm die Darstellung lau anmutete und mehr Engagement erwünscht war, kam es zu dieser Ansage. Laut musste er dafür nicht werden, dafür waren alle zu eingespielt. Dabei ist heute schwer vorstellbar, wie schnell wir damals waren. Rund einen halben Tag haben wir zum Beispiel für die Aufnahmen zum »Lottogewinner« gebraucht. Auch das war ein Ergebnis der guten Vorbereitung und der Intensität, mit der hier gearbeitet wurde.

☞

Dank der großen Präzision der Herren Heinz Meier und Heiner Schmidt war auch der Dreh der »Filmanalyse« in einem halben Tag erledigt.

Als wir für den Sketch »Heimoperation – Wir operieren selbst« einen nervigen Opa suchten, der sich ständig in die Diskussion der Familie mit einem TV-Reporter mit dem Satz »Alles mit Bildern, sseich doch mal dem Herrn die Bilder!« einmischte, erinnerte sich Loriot eines alten Berliners, den er aus seinen Ferien kannte.

Loriot fuhr jeden Sommer nach Capri. Er wohnte dort in einem komfortablen Hotel und ging tagsüber meist in die »Fontelina«, eine kleine Felsenbadebucht mit zugehörigem Restaurant und Liegestuhl-Verleih bei den sagenumwobenen Fa-

---

* Der Begriff »Gegenschuss« bezeichnet eine Schnitttechnik beim Film. Dialogszenen werden häufig in »Schuss« und »Gegenschuss« aufgelöst, wobei der »Schuss« den einen Schauspieler zeigt und der »Gegenschuss« sein Gegenüber. Im Fall dieses Buches sind die »Gegenschüsse« Anmerkungen, Anekdoten und Gedanken, die Kollegen, Weggefährten und Freunde Loriots auf Wunsch des Autors beigetragen oder deren Abdruck sie gestattet haben.

raglioni-Felsen. Dort lernte er Bruno W. Pannek kennen, der schon seit den dreißiger Jahren alljährlich auf die Insel kam, in einer kleinen Privatpension abstieg und in der Fontelina seine Tage verbrachte. Herr Pannek konnte sich die Preise in der Fontelina eigentlich nicht leisten – er verdiente sein Geld mit einer kleinen feinmechanischen Werkstatt in Berlin-Neukölln –, aber er gehörte als alter Freund der italienischen Familie, die das Restaurant betrieb, quasi zum Inventar. In der Fontelina überwinterte auch sein winziges Gummiboot, mit dem er traditionell an seinem ersten Ferientag aufs Meer hinauspaddelte, um Stunden später krebsrot wieder an Land zu erscheinen.

Herr Pannek auf Capri

Herr Pannek entsprach nicht nur äußerlich dem Bild eines verhutzelten Opas, er hatte auch den altmodischen Berliner Tonfall, der Loriot für die Figur vorschwebte. Wir fanden Herrn Panneks Adresse heraus, und er wurde von da ab ständiges Mitglied des Loriot-Ensembles.

Das Vorbild für die kurzen Auftritte des Berliner Handwerkers war Herr Störk, der als schräges, meist stummes Faktotum schon die Stuttgarter »Cartoon«-Sendungen bereichert hatte. Pannek, wie wir ihn nannten, wurde für seine kleine Rolle eingeflogen – ein Privileg, dass normalerweise nur professionelle Schauspieler genossen – und war in seiner rührenden Naivität so komisch, dass Loriot nicht mehr auf ihn verzichten wollte. Herrn Pannek gehörte dann auch Jahre später der letzte Satz der letzten Bremer Sendung: »Hallo? Benötigen Sie einen Weihnachtsmann?«

Zum Dreh der Tagesschau-Sketche ließ man uns ins Allerheiligste der ARD, ins Tagesschau-Studio in Hamburg. Was für ein Privileg, die Parodie der wichtigsten Nachrichtensendung des deutschen Fernsehens in deren eigenem Atelier drehen zu dürfen.

So wie Loriot mich in München zum Abschluss unserer Schnittzeit ins »Tantris« führte, zeigte er mir in Hamburg im Anschluss an den Tagesschau-Dreh das feine Restaurant »Jacobs« an der Elbchaussee. Ja, Loriot war durchaus ein Feinschmecker. In Bremen war es sein Schönstes, seine Schauspieler und mich ins Bistro »Grashoff« auszuführen, wovon später die Rede sein wird.

Es gab noch ein wenig Synchronarbeiten, dann wurden am letzten Drehtag im Bremer Studio die Moderationen auf dem Sofa gedreht. Das war von Vorteil, denn wir wussten jetzt, wie lang die einzelnen Sketche geworden waren, und konnten die Zwischenmoderationen längenmäßig entsprechend anpassen.

In Stuttgart hatte Loriot auf einem roten Gründerzeitsofa gesessen. Es war die Frühzeit des Farbfernsehens gewesen, und man bevorzugte kräftige, klare Farben. Zur Zeit der ersten Bremer Sendung war man schon weiter. Differenzierte, gedeckte Farben waren angesagt. Also wurde das Sofa grün, und es verlor die gründerzeitlichen Verzierungen des Stuttgarter Möbels zugunsten biedermeierlicher Schlichtheit. Loriot trug einen Tweedanzug, der sich farblich dezent vor dem grünen Bezugsstoff ausnahm. Während der Aufnahmen achtete er insbesondere darauf, dass in den Halbtotalen die schön geschnitzte Holzschnecke, die die Vorderseite der Sofalehne abschloss, immer gut im Bild zu sehen war.

Das endgültige Editing, also das Zusammenfahren der einzelnen vorgefertigten Teile der Sendung, fand erst fünf Monate später im Februar 1976 statt, kurz vor der Ausstrahlung am 8. März. Die Studiosketche waren auf zwei Zoll breite Video-Magnetbänder aufgezeichnet worden. Diese MAZ-Bänder konnte man nicht mechanisch schneiden. Wenn man Schnitte vornehmen wollte, musste man das Material jedes Mal komplett neu überspielen. Das ging zwei- bis dreimal gut (man sprach hier von erster, zweiter Generation), danach wurde das Bildrauschen, das sich von Generation zu Generation verstärkte – man kennt den Effekt von mehrfach überspielten Tonbändern oder Musik-Kassetten – zu heftig. Wir konnten also nicht viel herumprobieren, sondern mussten im ersten Durchgang eine Punktlandung auf die gewünschte Länge erzielen. Durch die zeitlich angepassten Moderationen war das möglich.

»Loriots sauberer Bildschirm« wurde ein großer Erfolg. Die Einschaltquote spielte noch nicht die alles beherrschende Rolle, die sie heute leider auch beim öffentlich-rechtlichen Fernsehen einnimmt. Man maß sich nur mit dem ZDF, das Privatfernsehen gab es noch nicht. Aber die Quote muss wohl doch sehr gut gewesen sein, auch wenn Loriot zeitlebens die Devise ausgegeben hatte, man müsse die Quoten niedrig halten, dann könne man sich mehr erlauben.

Loriots Teleskizzen (Loriot 2)

Schon vor dem Schluss-Editing der ersten Sendung begannen wir mit den Vorbereitungen zu Folge zwei. In der Zwischenzeit hatte ich den Dreh meines Abschlussfilms »Krawatten für Olympia« erfolgreich hinter mich gebracht. Und wieder eröffnete mir Loriot eine Welt, von der ich bisher nichts geahnt hatte, die mir aber sehr schnell ans Herz wuchs: Schloss Elmau.

Schloss Elmau liegt etwas abseits der Straße von Garmisch-Partenkirchen nach Mittenwald. Von dem kleinen Ort Klais aus fährt man über eine Privatstraße in ein beeindruckendes Hochtal, in dem das riesige Schloss vollkommen einsam vor dem Panorama der majestätischen Wettersteinwand thront. Als ich der Einladung Loriots dorthin folgte, war es noch die »alte« Elmau, sehr traditionell, fast wie ein Relikt aus dem 19. Jahrhundert. Eine reizvolle Mischung aus Thomas Manns »Zauberberg«, Jugendherberge und Kloster, wie Loriot sagte, auch wenn es dort ganz und gar nicht klösterlich zuging.

Nachdem 2005 das Schloss zu großen Teilen abbrannte, hat sich die Elmau stark verändert. Es ist heute ein luxuriöses Wellnesshotel mit hochkarätigem Kulturprogramm. Damals war die Elmau ein aus der Zeit gefallener Ort. Sie war bezahlbar, selbst, zum Beispiel, für pensionierte Musiklehrerinnen aus Berlin. Es gab einfache Zimmer ohne eigenes Bad und ohne Fernseher, was selbst in den 1970er Jahren als medienasketisch galt. Die Tagesschau sah man gemeinsam in einer Ecke des Ess-Saales. Die Mahlzeiten wurden an großen Gemeinschaftstischen eingenommen, so kam man automatisch mit den anderen Gästen ins Gespräch. Sinn und Zweck der Elmau war die Begegnung von Menschen mit der Natur, mit der Kunst und untereinander. Sie war aber auch ein traditioneller Rückzugsort für Geistesgrößen aus der ganzen Republik. Außer Loriot gehörten unter anderen Johannes Rau und Alexander Kluge zu den Stammgästen.

Gegründet hatte die Elmau 1914 Johannes Müller, ein esoterisch angehauchter Philosoph, der in der Erhöhung durch die Kunst, noch mehr aber im Tanz ein Mittel sah, den entfremdeten modernen Menschen zu sich selbst zu führen. Das Geld für den Bau des Schlosses stammte von Elsa Gräfin Waldersee, deren Porträt neben der Terrassentür im Erdgeschoss des Schlosses hängt. So, wie sie den Betrachter ansieht, kann man sich gut vorstellen, dass Johannes Müller sie nicht nur wegen ihrer finanziellen Großzügigkeit verehrte.

Loriot schätzte diesen verwunschenen Ort, an den er sich gerne zum Nachdenken zurückzog, vorzugsweise in das sogenannte »Fürstenzimmer« mit rundem Erker, Nr. 219. Als seine rechte Hand genoss ich das Privileg, mitfahren zu dürfen, selbstverständlich von ihm eingeladen, seine Großzügigkeit war auch hier grenzenlos.

In den vier Januartagen meines ersten Besuchs auf der Elmau – es sollten noch viele weitere folgen – dachten wir über neue Sketche nach. Dies geschah entweder in Loriots schönem Turmzimmer, auf langen Spaziergängen durch das verschneite Hochtal oder im Teesaal, dem kommunikativen Zentrum des Schlosses, wo es Tee aus einem Samowar und den besten Himbeerkuchen der Welt gab. Aber war die Arbeit nicht nur ein Vorwand, um abends ins Konzert zu gehen?

Elmau war und ist jedes Jahr für eine Woche das Mekka der internationalen Kammermusik. Yehudi Menuhin, Friedrich Gulda, Gidon Kremer und viele andere sind dort regelmäßig aufgetreten. Bezeichnenderweise notierte ich in meinem Tagebuch über diese Januartage 1976 nicht, an welchen Sketch-ideen Loriot und ich arbeiteten, sondern welche Konzerte wir im Rahmen der Musikwoche gehört haben: »*Am Mittwoch das Amadeus-Quartett mit Mozart und Smetana, am Donnerstag das Münchner Streichtrio, am Freitag wieder das Amadeus-Quartett mit Haydn und Beethoven.*«

Nachmittags lauschten wir den Musikern bei ihren Proben, nach den Konzerten saßen wir mit den Mitgliedern des Amadeus-Quartetts zusammen und fachsimpelten über Musik und Instrumente. Eine von Loriot immer wieder gern erzählte Begebenheit beschreibt den Geist dieser Tage sehr gut. Norbert Brainin, der erste Geiger des weltberühmten Quartetts, hatte seine Stradivari offen auf dem Flügel im Kaminsaal, wo auch probiert wurde, liegen lassen und sich auf einen Spaziergang begeben. Um den Flügel herum spielten Kinder, niemand sorgte sich ernsthaft um die kostbare Geige. Als Brainin nach seinem Spaziergang in den Kaminsaal zurückkam, packte er sein Instrument ein und ging auf sein Zimmer. An jedem anderen Ort der Welt hätte man eine so seltene Geige im Tresor des Hotels untergebracht.

Loriot liebte die Plaudereien mit den Profis. Er selbst hatte nie ein Instrument gelernt, er konnte auch keine Noten lesen, aber er war ein leidenschaftlicher Hörer und Kenner, nicht nur von Wagners Opern, sondern auch von Kammermusik. So sprachen wir eines Nachmittags lange mit Peter Schidlof, dem Bratscher des Quartetts, über kostbare alte Bögen. Er gab uns seinen »Tourte«-Bogen, der schon damals über 100 000 DM wert war, in die Hand, und wir durften das edle Objekt bewundernd zwischen den Fingern wiegen.

Zwischendurch haben wir auch gearbeitet. Bei unseren Überlegungen für die zweite Loriot-Sendung spielte Herr Pannek eine nicht unbedeutende Rolle. Wir fanden sein altmodisches Berlinisch so komisch, dass wir daraus unbedingt mehr machen wollten. Ich bekam den Auftrag, Herrn Pannek in Berlin aufzusuchen und ihm, quasi als Casting, komplizierte philosophische Texte zu lesen zu geben. In meinem Abschlussfilm hatte Pannek eine kleine Rolle übernommen, einen grüblerischen Angler, der die griechische Weisheit des Heraklit »panta rhei« (»Alles ist im Fluss«) zum Besten gab. Ich suchte also schwierigste Texte von Hegel heraus, fuhr zu Herrn Pannek nachhause und bat ihn, die Texte vorzulesen. Das Ergebnis war eher ernüchternd. Gewiss war es komisch, wie sich der gute alte Mann hoffnungslos in Hegels Gedankenwindungen verlief, aber hätten wir ihn dies vor der Kamera machen lassen, wäre es nicht komisch gewesen, sondern nur denunziatorisch.

Loriot ließ deshalb Herrn Pannek eine Ehre zukommen, die später nur noch Evelyn Hamann genoss. Er schrieb eigens für ihn einen Text. Es war ein kleiner absurder Witz, den Pannek, allein, mit Blick in die Kamera, erzählen sollte: »Ein Deutscher, ein Däne und ein Holländer sitzen in Norwegen in einem italienischen Restaurant. Da sagt der Däne zu dem türkischen Ober: ›Na, du alter Schwede!‹ – Ha!« Im Gegensatz zu Hegels Philosophie erschien Loriot dieser »Witz« unproblematisch. Herr Pannek bekam den Text zugeschickt mit der Bitte, ihn auswendig zu lernen.

Am Tag der Aufnahme war für Pannek ein Hocker vor einer schwarzen Wand vorbereitet, auf dem sitzend er den Witz vortragen sollte. Loriot hatte eine verzierte Vignette für Pannek gezeichnet, die seinen Kopf einrahmte und, von einer zweiten Kamera gefilmt, elektronisch ins Bild eingefügt wurde.

Ich holte Herrn Pannek aus seiner Garderobe und ging mit ihm ins Studio. Als er das relativ leere Studio sah, schaute er sich suchend um und fragte mich schüchtern: »Herr Lukschy, wo sind'n die anderen?« – »Welche anderen, Herr Pannek?« – »Na, der Deutsche und der Holländer und der türkische Ober … Und wo ist denn det Restaurant …?«

Pannek hatte nur den Satz »Na, du alter Schwede« gelernt, sonst nichts, eine Katastrophe. Wir versuchten, ob er sich den kompletten Text schnell einprägen konnte, vergeblich. Also wurde eine dreißigminütige Pause angesetzt. Herr Pannek ging zurück in seine Garderobe und lernte den Unsinnswitz auswendig. Zumindest versuchte er es.

Als Pannek nach der Pause auf seinem Hocker Platz nahm und den ersten Versuch startete, den Witz zu erzählen, war klar, dass wir an der Nummer länger würden drehen müssen. Um nicht jedes Mal eine neue Klappe schlagen zu müssen, ließen wir das MAZ-Band durchlaufen, eine gute halbe Stunde lang. Für den armen Herrn Pannek muss diese halbe Stunde die Hölle gewesen sein. Er verhaspelte sich, bekam Schweißausbrüche, brach den Witz auf halber Strecke von allein ab, bis es ihm endlich doch gelang, seinen Text fehlerfrei aufzusagen. Als wir die Sendung später zusammenstellten, erwies sich die Tatsache, dass wir Panneks gesammelte Versuche aufgezeichnet hatten, in denen aus dem italienischen Restaurant immer wieder ein türkisches wurde, als Segen. Der Mann in der verzierten Vignette wurde zu einem der Running Gags der zweiten Sendung »Loriots Teleskizzen«.

Die Produktion zog sich auch bei den »Teleskizzen« über lange Zeit hin. Wir begannen Ende März mit den Außenaufnahmen auf Film, das Schluss-Editing fand erst im Oktober, zwei Wochen vor der Ausstrahlung, statt. Dazwischen lagen die üblichen Phasen der Planung und des Schnittes. Weil unsere Zusammenarbeit im Schneideraum so gut verlaufen war, wünschte sich Loriot, dass ich zukünftig auch die Studio-Sketche schneiden sollte. Für das Schneiden von 2-Zoll-MAZ-Videobändern brauchte man aber technische Geräte, die nur im Sender zur Verfügung standen.

Der MAZ-Schnitt war überdies schwerfällig und bei weitem nicht so präzise wie der Filmschnitt. Das beim Film übliche Vorgehen, sich über mehrere Rohschnittversionen an den endgültigen Feinschnitt heranzutasten, verbot sich wegen des zunehmenden Bandrauschens durch die jeweiligen Kopiervorgänge.

Bei den Außenaufnahmen zu »Loriot 2«

Da kam uns Wolfgang Stöver, ein genialer Bildtechniker des Senders, zu Hilfe. Er entwickelte eine Methode, die Videoaufnahmen auf Film zu transferieren und sogar mit einem ins Bild eingeblendeten Timecode zu versehen. Voller Stolz präsentierte er uns seine Apparatur, die ihrer Zeit weit voraus war. In einem abgedunkelten Raum stand eine Filmkamera mit Blick auf einen Monitor, vor dem eine Reihe von Leuchtdioden aufgebaut war, die an Röhren eines altertümlichen Radios erinnerten und rötlich flackernd den Timecode des MAZ-Bandes anzeigten. Die Anordnung hatte den Charme des Laboratoriums von Professor Frankenstein.

Heute ist es Standard, dass jedes einzelne Filmbild, das das Schnittprogramm eines Computers durchläuft, seinen Timecode hat, der Stunde, Minute, Sekunde und Frame (25 pro Sekunde) präzise anzeigt und jederzeit eingeblendet werden kann. Damals betraten wir Neuland. Vermutlich waren wir die Ersten, die im deutschen Fernsehen eine MAZ-Produktion mit einem sogenannten »Offline-Schnitt« auf 16mm-Film bearbeiteten.

Der Vorteil unserer Methode liegt auf der Hand. Mit den von Herrn Stöver in tagelanger Arbeit hergestellten »FAZen« (16mm-Filmaufzeichnungen) konnten wir schnitttechnisch vollkommen frei verfahren. Wir konnten in Ammerland in aller Ruhe Schnitte ausprobieren und verwerfen, bis wir die bestmögliche Version hatten, in der Timing und Ablauf perfekt waren. Und das alles, ohne im Sender wochenlang ein teures Schnittstudio zu blockieren.

Außer dem wiederkehrenden Auftritt von Herrn Pannek enthielt die zweite Sendung einige weitere Klassiker, wie zum Beispiel die »Zimmerverwüstung«, einen der kompliziertesten Drehs der gesamten Bremer Zeit. Der Beginn der Szene um einen Versicherungsvertreter, der, während er auf die Dame des Hauses wartet, ein – übrigens von Loriot eigenhändig entworfenes – aus dem Rahmen gerutschtes abstraktes Bild geraderücken will und zum Schluss das gesamte Wohnzimmer in Trümmer legt (»Das Bild hängt schief«), war noch einfach zu realisieren, aber die chaotische Steigerung zum finalen Zusammenbruch des Bücherregals und der Vorhangstangen war schwierig. Da vieles in Großaufnahmen erzählt wurde, musste Loriot alles selber spielen, einen Stuntman hätte man sofort erkannt. Erstaunlich, wie wagemutig er sich in das Abenteuer gestürzt hat, obwohl er schon damals an ständigen Rückenschmerzen litt. Als er auf den Couchtisch fiel, der dadurch alles, was daraufstand, katapultartig in den Raum schleuderte, entging Loriots Kopf nur um Haaresbreite einem schweren Kerzenleuchter. Wenn ich mir die Szene heute auf der DVD in Zeitlupe ansehe, wird mir immer noch ganz anders.

Außer dem unabsichtlich fliegenden Kerzenleuchter wurde streng nach Plan vorgegangen. Selbst kleinste Details der Szene waren im Drehbuch genau beschrieben – das Festhängen des linken Schuhabsatzes in einem kleinen Teppich, der Kampf mit einem Telefonkabel, bei dem ein Schreibtischbein weggerissen wird, sowie der Versuch des Mannes, sich vor dem auf ihn fallenden Schreibtischaufsatz voller Bücher und einem weiteren Sturz zu retten, indem er sich an den Gardinen festhält, was dann zur endgültigen Katastrophe führt.

Das letzte Zusammenbrechen konnte nur einmal gedreht werden. Wir gingen einfach davon aus, dass es klappen würde, und richteten alle Kameras auf den finalen Crash. Und tatsächlich, alles brach so zusammen wie geplant. Applaus und große Erleichterung, vor allem bei Loriot, der heilfroh war, die Sache hinter sich gebracht zu haben. Beim Schnitt haben wir dann einen von einem Unterhaltungsorchester gespielten »Bolero« (an dem Original von Ravel wollten wir uns dann doch nicht vergehen) unter die Szene gelegt, um ihre Dramatik zu betonen.

Auch in dieser Sendung wurden wieder prominente Zeitgenossen knollennasig parodiert. Es gab Herbert Wehner und Franz Josef Strauß als Zeichentrickfiguren, ebenso wie die köstlichen Comedian Harmonists. Was für ein schöner, sonniger Nachmittag im Mai 1976, an dem wir in Loriots Arbeitszimmer saßen und die Platten der Comedian Harmonists rauf und runter hörten, bis wir die passenden Stücke für den Zeichentrickauftritt des Sextetts gefunden hatten, allen voran »So ein Kuss kommt von allein«.

Den letzten noch lebenden Comedian Harmonist, Bob Biberti, kannte ich über meinen Vater. Biberti wohnte in Berlin, wo er allabendlich die Kneipen um den Savignyplatz unsicher machte und gern von alten Zeiten erzählte. Einmal haben wir Biberti in seiner riesigen dunklen Altbauwohnung in der Schlüterstraße besucht. Jetzt wurde er zur Knollennase, nicht die schlechteste Auszeichnung.

Eine ähnliche Ehrung erfuhr der Tierfilmer und Frankfurter Zoodirektor Bernhard Grzimek, den Loriot parodierte. Professor Grzimek war durch seine Fernsehreihe »Ein Platz für Tiere« extrem populär, jeder Deutsche kannte ihn, es war eine Herausforderung.

Loriot wurde eine schmale Nase angeklebt, er zog den für Grzimek charakteristischen gelben Pullover an, setzte eine Brille auf und nahm hinter dem Moderationstisch Platz, auf dem ein Haufen Ziegelsteine das Habitat der »Steinlaus« darstellte, die Grzimek seinen Zuschauern vorstellen wollte. Aber trotz Nase und Pullover sah Loriot Grzimek noch nicht genügend ähnlich. Verzweifelt schauten wir uns noch mal Aufzeichnungen des Originals an. Zuerst wurde die Brille verändert, sie bekam über den Gläsern Metallstreifen aufgeklebt, was schon ein bisschen half. Aber glücklich waren wir immer noch nicht. Selbst die Stimme saß nicht auf den Punkt. Dann schlug ich Loriot vor, doch die Augenbrauen hochzuziehen, so dass sie über der Brille sichtbar wurden. Das war die Lösung. Das Gesicht zog sich in die Länge, die Ähnlichkeit war plötzlich da, und auch die Stimme klang nach dieser kleinen mimischen Veränderung wie der richtige Grzimek. Wir konnten drehen.

Beim Schnitt wurde dann für den Sketch eine Montage aus den unterschiedlichsten Bildquellen erstellt. Es gab die in Loriots Trickfilmstudio gezeichnete legendäre Steinlaus, es gab die neu gedrehten Teile, in denen ein Kamerateam die Steinlaus auf dem Bremer Rathausmarkt zu filmen versucht (mit mir als bärtigem Kameramann), und es gab Archivaufnahmen von zusammenstürzenden Gebäuden, darunter auch eine Aufnahme, die ich Jahre zuvor im Rahmen eines dffb-Films über Immobilienspekulationen in Berlin gemacht hatte. Zusammengesetzt wirkte alles sehr authentisch.

Gibt man heute bei Google Grzimek ein und geht auf die Bildersuche, so erscheint schon auf der ersten Seite Loriot, und es ist verblüffend, sein Konterfei zwischen den ganzen echten Grzimeks zu sehen – er fällt kaum auf. Und noch im März 2013 zierte Loriot als Grzimek anlässlich der Auseinandersetzungen um die drohende Zerstörung der »Eastside Gallery« das Titelfoto des Berliner »Tagesspiegel« mit der Unterschrift: »Steinläuse als Mauerspechte?«

Der Journalist Peter Merseburger (»Panorama«) traf lange nach Beendigung seiner Fernsehkarriere Loriot und sagte ihm, dass er womöglich längst vergessen wäre, hätte dieser ihm nicht durch seine Parodie in »Cartoon« ein Denkmal gesetzt.

Günther Jauch, der mit Loriot befreundet war, beschrieb dies Phänomen anlässlich von Loriots 75. Geburtstag so: »Heute gibt es viele Jüngere, die sich die Grzimek- und Merseburger-Parodien ansehen, ohne die beiden Personen überhaupt zu kennen. Trotzdem liegen sie regelmäßig vor Lachen am Boden. Das ist im Grunde die höchste Form von Humor: etwas erfolgreich parodieren – und keiner kennt das Original.«

Die Steinlaus machte eine erstaunliche Karriere. Sie war derart populär geworden, dass sie – als Scherz und mit Bild – 1983 Eingang in das seriöse »Klinische Wörterbuch Pschyrembel« fand, wobei der Verlag seitdem die wissenschaftlichen Erkenntnisse über das von Loriot/Grzimek Geäußerte hinaus reichhaltig medizinisch ergänzte:

Steinlaus: (engl.) stone louse; syn. Petrophaga lorioti; kleinstes einheimisches Nagetier (Größe 0,3–3 mm) aus der Familie der Lapivora mit den Subspecies Nierensteinlaus (Petrophaga lorioti nephrotica), Blasensteinlaus (Patrophaga lorioti vesicae), Gallensteinlaus (Petrophaga lorioti cholerica), Großhirnrindensteinlaus (Petrophaga lorioti neurotica gigantissima) u. gemeine St. (Petrophaga lorioti communalis); Erstbeschreibung 1983; **Vork.:** versch. menschl. Organe, großstädtische Steinwüsten; **Nachw.:** histol. äußerst schwierig; evtl. molekulargenet. nach Polymerase-Kettenreaktion. V. a. in Städten haben nitrose Gase die St. aus ihrer ökolog. Nische fast völlig verdrängt. Vermutl. hemmt das im Abgas enthaltene Stickstoffmonoxid das sexuelle Appetenzverhalten der St., saurer Regen schädigt ihre sensiblen Fresswerkzeuge. Zur Erforschung des komplizierten Fortpflanzungszyklus seltener Steinlausarten wird experimentell versucht, diese durch Klonierung zu vermehren sowie deren Genom in einer Genbibliothek der Nachwelt zu hinterlassen (2002).

In den neunziger Jahren entschied der Verlag, den Eintrag aus seinem Lexikon wieder zu tilgen, was derart heftige Proteste hervorrief, dass man 1997 den »possierlichen kleinen Kerl« wieder in den Pschyrembel aufnahm. Die wissenschaftliche Beschäftigung mit der Steinlaus setzte sich seitdem, wie man sieht, fort.

Am Ende der zweiten Sendung stand dann wieder ein Sketch, der zum Klassiker wurde: »Schmeckt's?« Das Restaurant war im Studio aufgebaut, der Sketch um den armen Gast, der vor lauter Fragen, ob ihm seine »Kalbshaxe Florida« auch schmecke, nicht zum Essen kommt, war wegen seiner vielen Komparsen und der komplizierten Choreographie des Oberkellners nicht ganz leicht zu drehen, obwohl Loriot schon in seiner detailreichen Grundrisszeichnung für die Dekoration darauf hingewiesen hatte, dass zur Küche eine Klapptür eingebaut werden sollte, die sich mit einem Fußtritt des Obers leicht öffnen ließ.

Den Ober gab wieder einmal Heinz Meier, der damit zu kämpfen hatte, seinem Gast als Alternative zu seinen Kartoffeln Reis oder Krausbandnudeln anzubieten. Es wurden immer wieder »Kreisbandnudeln« daraus – leider haben wir keine Outtakes gesammelt. Auch in dieser Sendung hatte Herr Pannek das letzte Wort: »Was ist denn hier los?« – »Der Herr isst eine Kalbshaxe« – »Ach …«

Da aus alten »Cartoon«-Zeiten noch ein eingekaufter Zeichentrickfilm vorhanden war, ein sogenannter »Fremdfilm«, den man in den letzten Stuttgarter Folgen nicht hatte unterbringen können, bat der Sender darum, die gezeichnete Frankenstein-Parodie »The Mad Baker« von Ted Patok in »Loriots Teleskizzen« aufzunehmen. Der Film war auf Englisch, also mussten wir ihn komplett synchronisieren. Nun hatte der amerikanische Regisseur die Schluss-Sequenz, in der das Monster von der Sonne zu Tode geschmolzen wird, mit Teilen aus Wagners »Tristan und Isolde« musikalisch untermalt. Loriot geriet in einen Gewissenskonflikt – konnten wir das wirklich machen? »Tristan« als Musik für einen albernen Zeichentrickfilm? Das ging selbst ihm zu weit. Andererseits war die künstlerische Entscheidung des Regisseurs, der 1971 immerhin einen Oscar gewonnen hatte, zu respektieren. Wir entschieden uns für den Regisseur, der »Tristan« erklang. Vielleicht war es die Rache Richard Wagners, dass uns beim Überspielen der 35mm-Kinokopie der Film riss. Durch meine Ausbildung an der dffb war ich in der Lage, das einzige Original, das wir hatten, ganz altmodisch mit Filmhobel und Nassklebepresse zu reparieren. Die Kollegen vom Sender waren beeindruckt.

Bei späteren Wiederholungen und Editionen auf VHS-Kassetten und DVDs wurde der Film leider herausgenommen, weil er nicht von Loriot gezeichnet war. Von ihm stammte nur die Synchronisation, die wir gemeinsam erstellten und die mich viele Jahre später, anlässlich der großen Berliner Ausstellung zum 85. Geburtstag des Meisters, dazu animierte, in deren Katalog über Loriot als Sprachkünstler nachzudenken.

Exkurs – Die Stimme des Zeichners

Eine Erinnerung: Im Sommer des Jahres 1976 musste für die Sendung »Loriot 2 – Teleskizzen« ein englischsprachiger Zeichentrickfilm synchronisiert werden. Bei dem Film »The Mad Baker« handelte sich um eine Parodie auf »Frankenstein«, in der das Monster ein gigantischer Schokoladenkuchen ist. Loriot sprach den Frankenstein-Kuchen und alle anderen Rollen des Films. Ich gab ein kleines Mädchen, das vom Kuchen verspeist wird. Die Hingabe, mit der Loriot dem Kuchen seine Stimme lieh, bleibt mir unvergesslich.

Die ersten Zeichnungen des Cartoonisten Loriot kamen noch ohne Worte aus. Aus seinem späteren zeichnerisch-humoristischen Hauptwerk ist der ironische Kommentar, die kultiviert komische Bildunterschrift, nicht wegzudenken, sie ist, neben der an sich schon komischen Zeichnung, die Brücke vom Irrsinn des Gezeichneten in die bürgerliche Welt der noch jungen Bundesrepublik.

Als das Fernsehen Vicco von Bülow holte, bekamen Loriots Texte eine Stimme – seine Stimme. Und auch hier ist es die höchst kultivierte Sprechhaltung, die dem absurdesten Unsinn zu zivilisatorischen Weihen verhilft. Wenn Loriot spricht, wird es nie gewöhnlich.

Zunächst kennt man den Loriot, der auf dem Sofa sitzt und – ganz in der Tradition seiner ironisch-distinguierten Bildunterschriften – durch eine kurze Moderation dem nachfolgenden Sketch von vornherein eine groteske Schräglage verpasst, so dass man nichts von dem, was folgt, mehr ernst nehmen kann. Dieser Herr auf dem Sofa gibt sich zwar den Anschein, der Privatmann Vicco von Bülow zu sein, in Wahrheit begegnen wir hier aber der höchst raffinierten Kunstfigur Loriot, die uns durch Sprache und Gestus lehrt, wie man den größten Quatsch auf die wohlerzogenste Art formuliert. Es ist wohl nicht übertrieben, zu sagen, dass die Stimme des Mannes auf dem Sofa den Deutschen eine Sprache zurückgegeben hat, die durch die Emigration großer Literaten wie Thomas Mann auf ewig verloren gegangen zu sein schien.

Einen anderen Loriot hören wir, wenn er als Schauspieler in seinen eigenen Sketchen auftritt. Loriots Menschenparodien sind immer Erscheinungsbild und Stimme. Dabei übertreibt er nie, sondern findet stets eine Stimmhaltung, die der inneren Befindlichkeit der Figur entspringt. Es klingt nie aufgesetzt, sondern bei aller Komik, die den Sketchen innewohnt, bei aller Distanz immer tief empfunden und vor allem – authentisch. Wir hören die Stimme eines außerordentlichen Menschenkenners, der die dargestellte Person in einer bemerkenswerten Gratwanderung zwar karikiert, aber nie der Lächerlichkeit preisgibt oder gar denunziert.

Unter seinen real gespielten Charakteren fällt eine Kategorie auf: die alten Männer, allen voran Opa Hoppenstedt. Loriot erzählte oft, dass sein Vater gern und sehr gut alte Männer parodierte. Dieses Talent schien der Sohn geerbt zu haben. Erstaunlich dabei war, dass der selbst im hohen Alter angelangte Loriot mit knapp fünfundachtzig Jahren noch lange nicht so alt klang, wie der (wohl deutlich jüngere) Opa Hoppenstedt.

Noch eine andere Stimme wird hörbar – wir bewegen uns noch im Bereich des realen Films –, wenn Loriot als Parodist von politischen oder festlichen Reden auftritt. Hier gelingt es ihm, die Formelhaftigkeit und die klassischen Fehlbetonungen von Politikern ins vollkommen Absurde zu steigern, indem er in der Form streng dem Duktus eines bürgerlichen Festredners folgt, um im Text die abstrusesten Gedankenspiele zu Gehör zu bringen (z. B. anlässlich der 100-Jahr-Feier der Berliner Philharmoniker: »Schließlich sei bedauert, dass sich nicht ein Orchestermitglied des Gründungsjahrgangs 1882 heute Abend unter den Mitwirkenden befindet.«).

Und schließlich ist da die Stimme, die Loriot seinen Zeichentrickfiguren leiht. Sperren wir also unsere Ohren weit auf und betreten wir den Kosmos der Stimmen des Zeichners Loriot.

Der erste Zeichentrickfilm, dem Loriot nicht nur Gestalt, sondern auch stimmlichen Ausdruck gab, entstand im Jahr 1967 (für »Cartoon 1«). Schon hier erweist sich Loriot als Meister nicht nur der gekonnten animierten Zeichnung, sondern auch als Meister vokaler Parodie. Der Politiker, der sich in einer Parlamentsrede über die Krise des deutschen Humors äußert, spricht mit einer bürgerlichen Gesetztheit, die ganz den Geist ihrer Zeit atmet. Loriot schiebt seine Stimme leicht nach unten und verleiht ihr so parlamentarisches Volumen.

Im nächsten Trickfilm aus der Reihe »Cartoon« gibt Loriot dem Farbberater des deutschen Fernsehens eine leicht homoerotische Färbung, die den Cartoon zu einem Meisterstück nicht diskriminierender Karikatur werden lässt. Was für eine Leistung zu einer Zeit, in der Homosexualität durchaus noch nicht gesellschaftsfähig war!

Auf dem Höhepunkt seines Trickfilmschaffens, in den 1970er Jahren, schlüpft der Meister in drei unvergleichlichen Sketchen in die Rolle eines Ehepaares, wobei er sowohl den Mann, mit etwas tiefer, rauer Stimme, als auch die Frau, mit einer technisch leicht nach oben gepitchten Stimme, gibt. Der Mann, zugleich Opfer wie Täter der ehelichen Tragödie, haucht mit kraftlosem Bariton ins Nichts, während seine Gattin im ehelichen Duell mit ihren leicht hysterischen Flötentönen ebenso wenig gegen das Dilemma ihrer Zweisamkeit auszurichten vermag wie er. Die hier von Loriot gesprochenen Sätze sind längst in den ewigen Zitatenschatz des deutschen Humors eingegangen:

Er: »Wie lange hat das Ei denn gekocht …«

Sie: »Zu viel Eier sind gar nicht gesund …«

Oder, ebenso unvergesslich: »Ich möchte einfach hier sitzen …«

Über die Loriot'schen Ehesketche sind inzwischen Doktorarbeiten verfasst worden, ihre Wirkung erzielen sie aber nicht nur durch die meisterhaften Zeichnungen und die – im Gegensatz zu allen anderen Trickfilmrichtungen – äußerst reduzierte Animation der Figuren, sondern im gleichen Maße durch die stimmliche Wandlungsfähigkeit ihres Schöpfers.

Das Geheimnis von Loriots Sprache und Stimmführung ist das Zusammenspiel aus Authentizität und perfektem Timing. Die Figuren sind aus ihrer Tiefe heraus begriffen (das Ehepaar leidet ja wirklich aneinander, es ist fast eine tragikomische Situation) und folgen einer bis in die kleinsten Pausen gehenden Perfektionierung des Rhythmus. Man achte nur einmal auf die feinen Varianten von »Ach was …« (ohne Pause, quasi in einem Wort) und »Ah – ja.« (mit kunstvoller Pause und deutlich gesprochenem Punkt).

Und eben weil diese Filme im Stimmlichen so authentisch sind, entfalten sie ihre Wirkung auch dann, wenn man sie nur hört. Wohl auch deshalb sind Loriots Sätze inzwischen in den Sprachgebrauch so vieler Familien übergegangen und werden dort von einer Generation an die nächste weitergegeben.

Ein Nachtrag, um einem oft geäußerten Missverständnis entgegenzutreten: In den Sprachparodien realer Politiker (Strauß, Wehner, Schmidt etc.) ist nicht Loriot zu hören, sondern der Sprachimitator Peter H. Schwerdt. Und den Satz »Wo laufen sie denn?« verdanken wir dem Komiker und Kabarettisten Wilhelm Bendow, dessen Stimme Loriot mit seinem Trickfilm »Auf der Rennbahn« wohl das schönste nur vorstellbare Denkmal gesetzt hat.

Und dann sind da noch die Tiere. Der rau singende Wum (der es als Hund auf diese Weise immerhin zur Goldenen Schallplatte gebracht hat) und sein Freund, der näselnde Elefant Wendelin, vor allem aber – am äußersten Rand des stimmlichen Kosmos – Bello, der »sprechende Hund«. Bellos »Stimme« ist selbstverständlich auch Loriot, und wir merken der liebevollen Gestaltung seines »Ooo-ooo-ooo« an, wie sehr sein Schöpfer Hunde liebt. Selbst ein Hund, der nicht wirklich sprechen kann, wird von ihm nicht verspottet, sondern mit Respekt behandelt. Und den Ton, den Bello am Ende mit herausgestreckter Zunge produziert, dürfen wir wohl mit Fug und Recht als das finale Abstraktum der stimmlichen Möglichkeiten des Zeichners Loriot ansehen.

Loriot und Berlin

Die »Teleskizzen« waren kaum fertiggestellt, da führten glückliche Umstände Loriot nach Berlin.

Es war der 21. Mai 1976. Ich war zu Vorbereitungen und zum Schneiden in Ammerland, als sich ein Herr aus Ost-Berlin ankündigte. Es war Karl Kultzscher, einer der Leiter des Eulenspiegel-Verlags. Der DDR-Satireverlag hatte eine Reihe von sogenannten »Dicken Büchern« verschiedener Karikaturisten und Cartoonisten herausgegeben, jetzt war Loriot dran. Die Vorgespräche zwischen Eulenspiegel und Diogenes in Zürich, wo Loriots Bücher erschienen, hatten bereits stattgefunden, nun sollten gestalterische Details des Buches besprochen werden.

Herr Kultzscher war ein »Reisekader« und durfte als solcher nach Ammerland, also ins »westliche Ausland« fahren. Er hatte Familie in Ost-Berlin, das garantierte auch bei einem Freigeist wie ihm, dass er in die DDR zurückkehrte. Seine Erscheinung war beeindruckend. Ein furchtbar netter massiger Mann mit der stärksten Minus-Brille, die ich je in meinem Leben gesehen hatte. Unter dem Arm trug er eine abgegriffene Aktentasche, die er liebevoll umklammerte und gar nicht loslassen wollte.

Romi hatte Tee und Kuchen bereitet, Loriot und ich beschlossen, diesen Nachmittag nicht in den Schneideraum zu gehen, sondern ihn ganz Herrn Kultzscher zu widmen. Nach dem üblichen Austausch von Höflichkeiten und Scherzen öffnete Herr Kultzscher seine Aktentasche und zog einen sehr dicken Packen Papier heraus, der an den vier Ecken von Gummibändern zusammengehalten wurde. »Das ist es!«, präsentierte er stolz das Konvolut. Loriot war leicht verwirrt, blieb aber, wie stets, taktvoll und verbindlich: »Das ist was, bitte?« – »Das Buch, ›Das dicke Loriot-Buch‹«, entgegnete Herr Kultzscher nicht ohne Stolz. »Ah ja … darf ich mal sehen?« Kultzscher zog die Gummibänder von dem Papierpacken ab und überreichte Loriot den Stapel: »Aber bitte vorsichtig, das sind unsere Originale.« Loriot glaubte nicht richtig gehört zu haben, aber Herr Kultzscher bestätigte ihm, dass es sich bei dem mitgebrachten Papierstapel tatsächlich um die Druckvorlagen des geplanten Buches handelte. Verwundert blätterte Loriot die Seiten durch. Spätestens bei der ersten im Buch reproduzierten Fotografie fiel auf, dass die »Druckvorlagen« von miserabler Qualität waren. »Wo haben Sie die denn her, Herr Kultzscher?«, erkundigte sich Loriot angelegentlich. »Das sind Fotokopien aus Ihren Büchern. War gar nicht leicht ranzukommen, Ihre Bücher gibt's ja bei uns in der DDR offiziell nicht. Noch nicht.« Langsam schwante uns, was man in Ost-Berlin geplant hatte. Die mühsam zusammengesuchten originalen Loriot-Bücher waren auszugsweise fotokopiert worden. Und diese bescheidenen Ablichtungen sollten tatsächlich die Druckvorlagen für das »Dicke Loriot-Buch« werden.

Wie war die Situation zu meistern, ohne dass Peinlichkeit entstand und Herr Kultzscher, der so stolz auf seinen Kopienstapel war, sich herabgesetzt fühlte? Loriot ging nach nebenan in sein Arbeitszimmer und holte einige Exemplare seiner Bücher, um sie Herrn Kultzscher zu zeigen. Kultzscher griff nach einem Buch, schlug es auf, schob seine Brille mit den Glasbausteinen in die Stirn und begutachtete die Druckqualität des Diogenes-Originals. Wegen seiner starken Kurzsichtigkeit musste er fast in das Buch hineinkriechen. Seine Nase berührte jedenfalls, und das ist nicht übertrieben, das Papier: »Ja, das ist natürlich eine ganz hervorragende Qualität, das ist ja viel besser als unsere Kopien.« – »Wissen Sie was, Herr Kultzscher«, sagte Loriot, »was halten Sie davon, wenn ich bei Diogenes anrufe und frage, ob man Ihnen nicht die originalen Offset-Druckplatten zur Verfügung stellen kann?« Herr Kultzscher fand das eine großartige Idee, war aber zögerlich, weil er einerseits Probleme mit dem Transport der Druckplatten von Zürich in die DDR befürchtete, andererseits weil er zusätzliche Devisen-Kosten auf seinen Verlag zukommen sah. In der Schweiz konnte man bekanntlich mit DDR-Mark nicht bezahlen.

Loriot ging erneut nach nebenan und rief in Zürich an. Die Recherche der Druckplatten dauerte etwas, man wollte zurückrufen. In der Zwischenzeit blätterte Loriot Kultzschers Konvolut weiter durch. Die Reihenfolge der Zeichnungen gefiel ihm, aber je mehr Kopien er sah, desto deutlicher wurde, dass er unter gar keinen Umständen zulassen würde, sein Werk in derartig minderer Qualität erscheinen zu lassen.

Als der Rückruf kam, hörten wir im Wohnzimmer nur Loriots erstaunte Ausrufe: »Nein! Das ist ja fabelhaft!« Er kam gut gelaunt ins Wohnzimmer zurück. »Jetzt raten Sie mal, wo die Druckplatten lagern.« – »Keine Ahnung.« – »In der Druckerei ›Völkerfreundschaft‹ in Leipzig!« Kultzscher war völlig aus dem Häuschen. »Das gibt's doch nicht!« Doch, das gab es. Der Diogenes Verlag ließ, wie viele Verlage aus dem Westen, große Teile seiner Auflagen in der DDR drucken. Die Leipziger Druckereibetriebe waren traditionell sehr gut. Lediglich das Papier mussten die Westverlage anliefern. Die Bücher durften in der DDR jedoch nicht in den Verkauf gelangen. Sie wurden noch in der Druckerei verpackt, versiegelt und in den Westen geschafft, wo sie in den Buchhandel kamen.

Nachdem das erste Erstaunen verflogen war, hellten sich Kultzschers Züge auf. »Wenn die ›Völkerfreundschaft‹ für Diogenes druckt, dann ...«, sein Grinsen wurde immer breiter,

»… dann kriegen wir ja eine zweite Auflage, und das Buch wird keine Bückware.« Sowohl Loriot als auch ich hörten das Wort »Bückware« zum ersten Mal.

Herr Kultzscher erklärte den komplizierten Mechanismus: In der DDR verstand man Bücher als Teil der Volksbildung, sie wurden im Laden deutlich unter ihrem Herstellungspreis verkauft und waren somit für den Staat ein teurer Luxus. Wenn die erste Auflage eines Buches vergriffen war, wurde nicht automatisch nachgedruckt, sondern erst entschieden, ob man sich eine weitere kostspielige Auflage leisten wollte. War ein Buch aber besonders gefragt, so war die Erstauflage meist schon vergriffen, bevor sie überhaupt in den Regalen der staatlichen Buchläden auftauchte. Die Stammkunden hatten vorab mit den Damen und Herren Buchhändlern ihre Privatabsprachen getroffen – wie auch immer das vonstattengegangen sein mag. Wenn die Kunden dann das »bestellte« Buch abholten, musste sich der Buchhändler hinter seiner Theke bücken, um die heiße »Bückware« aus einem Versteck im untersten Fach hinter der Kasse hervorzuziehen.

Warum »Das dicke Loriot-Buch« nun aber plötzlich keine Bückware mehr sein sollte, leuchtete uns noch nicht ein. Kultzscher erläuterte uns die Sonderbarkeiten der sozialistisch-kapitalistischen Ost-West-Geschäfte. »Bisher war das Geschäft mit dem Diogenes Verlag ein Valuta-Geschäft.« »Valuta« war das lateinische DDR-Wort für westliche Devisen. Der Eulenspiegel-Verlag hatte laut Vertrag an Diogenes die Lizenzgebühren für das Buch in harter Währung zu entrichten. »Wenn die aber bei uns drucken lassen, dann können wir ja die Valuta einsparen und die Lizenzgebühren abarbeiten. Durch Drucken. Und dann können wir mit dem eingesparten Geld das Papier für eine zweite Auflage kaufen.« Einleuchtend. Herr Kultzscher war glücklich und fuhr, nachdem er für seine Kinder noch Beatles-Platten eingekauft hatte, zurück nach Ost-Berlin. Wir hingegen waren um tiefe Einsichten in die Ökonomie der DDR reicher. Als die zweite Auflage des Buches irgendwann erschien, wurde sie, niemand hatte ernsthaft etwas anderes erwartet, so erfolgreich, dass auch sie ausschließlich als Bückware in die Hände ihre Leser gelangte.

Das Buch erschien zwar erst im folgenden Jahr, aber Loriot kam schon im Herbst 1976 nach Berlin, in die Stadt seiner Jugend, die er so sehr liebte, die er aber damals noch nicht regelmäßig besuchte. Anlass der Reise war ein Besuch beim Eulenspiegel-Verlag und, wie mein Vater es immer nannte, das »Spurenküssen«.

Wie so oft verstand Loriot es auch hier, das Private mit dem Beruflichen aufs Glücklichste zu verbinden. Seine Tochter Bettina war aus London nach Berlin gekommen, und er wollte ihr die Stadt zeigen. Ich kutschierte die beiden herum. Wir suchten das alte Bülow'sche Familiengrab in Lichterfelde auf, wo mehrere seiner Vorfahren begraben liegen und die kleine ehemalige Dorfkirche heute wie ein Relikt aus einer anderen Zeit, gefangen zwischen zwei donnernden Fahrspuren des Hindenburgdamms, steht. Wir besuchten die Häuser in der Pariser Straße 55 (»Schräg gegenüber hatten sich Weizsäckers eingemietet. Wir kannten sie damals nicht. Richard war wohl um die zehn Jahre alt und darum noch nicht Bundespräsident.«) und am Hohenzollernplatz, Ecke Düsseldorfer Straße, wo der kleine Vicco nach dem frühen Tod seiner Mutter bei seiner Großmutter und Urgroßmutter wohnte. Natürlich besichtigten wir auch die größte historische Sehenswürdigkeit des damaligen West-Berlins, das Charlottenburger Schloss. Abends ging es in die Oper (Henze: »Wir erreichen den Fluss«) und in die besten Restaurants der Halbstadt.

Richtig aufregend wurde es dann in Ost-Berlin. Als West-Berliner Urgestein (der Begriff »Wessi« bezeichnete zu dieser Zeit noch die Westdeutschen, die in großen touristischen Gruppen West-Berlin heimsuchten und bei uns West-Berlinern nicht gerade beliebt waren) hatte ich so meine Probleme mit der DDR. Von Kind an hatte ich die unfreundlichen und teilweise entwürdigenden Prozeduren der DDR-Grenzer am eigenen Leib erfahren. Meine Vorstellung von Sozialismus war eine gänzlich andere. Dennoch war ich immer mal wieder in Ost-Berlin, wo ich auch Freunde hatte. So hatten Loriot und ich einigermaßen unterschiedlich gelagerte Gefühle, als wir gemeinsam nach »Berlin, Hauptstadt der DDR« fuhren. Ich war kritisch, er war neugierig, der Stadt seiner Kindheit wiederzubegegnen.

Der Besuch beim Eulenspiegel-Verlag war spannend, weil ich zum ersten Mal Gelegenheit hatte, die DDR von innen kennenzulernen, und erstaunt feststellte, dass es dort durchaus kritische Geister gab. Loriot war, wie mir schien, die politische Erkundung der DDR weniger wichtig als die menschlichen Begegnungen, darin war er mir weit voraus. Dass das Mittagessen im Künstlerclub »Die Möwe« in der Luisenstraße stattfand, freute ihn ganz außerordentlich, galt das Haus doch früher als Bülow'sches Palais. Dass in dem Haus nie ein Bülow gewohnt hatte, fand er erst nach der Wende heraus. Heute ist in dem restaurierten Haus die Landesvertretung von Sachsen-Anhalt untergebracht.

Wir wurden weiter durch die Kulturszene Ost-Berlins gereicht. Dazu gehörte ein Besuch im »Club der Kulturschaffenden« und einer im Kabarett »Distel«, das uns zu brav erschien, vermutlich haben wir einen Großteil der subtilen politischen Anspielungen gar nicht verstanden.

Der Moment, der mir von diesem Tag am stärksten in Erinnerung geblieben ist, ist die Wachablösung an der Schinkel'schen Neuen Wache Unter den Linden. Das Schauspiel zog jeden Mittwoch eine Menge Besucher an, unter die wir uns mischten, als das Wachbataillon der NVA zu klingendem Spiel im Stechschritt anmarschiert kam. Mir wurde fast übel, weil der Stechschritt für mich unauflöslich mit den Nazis verbunden war. Loriot hingegen blickte wie ein Kind mit feuchten

Augen auf das für mich höchst befremdliche Spektakel. Die beiden Wachsoldaten wurden von zwei Kameraden aus dem Bataillon abgelöst, dann sang man gemeinsam »Brüder, zur Sonne, zur Freiheit«, schließlich entfernte sich das Bataillon wieder im Stechschritt vom Ort des Geschehens. Als ich Loriot meine Empörung über das militaristische Gehabe mitteilte, wurde er ganz gerührt und nachdenklich: »Genau hier habe ich als kleiner Junge immer gestanden und zugeschaut. Ich hab's geliebt ...« – Es war einfach die Rührung eines Erwachsenen, der einem Bild seiner Kindheit wiederbegegnete. Dass die Soldaten in beiden Fällen Diktaturen repräsentierten, kümmerte ihn in diesem Moment wenig. Es war die pure Nostalgie. »Und«, fragte ich ihn, »war es anders?« – »Der Griff saß damals besser.« Er meinte das Anpacken und ruckhafte Schultern der Gewehre. Auch die Uniformen, die Helme und die Musik waren anders, sonst ähnelte es sich auf unheimliche Weise.

Am nächsten Tag flog Loriot zurück nach Bayern. Zum Abschied und als Dankeschön für das viele Herumfahren schenkte er mir Wagners »Ring des Nibelungen«, von Georg Solti dirigiert, eine bleischwere Box mit neunzehn Langspielplatten. Er ahnte wohl, dass er damit den Grundstein für eine nie endende Wagner-Besessenheit bei mir legte. Noch am selben Nachmittag hörte ich mir zuhause mit glühenden Wangen den ersten Akt des »Siegfried« an.

Loriot 3 – Evelyn & die Nudel

Evelyn Hamann hatte in den »Teleskizzen« nur zwei kurze Auftritte. Als Dienstmädchen in der feinen Villa der »Zimmerverwüstung« und als Gattin des zweiten Paares bei den »Herrenmoden«. Sie gefiel Loriot aber so gut, dass sie in »Loriot 3« zu
seiner festen Partnerin wurde. Drei Sketche, die später zu Klassikern wurden, schrieb er mit ihr vor Augen: die »Nudel«, die
»Liebe im Büro« und das »Filmmonster«. Schaut man sich die
»Herrenmoden« aus der zweiten Sendung genau an, so sieht
man schon hier kurz das ungläubige Gesicht von Evelyn, das
später ihren Ruhm in der »Nudel« begründete.

Auch »Loriot 3« wurde zum Teil in Elmau ausgedacht und
vorbereitet. Diesmal stieß Jürgen Breest zu uns. Zu dritt saßen
wir lachend im Teesaal und legten Loriots Ideen auf die Goldwaage. Jetzt hatte er zwei Sparringspartner – und blieb doch
immer der Stärkste im Ring. Unterbrochen wurde unser Brain-
storming von nachmittäglichen Ausflügen auf die Elmauer
Alm, abendlichen Konzerten, und einem der berühmt-berüch-
tigten Elmauer Tanzabende, bei dem die Herren in schwarzer
Hose und weißem Hemd antraten, die Damen hingegen im
schlichten, langen schwarzen Kleid. Man tanzte entweder bar-
fuß, auf Socken oder mit »Elmauer Tanzschuhen«, einer Art
Schläppchen. Auf der Bühne des großen Tanzsaales stand ein
Konzertflügel, an dem der Hauspianist Otto Ludwig, genannt
»Oette«, Chopin-Walzer, Beethoven-Ecossaisen und – eine
Elmauer Spezialität – die Musik für die Quadrille spielte, einen

höchst komplizierten Gesellschaftstanz für jeweils vier Paare. Loriot hatte viel Spaß an diesen altmodischen Veranstaltungen, bei denen so vieles schiefgehen konnte. Den tiefen Ernst, mit dem die alten Elmauer ihre Tänze betrieben, teilte er allerdings nicht. Er belächelte ihn, respektierte ihn aber auch. Vermutlich ist das eines der großen Geheimnisse seiner Komik, dass er sich zwar über fast alles lustig machte, seinen Figuren aber nie die Würde nahm.

»Loriot 3«, wie die Sendung knapp hieß, wurde im Januar 1976 überwiegend im Studio produziert. Nach dem großen Erfolg der ersten beiden Sendungen fand man es angemessen, auf Zusätze wie »Sauberer Bildschirm« und »Teleskizzen« zu verzichten. Der Name Loriot war spätestens ab jetzt das Synonym für beste Fernsehunterhaltung. Und in »Loriot 3« gab es schon eine beinahe beängstigende Dichte von späteren Klassikern. Die drei Zeichentrickfilme mit Ehegesprächen – in Anlehnung an Ingmar Bergmans Film »Szenen einer Ehe« betitelt – dienten sogar als Gegenstand für Dissertationen in Psychologie und Kommunikationswissenschaften. Reinhard Baumgart schrieb darüber unter anderem: »Auf dem Felde des Geschlechterkampfes ist L. der Strindberg für alle, die des Schwedischen nicht mächtig sind. Aber anders als Strindberg hält er die Lächerlichkeit menschlicher Zustände eben nicht für menschenunwürdig. Obwohl …«

»Liebe im Büro«, »Das Filmmonster« und »Die Nudel« braucht man bis heute nur zu erwähnen, und schon verbindet beinahe jeder von uns irgendwelche Erinnerungen damit. »Die Nudel« ist vielleicht der populärste aller Loriot-Sketche überhaupt.

Als wir im Sommer zuvor den »Sauberen Bildschirm« drehten, bekamen wir Besuch von Loriots Patentochter Stephanie aus Hamburg. Stephanie war eine sehr lebendige junge Frau, die immer viel Unsinn im Kopf hatte. Einer ihrer beliebtesten Scherze bestand darin, beim Essen, zum Beispiel mit einem jungen Mann, der sie eingeladen hatte, heimlich ein Reiskorn im Mund zu verstecken, um es dann mitten im Gespräch unbeobachtet in ihren Mundwinkel oder auf ihre Lippen zu schieben. Egal, ob ihr Gegenüber sie darauf aufmerksam machte, oder nicht, wenn er das nächste Mal zur Seite schaute, wechselte das Reiskorn blitzschnell seine Position und stiftete erneut Verwirrung. Die Virtuosität, die die junge Dame bei der Wanderung des Reiskorns erzielte, war beeindruckend.

Irgendwann kam Loriot beim Nachdenken über neue Sketche die Idee, aus dem kleinen Quatsch seiner Patentochter einen Sketch zu machen. Nun war das Reiskorn an sich schon lustig, richtig komisch aber wurde die Sache aber erst dadurch, dass der Mann mit der Nudel erstens ein Opfer des tückischen Lebensmittels wurde und zweitens ein von sich sehr überzeugter kleiner Angestellter war (»Warum übernehme ich denn in zwei Wochen die Einkaufsabteilung …«), der seiner Angebeteten einen Heiratsantrag machen wollte. Die Angebetete war Evelyn Hamann, die sich mit diesem Sketch tief in die Herzen der deutschen Fernsehzuschauer gespielt hat. Das heißt, eigentlich spielte sie gar nicht. Loriot wollte ausdrücklich, dass sie dem minimalistischen Unheil ihres Gegenübers so regungslos und ausdruckslos wie nur irgend möglich folgt. Evelyn machte dieses Nichts großartig.

Ihr Gegenüber hatte es da deutlich schwerer. Eine Nudel klebt ja leider nicht von selbst am Finger, an der Nase und an der Backe. Die Choreographie der Nudel hatten wir vorher exakt festgelegt. Loriot steckte rein schauspielerisch in einem engen Korsett, aber das mochte er ja. Damit die Nudel an der Haut haftete, wurde sie mit Mastix, einem Perückenkleber, an ihren jeweiligen Bestimmungsorten festgeklebt. Dafür hielt unsere Requisitenabteilung zig weichgekochte originale Nudelstücke von etwa drei Zentimetern Länge bereit. Nachdem eine Station der Nudel abgedreht war, wurde sie entfernt und entsorgt, die Stelle gereinigt, überschminkt und ein neues Corpus Delicti an die nächste Stelle geklebt, ein mühsamer Prozess, bei dem Loriot trotz der vielen Unterbrechungen die innere Spannung für seine Figur behalten musste. Im fertigen Sketch »wandert« die Nudel immer im Off, während der Gegenschüsse auf Evelyns Reaktionen.

Mit Evelyn, Loriot und den diversen Nudeln lief alles glatt. Ein kleines Problem hatten wir jedoch mit unserem Komparsen, dem italienischen Ober. Der junge Mann arbeitete in einem Restaurant, in das Loriot und ich nach dem Drehen gelegentlich essen gingen. Wir fanden, dass er für den Sketch optisch gut geeignet war, und fragten ihn, ob er nicht Lust hätte, bei uns mitzuspielen. Das tat er gern. Als wir bei der Stelle angelangt waren, wo der Ober versuchen sollte, den Gast diskret auf das Stück Teigware auf seiner Oberlippe hinzuweisen, wurde es schwierig. Loriot wollte, dass der Kellner seine Oberlippe leicht nach oben ziehen sollte, etwa so, wie man es tut, wenn man angewidert ist. Genau das aber konnte der arme Kerl nicht. Er verzog das Gesicht in alle Richtungen, schob die Unterlippe über die Oberlippe und verdrehte die Augen gen Himmel, der gewünschte Ausdruck wollte sich indes nicht einstellen. »Ich habe so was noch nie gemacht …«, versuchte er sich zu entschuldigen. Er litt Qualen und war unglücklich, der einfachen Regieanweisung nicht folgen zu können. Um ihn zu erlösen, bat Loriot ihn, den Gast stattdessen nur starr anzugucken. Das tat er, was für den Sketch letztlich sogar die bessere Lösung war.

Am Ende der kleinen Geschichte schwimmt die Nudel an der Oberfläche eines Espresso. Der Gast ist außer sich, hatte er doch eben erst einen Lippenstiftfleck an der Tasse harsch kommentiert: »Das können Sie ihren Gästen in Neapel anbieten, hier kommen Sie damit nicht durch!« Die humorlose Beschwerde des Mannes ist der Moment, in dem er sich endgültig als cholerischer Spießer entpuppt – für die stoische Evelyn wie für die Zuschauer. Weder Loriot noch ich waren begnadete Köche. Über das Schwimmverhalten von Nudelstücken wussten wir beide nichts. Ich nahm also eines der noch vorhandenen Stücke, die Kamera wurde groß auf die Espressotasse eingerichtet, und ich legte die Nudel »auf« den Espresso. Sie ging auf der Stelle unter. Klar, Nudeln sind schwerer als Wasser, aber daran hatte niemand gedacht. Die Einstellung war aber zu wichtig für den Sketch, als dass man auf sie hätte verzichten können.

Das ganze Team grübelte, wie man auf die Schnelle zu einer glaubwürdigen und schwimmfähigen Nudel kommen konnte. Der Tag war lang gewesen, und die Szene musste abgedreht werden, damit der Drehplan nicht durcheinandergeriet. Da kam mir eine Idee. Ich riss die obere Klappe meiner Zigarettenschachtel ab – zu der Zeit war ich noch ein starker Raucher – und drehte zwischen den Fingern ein kleines Papprölllchen, das in Farbe, Größe und Biegung der Nudel glich, die vorher auf Wanderschaft in Loriots Gesicht gewesen war. Dann musste alles sehr schnell gehen. Die Kamera wurde eingeschaltet und das Nudeldouble zu Wasser gelassen. Es schwamm und nahm glücklicherweise die Farbe des Kaffees erst an, als die Einstellung im Kasten war.

Die »handgedrehte« Nudel

Wenn man sehr genau hinsieht, kann man vielleicht erkennen, dass es keine richtige Nudel ist, aber in den Siebzigern waren die Fernsehgeräte gottseidank noch nicht so hochauflösend wie heute.

Klaus Schultz, der, ebenso wie Olli Dittrich und ich, im Dezember 2011 auf der Berliner Gedenkfeier für Loriot sprach, hatte einen bemerkenswerten Text gefunden und dort verlesen. Die kleine Anekdote war ihm anlässlich des gerade zuende gegangenen Heinrich-von-Kleist-Gedenkjahres in die Hände gefallen. Sie ist am 1. November 1810 erschienen und trägt den Titel »Rätsel«:

»Ein junger Doktor der Rechte und eine Stiftsdame, von denen kein Mensch wusste, dass sie miteinander in Verbindung standen, befanden sich einst bei dem Kommandanten der Stadt in einer zahlreichen und ansehnlichen Gesellschaft. Die Dame, jung und schön, trug, wie es zu derselben Zeit Mode war, ein schwarzes kleines Schönpflästerchen im Gesicht, und zwar dicht über der Lippe, auf der rechten Seite des Mundes. Irgendein Zufall veranlasste, dass die Gesellschaft sich auf einen Augenblick aus dem Zimmer entfernte, dergestalt, dass nur der Doktor und die besagte Dame darin zurückblieben. Als die Gesellschaft zurückkehrte, fand sich, zum allgemeinen Befremden derselben, dass der Doktor das Schönpflästerchen im Gesichte trug; und zwar gleichfalls über der Lippe, aber auf der linken Seite des Mundes.«

Klaus Schultz schloss mit dem Satz: »Hat Kleist mit dieser anmutigen Anekdote etwa Loriot und seine Nudelszene prophezeit?«

Bei »Liebe im Büro« hatte Evelyn deutlich mehr zu tun als in der »Nudel«. Und sie durfte sich abermals verwandeln. Die hübsche, fröhlich lachende junge Schauspielerin mutierte zu einem bebrillten Mauerblümchen, das seit fünfzehn Jahren in stiller Liebe zu ihrem Chef im Vorzimmer brav ihren Dienst tut. In der Szene unternimmt der ältliche Chef einer

Trikotagenfabrik den ungelenken Versuch, seine Sekretärin anlässlich ihres Dienstjubiläums in seinem Büro zu verführen. Die Requisitenliste forderte zwei gleiche »Dreh-Kipp-Roll-Sessel«, von denen sich der eine extrem weit zurückkippen ließ (fast bis zum Umfallen). Der Boden vor dem Schreibtisch sollte hellgrau oder gelb ausgelegt sein. Darauf zwei oder drei niedrige breite »Roll-Dreh-Sessel«.

Loriot hatte eine Vorliebe für bestimmte Verallgemeinerungen, die der deutschen Sprache eigen und ein Quell subtiler und stiller Komik sind. Aus Sofa und Sessel macht diese Eigenheit unserer Sprache die »Sitzgruppe« und aus einem Fußbodenbelag die »Auslegeware«. Wenn er privat nach seinen Zigarillos suchte, fragte er immer: »Weißt du, wo meine Rauchwaren sind?«, wohl wissend, dass das Wort »Rauchwaren« Pelze bezeichnet. Als hätte er jahrelang die Korrespondenz von Trikotagenfirmen studiert, wusste er, dass auch im textilen Singular feine Komik schlummert. Während der verunglückten Liebesszene erreicht den Chef ein Telefonat mit der Bestellung von »400 Arosa schlitzverstärkt mit kurzem Arm«. Niemand hatte für die versteckten Perlen unfreiwilliger deutscher Sprachkomik ein genaueres Gespür als Loriot. Wenn die Sprache sich in einen bürokratischen Luftraum begibt und sich von ihrem Inhalt und ihrem Sprecher loszulösen beginnt, dann sind wir in Loriots Welt. Zu seinen bevorzugten Forschungsobjekten gehörten deshalb auch Technokraten-Kauderwelsch und die Sprache der Politiker.

Im Sketch »Feuerwehr« erklärt Heinz Meier (als Feuerwehrmann) seinem Kollegen Heiner Schmidt (als Brandopfer) in aller Seelenruhe die technischen Vorzüge der neuen Feuerwehrspritze ›H. S. zwo‹ »mit Enthärter für kalkhaltiges Wasser und Zusatz für Möbelpflege«, während sich die Gattin des Brandopfers noch im brennenden Haus befindet. Die nächtliche Straßenszene wurde übrigens komplett im

Studio gedreht, das brennende Haus war etwa einen Meter hoch.

Schon in »Cartoon« hatte Loriot eine meisterhaft dadaistische Bundestagsrede vorgelegt. In »Loriot 3« war es die Gesprächsrunde »Der Wähler fragt«. Während die Politiker sich in hohlen Floskeln ergingen, wurden die Zuschauer Zeugen der Geburt eines weiteren Stars: Opa Hoppenstedt.

Opa Hoppenstedt trat tatsächlich schon in der dritten Sendung auf, obwohl er – und der Rest seiner Familie – erst drei Sendungen später eine zentrale Rolle spielte. Dass der liebenswerte Alte nicht schon früher wieder auftrat, lag vermutlich an der »Schrumpelmaske«, die man Loriot verpasste, um ihn älter aussehen zu lassen. Die Maske bestand aus einer Flüssigkeit, die großflächig auf das Gesicht aufgetragen wurde, sich beim Trocknen zusammenzog und die Haut darunter in Falten warf. Loriot war ein Mensch, der selten klagte. Leid versuchte er mit Humor zu nehmen. Die wenigen Male, die ich ihn habe jammern hören, waren immer in Zusammenhang mit der verhassten Schrumpelmaske: »Ihr könnt euch nicht vorstellen, wie das juckt …« Er konnte es kaum erwarten, sie wieder loszuwerden.

Letztlich erwies sich der marschmusikverrückte Opa aber als so wichtig für die Familie Hoppenstedt, dass Loriot sich bei seiner letzten Sendung erneut breitschlagen ließ, sich verschrumpeln zu lassen.

Zwischen den beiden Sendungen scheint Opa Hoppenstedt allerdings erheblich gewachsen zu sein. Als »der Wähler« in der Runde der Politiker schaffte er es kaum, über den Moderationstisch hinwegzuschauen. Loriot war es wichtig, dass der Mann klein war und zwischen den ihn umgebenden Volksvertretern quasi versank. Da Loriot für die Rolle eigentlich zu groß gewachsen war, ließ er den Moderationstisch vorn verkleiden und bat die Ausstattung um einen extra niedrigen Stuhl. Man suchte in den Büros, fand aber nichts. Da kam unser Kameramann auf eine Idee: »Warten Sie, Herr von Bülow, ich glaube, oben in der Regie stehen so Stühle, wie Sie sie suchen. Ich hol Ihnen rasch einen runter …« Der arme Mann merkte nicht, was er gesagt hatte, und verließ das Studio.

Nicht nur die Schrumpelmaske, auch die Maske für das Interview mit dem »Filmmonster« war für Loriot eine Qual. Zunächst wurde ihm die Nasenspitze mit einem Stück Tesafilm hochgebunden und an die Stirn geklebt. Dann kam über diese fragile Konstruktion eine künstlich modellierte Nase, die nur mühsam hielt und ihm jegliches Mienenspiel verbot. Er durfte, und das fiel ihm sichtlich schwer, nicht einmal lachen. In »Ein König in New York« von Charlie Chaplin gibt es eine Szene, wo der bis zur Unkenntlichkeit geliftete alte König, der sich nach New York ins Exil geflüchtet hat, eine Theatervorstellung mit einer albernen Clownsnummer besucht. Er ist von seinem Schönheitschirurgen angewiesen worden, unter keinen Umständen zu lachen, damit seine frischen Operationsnähte nicht gleich wieder aufreißen. Das misslingt. Als er spontan über die Clowns lachen muss, reißen alle Nähte – und Chaplin sieht endlich wieder so aus, wie wir ihn kennen. Loriot ging es ähnlich. Jeder, der ihn sah, brach in Gelächter über die groteske Maske aus, nur das Monster selbst durfte keine Regung zeigen.

Im Mund des Filmmonsters steckten Zähne, die extra für diesen Sketch von einem Zahnarzt angefertigt worden waren. Die Monsterzähne haben später nie wieder Verwendung gefunden. Öfter verwendet wurden die sogenannten »Löwenthal-Zähne«, die noch aus »Cartoon«-Zeiten stammten – von seiner Parodie des damaligen Leiters des »ZDF-Magazins«, des konservativen Fernsehjournalisten Gerhard Löwenthal. Loriot trägt sie in »Zimmerverwüstung«, »Die Nudel«, »Das ist Ihr Leben«, »Das Galadiner«, »Mutters Klavier« und »Kosakenzipfel«, die zahnprothetische Investition hatte sich also ausgezahlt.

Die Löwenthal-Zähne veränderten Loriots Gesicht nur unwesentlich. Der Mund wurde ganz leicht schief, und je nachdem, wie stark er selber den Mund der Figur verzog, wurde der Effekt der Zähne verstärkt oder vermindert. Außerdem gab es noch ein Paar Hasenzähne zum Aufstecken, die aber nur bei »An der Opernkasse« und der »Rindsroulade« Verwendung fanden. Die Hasenzähne waren schlicht zu grotesk, als dass sie wahrhaft komisch gewesen wären. Loriot scheute sich vor solchen allzu drastischen Mitteln.

Deutlich wird dies am letzten Sketch der dritten Sendung, der die »Belachung« von Fernsehprogrammen auf die Schippe nimmt. »Die Sahnetorte« ist ein Blick hinter die Kulissen des Fernsehens. Gezeigt werden die Dreharbeiten zu einer Komödie, bei der permanent Lacher eingespielt werden, »… damit der Zuschauer die Szene richtig versteht, haben wir doch unser Gelächter vom Band. Er weiß sofort, wann's komisch ist und wann nicht.«

Loriot war ein großer Gegner dieser künstlichen Lacher, die leider immer noch zum Repertoire von Sitcoms und Sketchsendungen gehören. In dem Zusammenhang äußerte er einmal den Gedanken, genauso gut könne man ja auch auf die Idee verfallen, traurige oder tragische Sendungen und Filme zu »beweinen«.

Am Ende der »Sahnetorte« fliegt die Torte durch eine papierne Studiowand und landet auf dem Kopf von Loriot, der auf dem Moderationssofa sitzt. Auch hier hätte man schnell und grob vorgehen und den Moderator einfach mit Sahne zukleckern können. Nicht so Loriot. Die Präparation der Torte auf seinem Kopf wuchs sich zu einer kunstvollen Performance aus. Wir brauchten etwa eine Stunde, um die Sahne und die kleinen Maraschino-Kirschen, in mehreren Lagen und durch Mullbinden gestützt, auf dem Kopf des Meisters zu drapieren. Glücklicherweise war irgendjemand in der Bildregie (ich war unten im Studio vor Ort) so geistesgegenwärtig, die Präparation der Tortenhaube mitzufilmen. Sie ist als Dokument erhalten und in Ausschnitten auf DVD veröffentlicht. Auch hier galt: Komisch wird es nur, wenn es nicht zu komisch ist.

Regiebesprechung mit Evelyn Hamann und dem Filmmonster

An manchen Tagen waren wir besonders schnell. Da wir nicht wussten, ob es Probleme mit der Maske geben würde, waren für das »Filmmonster« zwei komplette Drehtage angesetzt. Ab halb sieben saß Loriot in der Maske. Als wir dann gegen neun Uhr endlich ins Studio kamen, ging es ruck zuck. Evelyn war auf ihre Rolle als Interviewerin eines Promi-Magazins wie immer bestens vorbereitet, und Loriot hatte wenig Lust, in der Maske des Monsters mehr Zeit als irgend nötig zu verbringen. Mehr als alles andere aber schreckte ihn die Vorstellung, mit hochgeklebter juckender Nase in der Kantine des Senders zu sitzen und Mittag essen zu müssen.

Um elf Uhr war der Sketch abgedreht, ein weiteres Ersatzprogramm stand nicht auf der Dispo, also hatten wir anderthalb Tage frei. Loriot riss sich glücklich die Nasenplastik und den Tesafilm vom Gesicht, ließ sich schnell abschminken, denn wir wollten das frühe Drehende nutzen, um ausgiebig bei »Grashoff« einzukehren. An den folgenden Tag erinnere ich mich nicht mehr ...

Grashoff

Seit der dritten Sendung wohnten wir nicht mehr sendernah am Stadtrand in Oyten, sondern gegenüber dem Bremer Hauptbahnhof im gutbürgerlichen Hotel »Columbus«. Für das Leben in der Stadt nahmen wir den Verzicht auf Tischtennisplatte und Swimmingpool in Kauf. Dass Loriot gern gut aß, erwähnte ich bereits. Die späten 1970er Jahre waren die Zeit der »Nouvelle Cuisine«. Nachdem die Deutschen ihre Wirtschaft erfolgreich wiederaufgebaut hatten und die Turbulenzen der 68er Jahre langsam abklangen, entdeckte man die Lust an der feinen Küche.

Loriot war aber alles andere als ein abgehobener Gourmet. Er liebte die einfache italienische Küche und ging ebenso gern chinesisch essen. Unweit unseres Hotels gab es einen kleinen Chinesen, zu dem wir oft abends gingen. Es war ein Familienbetrieb. Während wir dort aßen, saßen am Nebentisch die Kinder der chinesischen Inhaber und machten ihre Schularbeiten, eine ausgesprochen familiäre Atmosphäre, die wir beide sehr genossen.

Das kulinarische Mekka Bremens hingegen war das Bistro von »Grashoff«, einem traditionellen Bremer Feinkostgeschäft in der Sögestraße. Im Vorderraum fand der Verkauf statt, das Ziel unserer Wünsche aber war der hintere Teil des Ladens, die »Dégustation«. Bedauerlicherweise hatte das Bistro mit seinen wenigen Tischen abends nicht geöffnet, da es keine offizielle Lizenz als Restaurant besaß. Wenn wir vor Ladenschluss noch dort essen wollten, mussten wir uns beeilen. Nicht selten kam es vor, dass wir ab Mittag das Drehtempo etwas anzogen, um von Grashoffs Köstlichkeiten noch etwas abzubekommen.

Insofern kam uns der frühe Drehschluss beim »Filmmonster« sehr entgegen. Wir konnten schon mittags im Bistro einfallen und blieben bis zum Abend.

»Grashoff« hätte an sich drei Sterne im Guide Michelin bekommen müssen, kam aber wegen seines fehlenden Restaurantstatus nicht in die Wertung. Durch unsere regelmäßigen Besuche, zeitweilig waren wir täglich dort, gehörten wir bald zum Inventar. Wir durften bei verschlossener Eingangstür (Ladenschlussgesetz!) länger bleiben und genossen die kulinarischen Köstlichkeiten sowie Weine, Champagner und alte Cognacs in vollen Zügen. An einigen Tagen halfen wir aus Dankbarkeit für die längere Öffnung sogar beim Abwaschen der Gläser.

Loriot und der Autor helfen beim Gläserspülen

Einem Gerücht zufolge soll der Hauptgrund dafür, dass Loriot alle Angebote größerer Fernsehanstalten ausschlug und seine Sendungen bei Radio Bremen machte, »Grashoff« gewesen sein. Ein anderes Gerücht besagt, dass er seine komplette Gage in das Bistro getragen habe. Er hat in der Tat nicht ein einziges Mal zugelassen, dass irgendjemand anders die Rechnung übernahm. Und »Grashoff« war nicht gerade billig. Irgendwann bezahlte Loriot mit einem Scheck und zeichnete darauf eines seiner Nasenmännchen. Der Scheck wurde nie eingelöst. Er hängt noch heute gerahmt im Bistro – das inzwischen (mit Restaurantlizenz) an den Contrescarpe umgezogen ist – neben Fotos von unseren Feinschmeckerausflügen und unserem Arbeitseinsatz als Tellerwäscher.

Außer für seine exquisite Küche war »Grashoff« bundesweit für seine Marmeladen berühmt. Nichts gegen die Marmeladen im Frühstücksraum des Hotels »Columbus«, aber mit Grashoffs »Blutorange mit Whiskey« konnten sie nicht ernsthaft konkurrieren. Wir hatten deshalb im Hotel unser eigenes kleines Depot von Grashoffs süßen Spezialitäten. Der Frühstückskellner servierte uns jeden Morgen mit leicht säuerlicher Miene die drei bis vier Gläser auf einem Silbertablett. Nach Beendigung der jeweiligen Produktionsphasen fuhren Loriot und ich, von Jürgen Schmidt, dem Inhaber von »Grashoff«, reich mit Konfitüren beschenkt, zurück nach Ammerland und Berlin.

Eines Tages luden uns Jürgen Schmidt und Familie zu sich nachhause ein. Unsere Vorfreude kannte keine Grenzen. Wenn die Küche im Bistro schon so sensationell war, wie grandios musste sie erst beim Chef des Etablissements zuhause sein. Als wir ankamen, wurden wir in die Wohnküche gebeten, in der außer einem Klavier, an dem ich zur Freude unserer Gastgeber kurz spielte, auch ein großer italienischer Pizzaofen stand. Herr Schmidt erklärte uns, dass er nichts so sehr liebe wie die ganz einfache italienische Küche. Kurz, es gab selbstgemachte (köstliche) Pizza.

Auf etwas gehobenerem kulinarischen Niveau fand dann die anschließende Wein- und Cognacverkostung statt. Herr Schmidt ging in seinen Keller und holte zunächst eine Flasche Rheinwein aus den dreißiger Jahren nach oben. Mit der Bemerkung, dass dies eine absolute Rarität sei und nur noch auf Auktionen zu bekommen, öffnete er die Flasche. Er stellte selbstverständlich sofort fest, dass der Wein längst umgekippt war, aber das störte ihn wenig. Wie ein Opernfreund, der das Timbre seines alternden Lieblingssängers oder seiner Lieblingssängerin noch einmal hören möchte, auch wenn die Künstler besser nicht mehr singen sollten, kostete er den Wein. Und tatsächlich, auch Loriot und ich ahnten, dass das einmal ein ganz großer Wein gewesen sein musste. Wir machten die seltsame Erfahrung einer önologischen Antiquität. Danach ging Schmidt erneut in den Keller und brachte Berge von kostbarsten alten Cognacs mit. Cognac war seine heimliche Leidenschaft, er wusste alles darüber und hat uns sein Wissen sehr schmackhaft vermittelt. Das Ende des Abend liegt im Dunkeln, aber irgendwie haben wir wohl in unser Hotel zurückgefunden …

Der Schnitt der dritten Sendung fand im März 1977 wieder in Ammerland statt. Unsere Cutterassistentin war diesmal Claudia Zamek, eine junge Grafikerin, die unter anderem als Koloristin in den Trickfilmstudios von Manfred Schmidt und Loriot arbeitete.

An einem Wochenende plante ich einen Ausflug nach Schloss Neuschwanstein, das ich noch nicht kannte. Äußerte man solche Vorhaben in Loriots Gegenwart, so lief er zu ganz großer planerischer Form auf. Wenn man schon einmal in Neuschwanstein sei, müsse man unbedingt auch gegenüber das Schloss Hohenschwangau mit Wagners Flügel und Moritz von Schwindts Wandmalereien besichtigen. Und auf der Fahrt dorthin dürfe man keinesfalls den Umweg zum Kloster Steingaden und der Wies-Kirche mit ihren herrlichen Fresken scheuen. Claudia begleitete mich auf dem Ausflug. Wir waren bis 1985 ein Paar.

In die Schnittzeit fiel auch eine Einladung des Goethe-Instituts Rom. Man zeigte dort meinen dffb-Abschlussfilm »Krawatten für Olympia«, ich wurde für vier Tage eingeflogen, hatte also genug Zeit, mich in der Stadt umzusehen.

Ausflug I – Rom

»Wie soll ich mir anmaßen, Rom zu kennen, ich lebe doch erst fünfzehn Jahre hier«, sagte Ferdinand Gregorovius, einer der intimsten Kenner der Stadt. Loriot liebte diesen Ausspruch, denn auch er liebte Rom wie keine andere Stadt. Das Zitat findet sich in Loriots Lieblingsreiseführer, den er mir für meinen Kurztrip in die Hand drückte. Das Buch beginnt mit einem Goethe-Zitat: »Wie man sagt, daß einer nicht wieder froh wird, der ein Gespenst gesehen hat, so möchte ich sagen, daß einer, der Italien, besonders Rom, recht gesehen hat, nie ganz in seinem Gemüte unglücklich werden kann.«

Damit ich Rom, das ich nur als Kind mit meiner Mutter besucht hatte und an das ich eher blasse Erinnerungen hatte, recht sehen konnte, gab mir Loriot eine detaillierte Liste mit Sehenswürdigkeiten mit, die ich keinesfalls unbeachtet lassen dürfte. Und er schenkte mir den kenntnisreichen und anekdotengesättigten Reiseführer von Hans von Hülsen und Josef Rast, der mir das Verständnis der Ewigen Stadt erleichtern sollte. Loriots Anmerkungen liegen bis heute in dem abgegriffenen Band. Ich bin inzwischen oft in Rom gewesen, habe das wunderbar geschriebene Buch immer dabei und werfe vor jeder Reise einen kurzen Blick auf Loriots handgeschriebene Liste. Inzwischen ist sie abgearbeitet.

Als »Muss« bezeichnete er das Pantheon, die Piazza Navona mit dem Vierströmebrunnen von Bernini, den Petersdom mit Michelangelos Pietà und Besichtigung des Daches, die Spanische Treppe, die Kirche Santa Maria Maggiore wegen ihrer goldenen Decke, die Piazza del Popolo mit der Kirche Santa Maria del Popolo und ihren beiden Caravaggio-Gemälden, die Fontana delle Tartarughe, die Sixtinische Kapelle, das Kapitol, dort vor allem den rechten Museumshof, San Pietro in Vincoli, Bramantes Tempietto bei San Pietro in Montorio, das Caffè Greco in der Via dei Condotti, die Engelsburg (von außen), natürlich das Forum Romanum, die Via Appia Antica mit den Katakomben, die Lateranbasilika, Ostia Antica, die Kirche Sant' Andrea della Valle, den Pincio, Santa Maria in Cosmedin mit der Bocca della Verità, vor allem aber wegen ihres Kosmatenfußbodens, den Aventin, den Campo de' Fiori, die Gärten des Quirinal, die winzige Kirche San Carlo alle Quattro Fontane, San Clemente, die Cestius-Pyramide, Sant'Ignazio, die Fontana di Trevi, den wegen seiner Hässlichkeit sehenswerten Mosesbrunnen an der Piazza San Bernardo, die Tiberinsel, die Krypta des Kapuzinerklosters mit ihren grotesken Ornamenten aus menschlichen Knochen und Trastevere. Ein »Kann« kam nicht vor.

Zum Essen schlug er unter anderem »Sabatini« und »Gino« in Trastevere vor, außerdem »Passetto« nahe der Piazza Navona, das zwar nicht reizvoll sei, aber gute Teigwaren serviere.

Da war sie wieder, die Verallgemeinerung. Bei »Passetto« aß man »Teigwaren«, eben keine Nudeln oder Pasta. Selbst in einen Zettel mit Reisetipps verirrte sich bei Loriot die Ironie.

Ich folgte den Empfehlungen, erfuhr aus dem Hülsen-Buch – das heute leider nur noch antiquarisch zu bekommen ist – die schönsten römischen Geschichten zu den Bauwerken und verliebte mich in die Stadt. Loriot war der Meinung, dass es, von den Vatikanischen Museen einmal abgesehen, keine bedeutenden Museen in Rom gebe. Dafür sei die Stadt selbst ein Museum. Auch wenn man hier anderer Meinung sein darf, das Wesen der Stadt hat er damit getroffen.

Wir waren später noch mehrfach gemeinsam in Rom. Unvergesslich, wie er mit glänzenden Kinderaugen durch die Stra-

ßen ging und sich an den Verspieltheiten und Konkurrenz-
kämpfen der barocken Architekten erfreute, die im Stadtbild
bis heute zu lesen sind und auf die unser Lieblingsreiseführer
hinzuweisen nicht müde wurde. Vor allem hatten es Loriot
(und mir) die architektonischen Spielereien angetan: Der in
das Straßenpflaster eingelassene kleine runde Marmorkreis
»Centro del colonnato« auf dem Platz vor der Peterskirche, von
dem aus betrachtet die vier Bernini'schen Säulenreihen scheinbar zu einer werden; die 1638 gebaute Perspektive von Borromini im Palazzo Spada, bei der durch eine optische Täuschung
eine sechzig Zentimeter große Marmorstatue lebensgroß erscheint; das Schlüsselloch im Tor der Malteser-Ritter auf dem
Aventin, durch das man, von einer Hecke im Garten perfekt
symmetrisch eingerahmt, in der Ferne die Peterskuppel sieht.

Spazierengehen mit Loriot in Rom hieß, unablässig seinen
beziehungsweise Hülsens amüsanten Anekdoten zu lauschen.
Als wir die von Raffael mit Fresken ausgemalte Villa Farne-
sina in Trastevere betraten, zeigte Loriot auf die Kohlezeich-
nung in einer der Lünetten der Loggia der Galatea: »Damit
wollte Michelangelo seinen Konkurrenten Raffael überra-
schen. In einer Mittagspause, in der Raffael gerade nicht da
war, schlich sich Michelangelo in die Villa, stieg auf das Ge-
rüst und griff sich ein Stück Kohle. Als Raffael vom Essen zurückkam und die Zeichnung sah, rief er aus: ›Das war Michelangelos Hand!‹« In der Basilika Santa Maria Maggiore haben
wir uns, Hülsens Rat folgend, zwar nicht auf den Fußboden,
aber doch auf die Kirchenbänke gelegt, um in Ruhe die gewaltige Decke zu betrachten, die mit dem ersten Gold verziert
ist, das Kolumbus aus Amerika mitgebracht hatte. Auf der
Piazza Navona freute sich Loriot über Berninis Brunnenfigur,
die voller Abscheu und Angst die Hände in Richtung der ge-
genüberliegenden Kirchenfassade ausstreckt, weil die Kirche
von Berninis Konkurrenten Borromini gebaut worden war und
in Berninis Augen nicht nur scheußlich war, sondern zudem

den Eindruck erweckte, jederzeit auf den Betrachter einzustürzen. Kamen wir am Schildkrötenbrunnen (Fontana delle Tartarughe) auf der Piazza Mattei vorbei, klärte uns Loriot darüber auf, dass die Schildkröten erst später hinzugefügt wurden, als Rechtfertigung für die übertrieben ausladend geratenen Gesten der daruntersitzenden Jünglinge. In der kleinen Kirche San Carlo alle Quattro Fontane ließ er uns erst dieses barocke Juwel mit seiner meisterhaften ovalen Kuppel genüsslich betrachten und bemerkte dann staunend: »Und jetzt muss man sich vorstellen, dass der Grundriss dieser ganzen Kirche kleiner ist als der eines einzelnen Kuppelpfeilers des Petersdoms ...« In der Kirche Sant'Igniazio hingegen amüsierte ihn, dass den Bauherren das Geld für die Kuppel ausgegangen war und sie deshalb als Ersatz eine perspektivisch verzerrte Kuppel an die flache Decke malen ließen, die nur von einem Punkt im Kirchenschiff aus täuschend echt aussieht. Am meisten aber liebte er die kleine Piazza vor der Kirche, die wie eine Theaterkulisse mit Auftrittsgassen zu beiden Seiten gebaut war.

Zwei Besuche bei Berninis kleinem Elefanten vor der Kirche Santa Maria sopra Minerva, dem man als Rom-Besucher zu Beginn und zum Abschied jeder Reise seine Reverenz zu erweisen hatte, gehörten selbstverständlich auch dazu.

Mit meiner Familie habe ich in den folgenden Jahren Italien ausgiebig bereist. Jede dieser Reisen wäre um vieles ärmer gewesen, wenn uns nicht Loriots Anregungen, Tipps und geradezu im Befehlston vorgetragene Vorschläge – »da müsst ihr hin!« – begleitet hätten.

Ausflug II – Bayreuth

»Wagner ist wohl der große, einer der großen Revolutionäre auf dem Gebiet der Musik, keine Frage. Und alles, was man gegen ihn zu sagen hat, hat damit dann eben nichts zu tun, und wer behauptet, das hätte alles miteinander was zu tun, der lügt« (Loriot 1979 in »3 nach 9«).

Nach meinem Kurztrip nach Rom schnitten wir »Loriot 3« zuende. Die Sendung war ein überwältigender Erfolg, die »Nudel« in aller Munde und Evelyn Hamann ein Star.

Bevor wir uns an die Vorbereitungen für die nächste Sendung machten, fanden wie jedes Jahr die Bayreuther Festspiele statt. Einige Jahre zuvor hatte Loriot, um endlich Karten dafür zu bekommen, einen scherzhaften Drohbrief an Wolfgang Wagner, den Leiter des Festivals, geschrieben. Es seien da vor circa hundert Jahren zwischen den Familien Wagner und Bülow gewisse Dinge vorgefallen, und er würde nicht zögern, alle pikanten Details der Affaire an die Öffentlichkeit zu zerren, sollte er wieder keine Karten bekommen. Richard Wagner hatte dem großen Dirigenten Hans von Bülow (der mit Loriot nicht direkt verwandt ist) dessen Gattin ausgespannt und sie geheiratet, nachdem Cosima schon während der Ehe mit Bülow drei Kinder von Wagner bekommen hatte. Wolfgang Wagner reagierte mit Humor, und Loriot erhielt fortan Karten.

Zur Zeit der Bayreuther Festspiele 1977 war ich am Starnberger See, um mit meinem Kollegen Hartmann Schmige unser erstes Kleines Fernsehspiel fürs ZDF zu schneiden. Wir hatten den Film »Höhenwahn« selber produziert, und Loriot war so großzügig, uns seinen Schneideraum unentgeltlich zur Verfügung zu stellen. Wir fuhren also mit unserem Filmmaterial nach Bayern und quartierten uns in Berg, einem Nachbarort von Starnberg, bei meiner Freundin Claudia ein.

In der letzten Woche unseres Aufenthalts fuhr Loriot mit seiner Frau Romi nach Bayreuth zum »Ring des Nibelungen« und zum »Parsifal«. Am Tag seiner Abfahrt überraschte er mich mit einer Karte für »Parsifal«. Wie alle Süchtigen wollte er, dass auch sein Freund derselben Droge verfiel, von der er schon lange abhängig war.

Ich setzte mich in mein Auto und fuhr nach Bayreuth. Als ich auf Empfehlung des allseits so beliebten Humoristen das Kartenbüro betrat, um mein Ticket vor Ort abzuholen, fragte man mich, ob ich nicht auch noch Lust auf den »Ring des Nibelungen« hätte, es gäbe noch Einzelkarten. Natürlich hatte ich Lust. Da ich aber noch mehr Lust hatte, von meiner Freundin Claudia begleitet zu werden, erstand ich auf dem Schwarzmarkt vor dem Theater noch ein paar weitere Karten, so dass wir den »Ring« komplett hatten.

In Bayreuth zu sein, das allein war schon großartig, mit Loriot in Bayreuth zu sein war wundervoll. Obwohl er Wagners Werk kannte wie kaum ein Zweiter, ging er doch jedes Mal mit der unverstellten Naivität eines Opernliebhabers, der einfach nur genießen will, ins Festspielhaus. Sein Wissen stand ihm nie im Weg, er war von schier unglaublicher Begeisterungsfähigkeit.

Da in Bayreuth die Pausen sehr lang sind – immer eine volle Stunde – hatten wir viele Gelegenheiten, über das Gehörte und Gesehene zu sprechen. Die erste Begegnung nach Verlassen des Theaters sah meist so aus, dass wir aufeinander zugingen und Loriot völlig erfüllt sagte: »War das fabelhaft! Ich glaub, das hab ich noch nie so toll gehört!« Im längeren Gespräch gab es dann auch hier und da Kritik, aber in Erinnerung ist mir überwiegend dieser anfängliche Enthusiasmus geblieben.

Nun hatten wir auch Glück. Die Jahre, in denen wir Bayreuth besuchten, waren wohl die aufregendsten und fruchtbarsten der Festivalgeschichte. Was wir in der letzten Juli-Woche 1977 in Bayreuth erleben durften, gehört bis heute zu den größten Theatereindrücken meines Lebens – der »Ring des Nibelungen« in der legendären Inszenierung von Patrice Chéreau, dirigiert von Pierre Boulez. Chéreau verlegte die Handlung des »Rings« ins 18. und 19. Jahrhundert, die Götter waren menschliche Herrscher, und die Bühne bestand aus allegorischen Bildern, die menschliche Macht symbolisierten. Das Hervorstechendste aber war die über alle Maßen differenzierte Personenführung. Nicht ein einziges Mal sah man abgedroschene Operngesten, die Sänger wurden unter Chéreaus Regie zu veritablen Schauspielern. Und was vielleicht das Wichtigste war, die linken Franzosen Chéreau und Boulez befreiten Wagner für viele endgültig vom Verdacht, Nazikunst zu sein.

Aber nicht alle waren von Chéreaus Inszenierung angetan. Bei meinem ersten »Rheingold« hatte ich eine Karte für die Hausloge der Festspiele. Neben mir nahm eine ehrfurchtgebietende Dame, die aus einer anderen Zeit zu stammen schien, ihren Platz ein. Ihre Erscheinung war eine Mischung aus Margaret Dumont aus den Marx-Brothers-Filmen und der matronenhaften ältesten Schwester meiner Großmutter. Es war Winifred Wagner, Richard Wagners Schwiegertochter, in früherer Zeit eine gute Freundin von Adolf Hitler. Als das Orchester das magische Es-Dur-Vorspiel anstimmte, trat unter dem noch geschlossenen Vorhang ein wenig Nebel hervor. Winifred Wagner wurde ungeduldig und zischte vor sich hin »Tzz … tzz …«. Als der Vorhang aufging und statt des Flussbettes des Rheins das umstrittene Stauwehr sichtbar wurde, knurrte sie und schüttelte unwillig den Kopf. Irgendwann verließ sie noch während der Vorstellung die Loge.

In einer Pause lustwandelten wir durch das Garderobenfoyer des Festspielhauses, in dem die Mitwirkenden der Uraufführung des »Rings« im Jahr 1876 auf einer Marmortafel verzeichnet sind. Wir standen vor der Tafel, und Loriot sagte: »Es ist ein groß Ergetzen, sich in den Geist der Zeiten zu versetzen …« Er stutzte: »… was war das noch mal?« – »Faust« – »Ja, natürlich, aber wer sagt das im ›Faust‹?« Wir grübelten. Für Faust selbst war es zu wenig metaphysisch, für Mephisto zu wenig brillant. Nach längerem Nachdenken kamen wir darauf, dass das Zitat von der Figur des Wagner stammt. Ein Name, auf den wir in Bayreuth verständlicherweise nicht gleich kamen.

Durch Loriots gute Beziehungen zu den Festspielen hatten wir die Freude, auch einmal einen Blick hinter die Kulissen werfen zu dürfen. Oswald Georg Bauer, der Dramaturg des Festivals, führte uns kurz vor Beginn der »Walküre« durch das Festspielhaus. Wir hatten schon unsere Smokings an und wurden mit einem drahtverhauenen Bühnenfahrstuhl bis zur enorm hohen Beleuchterbrücke nach oben gefahren, um die ungeheuren Dimensionen des Hauses begreifen zu können. Als wir wieder heil unten ankamen, wurden wir Zeuge, wie Patrice Chéreau noch wenige Minuten vor Beginn der Vorstellung mit seinen Sängern detailliert Gesten probierte. Chéreau war während jeder einzelnen Vorstellung jedes Zyklus seiner Inszenierung hinter der Bühne anwesend, fünf Jahre lang, bei 68 Vorstellungen.

Die Bayreuther Sänger waren alle Fans von Loriot. Man stellt sich ja Opernsänger immer als eher seriöse, unnahbare Künstler vor. Das Gegenteil war der Fall. Vielleicht war es auch Loriots Beliebtheit, die die Unnahbaren so fröhlich stimmte. Jedenfalls freuten sich die Sänger über die Anwesenheit von Loriot, und er, der große Liebhaber großer Stimmen, freute sich zurück.

Gegessen haben wir nach den Vorstellungen meist im »Weihenstephan«, einem der traditionellen Restaurants Bayreuths. Im hinteren Teil gibt es das sogenannte »Sängerzimmer«.

Außer den Mitwirkenden des jeweiligen Abends hatte nur Loriot mit seiner Entourage das Recht, dort zu speisen. Auch dort zeigten sich die Sänger von einer gänzlich anderen Seite als auf der Bühne. Im Vordergrund stand das Lachen, das Erzählen von Witzen und das Absingen frivoler Lieder. An einem der Abende hatte ich das Vergnügen, zwischen Matti Salminen und Helmut Pampuch, also zwischen Hunding und Mime, etwas eingequetscht auf der Eckbank zu sitzen. Von beiden Seiten donnerten der schwarze Bass und der helle Tenor ein unanständiges Lied in meine Ohren. Loriot lachte sich ins Fäustchen. Noch heute hängt im »Sängerzimmer« eine Zeichnung von ihm, die er allen Bayreuther Sängern gewidmet hat.

Während unserer Bayreuther Jahre sang der Tenor Peter Hofmann dort den Siegmund in der »Walküre«, den Lohengrin, den Parsifal und den Tristan. Er bewohnte während der Festspielzeit zunächst eine winzig kleine Neubauwohnung in der Stadt. Vermutlich hat er sich dort nicht oft aufgehalten. Die Wohnung war karg möbliert, im ungemütlichen Wohnzimmer stand ein modernes helles Klavier. Peter Hofmann empfing uns zum Tee und nahm sehr schnell an seinem Klavier Platz. Um Loriot eine Freude zu machen, fragte er ihn, ob er ihm etwas vorsingen dürfe. Loriot war glücklich. Peter Hofmann begleitete sich selbst und begann eine Passage aus der »Walküre« zu singen. Er hatte eine sehr große Stimme. Eine Stimme, die dazu geeignet war, die Opernhäuser dieser Welt zu füllen. Jetzt füllte die Riesenstimme eine kleine Neubauwohnung in Bayreuth – es war fast nicht auszuhalten. Selbst Loriot, der seinen Verstärker immer voll aufdrehte, geriet an seine Schmerzgrenze. Er fragte Hofmann skeptisch: »Wie halten Sie und Ihre Partnerinnen diese Lautstärke auf der Bühne denn bloß aus?« Peter Hofmann bestätigte, dass es bei Duetten gelegentlich durchaus unangenehm werden könne.

Einige Jahre später kaufte Peter Hofmann Schloss Schönreuth in der Nähe von Bayreuth. Er gehörte inzwischen zum permanenten Ensemble der Festspiele und verbrachte übers Jahr nirgendwo mehr Zeit als in Bayreuth, deshalb beschloss er, dort sesshaft zu werden.

Als wir ihn das erste Mal in seinem neu erworbenen Anwesen besuchten, führte er uns stolz herum. Zuerst gingen wir in den Garten, wo in voller Größe der originale Walkürenfelsen aus Chéreaus inzwischen abgespielter »Ring«-Inszenierung aufgebaut war. Hofmann hatte das riesige Dekorationsstück vor der Vernichtung bewahrt und es den Festspielen abgekauft. Das Einzige, was fehlte, waren zwei kleine Engelsköpfe, die über der Tür zu Brünnhildes Schlafgemach in die Wand eingelassen waren. Die beiden Köpfe hatte sich Chéreau selber als Erinnerungsstücke an seine Bayreuther Zeit mitgenommen.

»Und jetzt zeige ich euch mein Musikzimmer!« Wir erwarteten einen Steinway-Flügel mit einer Wagner-Büste und staunten nicht schlecht, als wir in einen großen Saal des Schlosses traten, an dessen Wänden Plakate des Films »Easy Rider« hingen und in dessen Mitte ein riesiges Schlagzeug stand. Daneben große »Orange«-Verstärkerboxen und eine Auswahl von Elektrogitarren. Von einem Flügel und einer Wagner-Büste keine Spur. Peter Hofmann liebte Rockmusik – und schwere Motorräder. Und Loriot, dem dies alles eher fremd war, wurde gezwungen, mit dem Heldentenor eine Runde durch die fränkische Landschaft zu drehen. Loriot mit Sturzhelm auf dem Sozius einer Harley-Davidson, ein seltener Anblick.

Peter Hofmann bescherte uns viele große Abende, aber einer war noch größer als die vielen anderen. Es war »Tristan« in Bayreuth, am 13. August 1986. Daniel Barenboim dirigierte, der Regisseur war Jean-Pierre Ponnelle, Ekkehard Wlaschiha war Kurwenal, Matti Salminen König Marke, Waltraud Meier Brangäne, Catarina Ligendza gab die Isolde, und Peter Hofmann sang sich in der Titelpartie buchstäblich die Seele aus dem Leib. Die Aufführung war derart elektrisierend, dass wir alle sprachlos und mit weichen Knien aus der Vorstellung herauskamen. Die Sänger müssen Ähnliches empfunden haben, denn sie feierten am Tag darauf spontan ein großes Fest in Erinnerung an diese Sternstunde. Warum ich ausgerechnet an diesem Abend bessere Karten hatte als Loriot, weiß ich nicht mehr. Jedenfalls saß ich in der ersten Reihe Mitte, direkt vor dem gewölbten grauen Holzdeckel, der das Orchester in Bayreuth verbirgt. Vor mir befand sich mitten im Schalldeckel eine zugeklebte und überlackierte kleine Luke. Das war die Luke, die Richard Wagner immer öffnete, wenn er, der seine Opern in Bayreuth nie dirigierte, sondern immer nur inszenierte, mit seinem Dirigenten sprechen wollte. Bei einer späteren Renovierung des Festspielhauses ist Wagners Luke bedauerlicherweise verschwunden.

Ich persönlich verdanke der Begegnung mit Peter Hofmann noch einen weiteren der großen Eindrücke meines Lebens. Als ich 1981 keine Karten für »Lohengrin« hatte, nahm er mich mit ins Festspielhaus und sorgte dafür, dass ich einen Akt lang im Orchestergraben sitzen durfte, der sich tief nach hinten unter der Bühne ausdehnt. Von den Sängern auf der Bühne über mir nahm ich in erster Linie undeutliches Getrampel wahr. Die Stimmen waren unten im Graben kaum zu hören. Ich bekam eine Ahnung davon, wie schwierig es für den Dirigenten sein musste, in diesem auch noch von dem Deckel abgedeckten Orchesterraum einen Klang zu produzieren, der sich im Zuschauerraum mit den Stimmen perfekt mischt.

Sehr treffend war Hofmanns Beschreibung des »Alten«, wie Wolfgang Wagner auf dem Grünen Hügel liebevoll genannt wurde: »Nach jedem Satz sagt der: ›Gut, schön, gell …‹« Als wir in einer Opernpause kurz beim Festspielchef Hallo sagen durften, verabschiedete der uns: »So, Pause ist zuende, gut schön, gell …« Wir mussten uns sehr zusammenreißen, nicht loszuprusten.

Zu meinem 30. Geburtstag, den ich in kleinem Kreis in Ammerland feiern durfte, überraschte mich Loriot mit einem großartigen Geschenk, einem Gutschein über zwei Karten für den kompletten Ring-Zyklus in Form eines knollennasigen Wagner – seine erste Zeichnung des Komponisten.

Richard Wagner
(1813–1883)

Es folgten noch viele weitere gemeinsame sommerliche Besuche in Bayreuth. Ich war Wagners Werken inzwischen vollständig verfallen und hörte über fünf Jahre kaum eine andere Musik. Auch »Höhenwahn«, der 1977 in Loriots Studio geschnitten wurde, wurde mit orchestralen Partien aus dem »Ring« vertont.

Während der Festspiele wohnten wir im Waldhotel Stein in Seulbitz, das eine ähnlich reizvoll verschlafene Atmosphäre hatte wie Schloss Elmau. An den spielfreien Tagen lümmelten wir am kleinen Swimmingpool in der Sonne und bereiteten uns mittels Textbuch und Walkman auf die kommenden Vorstellungen vor. Wir waren vollkommen aus der Zeit gefallen und ganz in der Welt Wagners.

Die komischste Geschichte in Seulbitz passierte, als wir Besuch von gemeinsamen Berliner Freunden auf der Durchreise bekamen. Sie hatten einen anderthalb Jahre alten Sohn, der nackt über den Rasen krabbelte und sich in einem kurzen unbeobachteten Moment an den Rand des menschenleeren Pools stellte, um dort »Männeken Piss« zu spielen. Die Mutter sah ihn, ging zu ihm und zog ihn vom Pool weg. Genau in diesem Moment kam der große Sir Georg Solti mit einem Handtuch um die Hüften in den Garten. Solti dirigierte den »Ring« und wohnte auch in Seulbitz. Er steuerte den Pool an, ließ sein Handtuch zu Boden fallen und bestieg das Schwimmbad, ohne zu ahnen, was kurz zuvor geschehen war. Wir konnten uns vor Lachen kaum halten. In einer Laudatio hatte Bayerns Exministerpräsident Stoiber einmal gesagt, Loriot sei der lebendige Beweis dafür, dass es auch Humor oberhalb der Gürtellinie gebe. In diesem Fall von unfreiwilligem Humor unterhalb der Gürtellinie konnte auch Loriot sich des Lachens nicht erwehren.

Kurz bevor wir das nächste Mal zu den Festspielen fuhren, fiel mir in Ammerland zufällig Loriots Auto-Anhänger für Gartenabfälle ins Auge, an dessen beiden Seiten je ein altes Firmenschild angebracht war. Darauf stand in roter Fraktur: Wagner-Anhänger. Wir schraubten die leicht zerbeulten Blechschilder ab und befestigten sie bei unseren Reisen zum Grünen Hügel mit Hilfe von Saugnäpfen innen an den Heckscheiben unserer Autos. Bei allem tiefen Ernst der Wagnerei, unser Bayreuth war doch immer sehr komisch.

112

Es gehört vielleicht nur indirekt hierher, aber eine Anekdote aus dem Hause Wahnfried, die Loriot von Wolfgang Wagner selbst erzählt bekommen hatte, muss schon allein deshalb aufgeschrieben werden, weil Loriot sie so sehr liebte:

Als Wieland Wagner einundzwanzig Jahre alt geworden war, besuchte der mit der Familie Wagner eng befreundete »Onkel Wolf« alias Adolf Hitler wieder einmal die Villa Wahnfried. Hitler schaute dem jungen Mann fest ins Auge und sagte väterlich streng: »Mein Jonge, du bist jetzt einundzwanzig Jahre alt, da wird es Zeit, dass du in onsere Partei eintrittst.« – »Selbstverständlich, Onkel Wolf«, antwortete der Enkel Richard Wagners strahlend seinem Führer. Am nächsten Tag ging er zum Bayreuther Parteibüro der NSDAP und verkündete dem Büroleiter: »Mein Name ist Wieland Wagner, ich will in die Nationalsozialistische Deutsche Arbeiterpartei eintreten!« Der gemütliche und ordentliche fränkische Beamte lobte den jungen Mann: »Das ist sehr schön, aber da brauchen Sie zwei Bürgen.« Mit stolzgeschwellter Brust trompetete Wieland: »Mein Bürge ist unser Führer Adolf Hitler!« Der Parteimann ließ sich davon nicht beeindrucken. Er schüttelte den Kopf und sagte trocken: »Aner genücht net …«

Eine sehr deutsche Geschichte, unheimlich in ihrem zwanghaften Gehorsam und rasend komisch in ihrer fast schon anarchistisch anmutenden bürokratischen Auflehnung gegen den Führerkult.

Loriot 4

Kurz nach meinem ersten Bayreuth-Erlebnis begann im August 1977 der Dreh von »Loriot 4«. Dadurch, dass ich den Sommer über lange Zeit in Ammerland verbracht hatte, waren wir bestens vorbereitet. »Loriot 4« war die einzige der Bremer Sendungen, die ausschließlich im Studio gedreht wurde.

Da im Studio die Unwägbarkeiten, die ein Originaldreh mit sich bringt, wegfielen, erlebten wir auch weniger erzählenswerte Zwischenfälle. Unsere Besuche bei »Grashoff« dagegen häuften sich bedenklich. Und wir waren das einzige Mal während unserer ganzen Zeit in Bremen in der Oper. Es gab »Salomé« mit der berühmten Amerikanerin Felicia Weathers in der Titelrolle. Als sie sich beim »Tanz der sieben Schleier« tatsächlich auf der Bühne auszog, glaubten wir unseren Augen nicht zu trauen. Zwei Monate später, während des Schluss-Editings der Sendung, sahen wir im selben Haus, in dem auch Sprechtheater gegeben wurde, eine sehr moderne Inszenierung des »König Ödipus« von Sophokles, und wieder trat eine Dame barbusig auf. Diesmal war es Evelyn Hamann, die weiter am Bremer Theater engagiert war. Damals war Nacktheit auf der Bühne noch die Ausnahme und wirkte provokant, heute ist es ja eher umgekehrt. Wir nahmen die nackten Schauspieler mit Humor und saßen kichernd wie kleine Jungs in unserer Loge, die wir glücklicherweise für uns allein hatten.

Evelyn war jetzt schon mehr als nur Loriots ständige Partnerin. Die »Englische Ansage« (»North Cothelstone Hall ...«) war extra für sie geschrieben worden. Und es war einer der wenigen Sketche, in denen Loriot nicht mitspielte. Um die Nacherzählung der englischen Krimiserie besonders verzwickt zu machen, hatte sich Loriot von meinem Vorgänger, dem englischen Regisseur Tim Moores, eine lange Liste von komplizierten und »th«-gesättigten Orts- und Personennamen (»Nether Addlethorpe«, »Lady Hesketh-Fortescue«) aufschreiben lassen. Aus diesen montierte er dann den verquatschten Text. Evelyn durfte während der Aufnahmen ablesen, obwohl sie den Text selbstverständlich auswendig gelernt hatte, das gehörte zu ihrer Professionalität. Vorher aber hieß es ausleuchten.

In ihrer cremefarbenen Bluse und mit der gewellten rotblonden Perücke sah Evelyn hinreißend aus. Loriot wollte aber, dass sie auch ebenso hinreißend beleuchtet wurde. Ihm schwebte Kinolicht vor. Die Studiokameras lieferten aber so gnadenlos kontrastreiche Bilder, dass Loriot schwer zufriedenzustellen war. Da wir glücklicherweise an dem Tag nur diesen einen Sketch zu drehen hatten, nahmen wir uns Zeit. Unsere armen Kollegen vom Licht müssen verzweifelt sein. Wenn Loriot zufrieden war, fing ich an, zu mäkeln und ihn zu neuen Zweifeln anzustacheln. Wenn mir, dem gelernten Kameramann, das Licht gefiel, bemerkte er Details, die man noch verbessern konnte. Sein Perfektionismus und mein Perfektionismus ergänzten sich auf teuflische Weise.

Endlich stand das Licht, und wir konnten anfangen zu drehen. Nach dem stressigen Ausleuchten bestand die Herausforderung für das Team nur noch darin, während Evelyns Vortrag nicht loszulachen. Mehr als einmal brach irgendjemand in Gelächter aus und schmiss die Aufnahme.

Ein Sketch wurde nicht zum Klassiker und ist dennoch aus zwei Gründen erwähnenswert. Evelyn spielt darin eine äußerst unscheinbare graue Maus, und Loriot ist in einem gefälschten

Filmdokument zu sehen. »Das ist Ihr Leben« war eine seinerzeit populäre Live-TV-Show, in der Prominente unter einem Vorwand ins Studio gelockt und dort mit Personen aus ihrer Vergangenheit überrascht wurden, denen sie in der Regel lieber nicht begegnet wären. Loriot, in der Rolle des Filmstars Thomas Braunkötter alias Ted Brown, begegnete unter anderem der grauen Evelyn, Herrn Pannek als Fußballer und der leibhaftigen Marianne Koch (als sie selbst). Vorher wurde ein alter Schwarz-Weiß-Film eingespielt, der Ted Brown als Baby zeigte. Der Sender war nicht in der Lage, einen Film zu besorgen, der historisch aussah und für den man die Rechte bekommen konnte. Da erinnerte ich mich, dass ein mit meinen Eltern befreundeter Kameramann im Jahr 1945 meinen Bruder als Baby mit seiner 16mm-Kamera gefilmt hatte. Mein Bruder fand in seinem Keller die alte Filmdose, und sie erwies sich als ideal für unseren Zweck. So wurde also mein Bruder als der Neugeborene Ted Brown alias Loriot in die Sendung eingeschnitten.

Evelyns Maske der unscheinbaren grauen Maus war derart gelungen, dass einige Teammitglieder sie nicht erkannten, als sie das Studio betrat.

Außer mit Evelyn ging es auch mit Herrn Panneks Karriere steil bergauf. In »Das ist Ihr Leben« joggte er noch im Trainingsanzug durchs Bild, im »Galadiner« plauderte er schon im eleganten Smoking als Herr von Droysen mit seiner beleibten Nachbarin. Den Namen des Barons hatte Loriot gewählt, weil ich in der Droysenstraße in Berlin-Charlottenburg wohnte.

Das größte Problem beim »Galadiner« war der brennende Hauptdarsteller. Nachdem er verzweifelt daran gearbeitet hat, mit anderen Gästen ins Gespräch zu kommen, fängt sein Arm beim Versuch, eine Weintraube zu ergattern, Feuer. Es ging das Gerücht um, dass es für Filmzwecke »kaltes« Feuer gäbe, und so stand es auch in der Requisitenliste. Beruhigend, dachten wir, denn niemand wollte das Risiko eingehen, dass Loriot ein Opfer seiner selbst inszenierten Flammen wird. Als der Pyrotechniker im Atelier erschien, um den jammervollen Dinner-Gast für den Schluss des Sketches vorzubereiten, in dem sein Ärmel Feuer fängt, fragte Loriot den Kollegen, ob er denn auch das »kalte« Feuer mitgebracht habe. »Kaltes Feuer gibt es nicht«, lautete die knappe und präzise Antwort des Spezialisten, »wenn's brennt, dann brennt's.« Loriot ließ sich sein Entsetzen nicht anmerken. Schließlich war das »Galadiner« einer der aufwendigeren Sketche – die kostbare Dekoration, die vielen teuren Schauspieler, die edlen Abendgarderoben …

Heldenmutig ertrug Loriot es, mit Brandpaste eingeschmiert und angezündet zu werden. Selten habe ich ihn so erleichtert gesehen wie in dem Augenblick, als die Einstellung im Kasten war, in der er als brennender Gast hinter der Tafel versinkt.

Für den »Bettenkauf« gingen wir nicht, wie man das heute sicher tun würde, in ein Originalmotiv, das Bettenhaus wurde nach Loriots Entwurf im Studio aufgebaut samt Betten – dreisätzig, wie ein klassisches Klavierkonzert: Allegro – Andante – Presto.

Auch für den relativ kurzen »Skat«-Sketch wurde eine komplette Kneipe ins Studio gestellt.

Loriot war ein großer Fan des Hollywood-Schauspielers Karl Malden und wollte als dritter Mann unbedingt eine »Karl-Malden-Nase« haben. Unser unermüdlicher Maskenbildner Heino Weber modellierte ihm die Nase, die später noch einmal einen großen Auftritt bekommen sollte, in »Ödipussi«, Loriots erstem Spielfilm. Er trägt sie dort in der herrlichen Szene, in der ein wildgewordener Lustgreis seiner deutlich jüngeren Geliebten kichernd und kreischend in einem italienischen Hotelflur nachstellt.

Mit »Skat« endet »Loriot 4«. Das Bild des skatunkundigen dritten Mannes, der den beiden völlig entnervten Herren das

Spiel »Schnippschnapp« beibringen will und dazu die Karten des Skatspiels zu kleinen Dächern faltet, war so stark, dass wir auf eine eigentlich geplante Schlusszene des Sketches verzichteten. Ursprünglich war vorgesehen, dass nach einem Zeitsprung ein Kommissar mit Assistenten und Polizisten in der Kneipe den Mord am dritten Mann untersucht und tiefsinnig schlussfolgert: »Alle Indizien deuten darauf hin, dass es sich hier um ein Opfer und zwei Täter handelt!«

Einige Worte zu Loriots Arbeit mit Schauspielern. Es heißt, es gebe zwei Sorten von Regisseuren, die Dompteure und die Gärtner. Die Dompteure sind energetisch, schreien gern rum und verlangen ihren Schauspielern durch Druck Höchstleistungen ab. Die Gärtner hingegen pflegen und gießen die zarten Schauspielerseelen, bis sie von allein aufblühen.

Loriot war ein stiller Dompteur mit der Seele eines Gärtners. Aber er war beharrlich und arbeitete so lange mit seinen Schauspielern, bis er genau das bekam, was er wollte. Heinz Meier hat schon von Loriots Lieblingsregieanweisung »bitte etwas angelegentlicher« erzählt. Manchmal bat er auch darum, Dinge »angefasster« vorzutragen. Vor allem aber war ihm an richtigen Betonungen gelegen. »Die meisten deutschen Schauspieler können keine Doppelbetonungen, dabei braucht man die doch fast in jedem Satz. Es ist zum Verzweifeln …«, klagte er. Nun gibt es unterschiedliche Wege, von Schauspielern die richtige Betonung zu bekommen. Entweder man macht ihnen die Szene, die Situation, in der ein Dialog gesprochen wird, inhaltlich und emotional klar, oder, und das war eher Loriots Weg, man spricht ihnen den Dialog vor, damit sie durch das Hören der richtigen Betonung den verborgenen Sinn des Textes und die darin schlummernden Emotionen besser verstehen.

Im Deutschen, und nicht nur da, kann der Sinn eines Satzes durch die falsche Betonung auch nur einer einzigen Silbe leicht in sein Gegenteil verkehrt werden. Loriot liebte Beispiele für solche Entstellungen, etwa wenn auf einer verkehrsberuhigten Straße ein Schild stünde: »Die auf der Straße spielenden Kinder bitte vorsichtig umfahren.«

Bis die richtige Betonung saß, wurden Takes oft wiederholt. Loriot achtete wenig auf das Drehverhältnis, also die Relation zwischen verbrauchtem und im fertigen Film verwendetem Film-Material. Es konnte vorkommen, dass eine Einstellung bis zu 25mal wiederholt wurde, das war aber nicht die Regel, auch wenn Loriot dieser Ruf vorauseilte. Er wusste, dass viele Schauspieler es durchaus schätzten, an Details zu feilen und Einstellungen oft zu wiederholen: »Dieses ›Klappe – Bums – Danke!‹ reicht denen ja gar nicht. Das finden die nicht gut, denn ein Schauspieler möchte ja auch arbeiten, er möchte ja zeigen, was er kann.« Also wurde so lange wiederholt, bis es seinen hohen Qualitätsansprüchen genügte und bis er exakt das bekam, was er wollte. Aber es ging nicht nur um Betonungen.

Evelyn tat sich ein bisschen schwer, am Ende der »Eheberatung« – in der die Gattin unablässig mit dem Verschluss ihrer Handtasche knipst und der Gatte sich nicht für eine Lieblingsfarbe entscheiden kann (»… ein grünlich-blaues Braun-Rot-Grau«) – über den auf einer Stahlfeder sitzenden grauen Kusskopf aus Styropor herzufallen, ihn quasi zu vergewaltigen. Loriot probierte lange mit ihr und machte es immer wieder vor, ein Anblick für Götter. Er packte den Kusskopf wie ein südamerikanischer Stummfilmstar, riss ihn dramatisch nach hinten und küsste ihn leidenschaftlich. Meiner Erinnerung nach war dies das einzige Mal, dass Evelyn ein paar Proben mehr benötigte.

Im Übrigen war Loriot sich selbst gegenüber von der gleichen unerbittlichen Strenge. Seine immer handschriftlichen Manuskripte waren übersät von Streichungen, Verbesserungen und Umstellungen. Er war an sich nie ganz zufrieden mit seinen Texten, zweifelte bis zum Ende, und nur die Notwendigkeit, die Dialoge irgendwann seinen Schauspielern in die Hand geben zu müssen, zwang ihn wohl zum Schlussstrich.

Berlin (Ost), die Zweite

Der Schnitt der vierten Sendung fand nur zum Teil in Ammerland statt. Loriot hatte wegen des Erscheinens seines »Dicken Loriot-Buches« in der DDR öfter in Berlin zu tun. Und er genoss es sichtlich, längere Zeit in der Stadt seiner Jugend zu verbringen. Damit wir in Berlin auch schneiden konnten, verkaufte mir Radio Bremen einen ausgedienten Schneidetisch. Alte Schneidetische waren schwer zu bekommen und bei jungen Filmemachern begehrt, einen neuen Tisch konnten sich nur Produktionsfirmen leisten. Der Tisch wurde nach Berlin verfrachtet und in meiner Wohnung aufgestellt. Er hat später außer mir noch einigen Nachwuchsregisseuren als kostenloser Schnittplatz für ihre ersten filmischen Gehversuche willkommene Dienste geleistet.

Am Tag der Buchpremiere, am 1. Oktober 1977, fuhren Loriot, seine Frau Romi, meine Freundin Claudia und ich nach Ost-Berlin. Es war die Zeit der Berliner Festspiele, die traditionell als Konkurrenzveranstaltung im Westen und im Osten der geteilten Stadt abgehalten wurden. Großes Mittagessen im Kreis der Ost-Berliner Politprominenz. Mir war die Sache unangenehm, weil meine Bedenken gegen die DDR doch erheblich waren. Loriot war es wichtiger, dass die Menschen durch sein Buch und seinen Humor ein Stück Hoffnung bekamen. Dafür war er bereit, gute Miene zum bösen Spiel zu machen. Letztlich hatte er wohl recht.

Abends gingen wir alle vier zur Feier des Tages als Gäste des Stellvertretenden Ministers für Kultur Klaus Höpcke in die

Komische Oper. Angesetzt war eine Doppelvorstellung. Zunächst die Premiere von Glucks »Iphigenie auf Tauris«, dirigiert von Kurt Masur, anschließend sollte als Spätvorstellung um 22 Uhr Maurizio Pollini einen nächtlichen Klavierabend geben. Was für ein Programm! Selbst in Salzburg hätte man so etwas kaum erleben können. Leider fing die Opernpremiere wegen technischer Probleme verspätet an, so dass auch Pollinis Konzert nicht pünktlich beginnen konnte.

Loriot verzichtete auf den Pianisten, weil er sich nach der Opernpremiere noch mit Vertretern des DDR-Kulturministeriums treffen musste. Wir verabredeten uns für nach dem Konzert in der West-Berliner »Paris Bar«. Romi, Claudia und ich gingen wieder in den Saal und hörten einen der bewegendsten Klavierabende unseres Lebens. Pollini spielte zunächst Schuberts Klaviersonate A-Dur D 959, grandios konzentriert und unglaublich schön. Nach einer kurzen Pause folgte Beethovens »Hammerklaviersonate«, eines der zentralen Stücke der Klavierliteratur. Joachim Kaiser nennt sie die »größte Sonate der Musikgeschichte« und ihren dritten Satz das »Allerheiligste der Sonate«. Dieser langsame Satz, das Adagio, dauert um die zwanzig Minuten und gehört zu den großen kompositorischen Mysterien Beethovens oder, wie Kaiser es ausdrückte: »Die Hammerklaviersonate macht auch anspruchsvoll. Von ihr berührt, wird man ungeduldig gegenüber vielem Mittelmäßigen und Mäßigen, das sich wer weiß wie aufspielt und doch nichts anderes ist als eine höhere Form der Belästigung.« Vladimir Horowitz, der vielleicht virtuoseste Pianist des 20. Jahrhunderts, hat sie nie öffentlich gespielt, er hielt sie fürs Konzert für zu schwer.

Pollini spielte den dritten Satz so, dass man eine Stecknadel hätte zu Boden fallen hören können. Umso erstaunlicher war es, dass mitten in diesem Wundersatz einzelne Zuschauer aufstanden und den Saal verließen. Romi und Claudia blickten mich ungläubig an. Mir war sofort klar, warum die Konzertbesucher gingen. Es waren West-Berliner, die bis Mitternacht die DDR verlassen mussten, wenn sie keine Probleme bekommen wollten. Wir blieben selbstverständlich, immerhin waren wir Gäste des Stellvertretenden DDR-Ministers für Kultur. Pollini ließ sich durch die kleinen Störungen nicht irritieren und brachte das Nachtkonzert virtuos zuende. Wir waren glücklich, auch wenn die Damen ein bisschen nervös wurden, als ich ihnen auf dem Weg zum Auto den Grund für die plötzliche Zuschauerflucht aus der Komischen Oper erklärte.

Der Weg von der Behrenstraße zu unserem Grenzübergang Heinrich-Heine-Straße, den wir benutzen mussten, weil wir dort auch nach Ost-Berlin eingereist waren, führte uns über die Straße Unter den Linden. Es hätte vielleicht auch einen Schleichweg gegeben, aber als West-Berliner kannte ich mich im anderen Teil der Stadt nicht gut aus. Als wir an die Linden kamen, wurden wir Zeugen eines unheimlichen Spektakels. Riesige Lafetten mit halb aufgerichteten Raketen donnerten im fahlen Licht der Straßenlaternen über den Boulevard, gefolgt von ratternden Panzern und anderen Militärfahrzeugen. Ein Polizist winkte hektisch mit seinem gestreiften Leuchtstab und bedeutete uns umzudrehen. Als ich ihm sagte, dass wir es eilig hätten, um vor Mitternacht – noch hatten wir eine kleine Chance, pünktlich zu sein – den Grenzübergang zu erreichen, schüttelte er den Kopf: »Hier ist Probe für die Parade zum Jahrestag der Oktoberrevolution, hier können Sie nicht durch, drehen Sie um, fahren Sie weiter!«

Es begann eine Irrfahrt durch das nächtlich abgesperrte Ost-Berlin, das uns an diesem Abend noch dunkler erschien als sonst. Erst Gluck von Masur, dann Schubert und Beethoven von Pollini und jetzt Panzer und Raketen von rechts und links. Wo immer wir versuchten, eine Hauptstraße zu überqueren, wurden wir von einem Leuchtstab der Volkspolizei daran gehindert und unfreundlich verscheucht. Nach endlosen Umwegen erreichten wir endlich um halb eins den Grenzübergang. Über die Straße war ein Gitter geschoben. Wir hielten davor und warteten.

Nichts passierte. Den Motor meines Autos hatte ich abgestellt, weil ich aus Erfahrung wusste, dass die DDR-Grenzer da keinen Spaß verstanden. Im Wagen wurde es langsam empfindlich kalt. Irgendwann kam ein Vopo aus seinem Häuschen und trat ans Fahrerfenster. Ich kurbelte die Scheibe herunter. »Wissen Sie, wie spät es ist?«, raunzte er mich an. – »Es tut uns leid, wir waren in der Oper und im Konzert. Es gab eine Verspätung, und danach war die Stadt überall gesperrt wegen der Probe zur Parade.« Er ließ sich unsere Pässe geben und blätterte darin. Ich zog meinen Trumpf. »Wir sind übrigens Gäste des Stellvertretenden Herrn Ministers für Kultur.« Der Trumpf stach nicht. »Sie wissen, dass Sie die Hauptstadt der DDR bis 24 Uhr zu verlassen haben.« – »Ja, aber, ich sagte Ihnen doch, wir sind als Gäste des Herrn Kultusministers in einem Konzert …« – »Dann dürfen Sie solche Konzerte eben nicht besuchen!« Damit ging er zurück in sein Häuschen. Die Pässe nahm er mit. Wir durften weiterfrieren, waren uns aber sicher, dass ein Telefonat des Grenzers die Angelegenheit umgehend aufklären würde. Weit gefehlt. Er ließ uns noch eine weitere halbe Stunde schmoren, die uns wie eine Ewigkeit vorkam, dann reichte er mir wortlos die Pässe zurück, schob das Gitter auf und herrschte mich an: »Fahren Sie weiter!«

In der »Paris Bar« wurde es dann noch sehr gemütlich – und sehr spät. Irgendwann entschieden Romi und Claudia, dass Loriot und ich uns schon so lange kennen würden, dass es geradezu lächerlich sei, sich immer noch zu siezen. Die beiden Damen duzten sich längst. Zögernd willigten wir in den Wunsch der beiden ein, wir hatten eh keine Chance. Vicco bestellte eine Flasche Champagner, und wir stellten uns offiziell einander vor: »Ich heiße Stefan« – »Ich heiße Vicco, Wohlsein.« Als Romi und Claudia zusammen kurz den Tisch verließen und außer Hörweite waren, atmeten wir erleichtert auf. Wir konnten uns gefahrlos heimlich wieder siezen.

Einige Tage später besuchten wir ein Studentencafé in der Charlottenburger Bleibtreustraße. Der kellnernde Student trat an unseren Tisch und fragte Loriot: »Und, was kann ich dir bringen?« Auch an diesem Ort des allgemeinen Du haben wir uns heimlich weitergesiezt.

Lange ließ sich das nicht durchhalten, aber der Übergang von der reizvoll distanzierten Siez-Freundschaft zur gewöhnlichen Duz-Freundschaft fiel uns doch schwer. Etwas erleichtert hat uns die Sache einer von Loriots unvermeidlichen Dauerscherzen. Beschrieb man einen Sachverhalt, zum Beispiel: »Als ich mir nach dem Spaziergang mit den Hunden meine Schuhe angesehen habe, ist mir aufgefallen, dass sie ganz schön eingesaut sind«, dann unterbrach er blitzschnell: »Du kannst ruhig ›Du‹ zu mir sagen!« Endlich konnte er den Scherz auch mit mir machen.

Hunde

»Man kann so viel lernen von Möpsen«
Emil & Paul (v. l. n. r.)

»Hunde sind sprichwörtlich – zum Beispiel: Ein Hund wäscht den anderen ... oder: Morgenhund hat Gold im Mund ... oder: Der Glückliche schlägt keine Hunde ... oder aber: Ich sei, gewährt mir die Bitte, bei euren Hunden der Dritte.« (»Loriots Kommentare«)

Neben einigen anderen Sketchen avancierte auch der obligatorische Zeichentrickfilm in »Loriot 4« zu einem Klassiker: »Bello, der sprechende Hund«. Loriots Kunst, dem Hund eine Stimme zu geben, habe ich weiter oben schon behandelt. Dass er sich so gut in Hunde einfühlen konnte, war das Ergebnis langjähriger professioneller und privater Studien, beginnend mit seinem Frühwerk »Auf den Hund gekommen«, verspielt erfinderisch weitergeführt mit »Hundnase« und »Schwanzhund« (in »Ödipussi«) und gipfelnd in seinem berühmtesten Ausspruch, ein Leben ohne Mops sei möglich, aber sinnlos.

Die tiefen Einblicke, die er in das Wesen unserer vierbeinigen Freunde gewonnen hatte, führten zwischenzeitlich sogar dazu, dass Loriot in der Maske eines Zeichentrickhundes zum Schlagerstar wurde. Wums Gesang »Ich wünsch' mir 'ne kleine Miezekatze« brachte seinem Autor und Sänger, wie schon erwähnt, eine Goldene Schallplatte ein und der »Aktion Sorgenkind« viel Geld. Meines Wissens hat der Opernfreund Loriot als Mensch nie gesungen, diesen Traum konnte er nur als Hund ausleben.

Der Verleger Gerd Haffmans, Loriots langjähriger Lektor, antwortete auf die Frage im FAZ-Fragebogen, wer oder was er hätte sein mögen: »Mops bei Bülows.« Loriot antwortete auf dieselbe Frage: »Mime, mein Mops« – das sagt alles. Und auf die Frage einer Interviewerin, ob man sich über Hunde lustig machen dürfe, antwortete Loriot 2008, die Würde der Tiere achtend, dass man das nicht generell beantworten könne. Man müsse sich immer fragen, ob der Hund absichtlich oder unfreiwillig komisch sei: »Das heißt, hat der Hund gewollt, dass man über ihn lacht?«

Die ersten beiden Möpse, die ich im Hause Bülow kennenlernte, waren zwei ältere englische Herren namens Henry und Gilbert. Der Bobtail Olaf war mir sympathisch, aber doch ein bisschen zu groß. Als kleiner Junge war ich von einem Schäferhund gebissen worden und hatte seitdem eine gewisse Scheu vor großen Hunden. Und doch rührte mich die Selbstverständlichkeit, mit der Bülows ihre Hunde als vollwertige Familienmitglieder ansahen.

Da wir bis zur Scheidung meiner Eltern auch Hunde hatten, waren die Tiere für mich ein Sinnbild für die heile Familie. Für Loriot waren sie mehr. Ich glaube, er hat in seinem Leben nie ohne Hund gelebt. Selbst als junger Soldat in Russland hatte er zeitweilig einen Hund – auch der Unglückliche schlug keine Hunde …

Das Leben mit Hunden diktierte große Teile des Tagesablaufs der Familie. »Seit Jahrzehnten bestimmen die Verdauungsrhythmen dreier Hunde das gesellschaftliche Leben der Familie. Sie zwingen uns, nach kulturell genutzter Freizeit hastig heimzukehren, nötigen zum Aufenthalt im Freien, nächtlich bei ungünstiger Witterung.« Genau so war es. Die Frage »Gehst du noch mit den Hunden?« führte allabendlich zu kleinen ehelichen Diskussionen (»Ich war gestern.« – »Dafür gehe ich morgen.« – »Morgen wollte ich eigentlich gehen …«), die sich sehr anregend auf die in den Sketchen gezeigten Gespräche zwischen Mann und Frau auswirkten. Übrigens ebenso wie die Frage, wer von den beiden am nächsten Morgen welches der drei Autos nehmen dürfe – alle vorzugsweise mit dem Kennzeichen »TÖL-PL«. Manchmal hatte ich den Eindruck, dass Bülows extra miteinander uneins waren, um Loriot zu inspirieren.

Mit den Möpsen fremdelte ich zunächst. Sie schienen mir hässlich, ihr Röcheln klang unschön, und ihre eingedrückten kurzen Nasen störten mich. Erst nach und nach lernte ich die Vorzüge dieser erstaunlichen Tiere kennen. Sie erwiesen sich als äußerst intelligent und durchsetzungsfähig. So gelang es schon der ersten Generation Bülow'scher Möpse, ihr Herrchen dahingehend zu erziehen, dass er sie allabendlich mit kleinen Köstlichkeiten vom Tisch versorgte.

Für diesen gelungenen Dressurakt bedankte sich Loriot später im Vorwort zu seinem Buch »Möpse & Menschen«: »Bei geeigneter Fortbildung und sinnvoller Tätigkeit erweist sich der Mops ohnehin dem Menschen überlegen. Beispielsweise ist er in der Lage, auf einem festlich gedeckten Tisch herumzu-

Der Mops
und sein Mensch

laufen, ohne etwas umzustoßen. Auch vermag er ein halbes Pfund entwendeter Markenbutter auf einen Sitz zu verzehren, ohne Schaden an seiner Gesundheit zu nehmen.«

Möpse haben immer Hunger. Selten habe ich mehr Erregung bei einem Lebewesen gesehen als bei Mops Mime kurz vor der Fütterung. Bülows frühere Haushälterin fasste diese außergewöhnliche Eigenschaft des Hundes in dem bemerkenswerten bayerischen Satz zusammen: »Geh, Mime, du bist scho a rechter Hungerkünstler …«

Mime war einer der beiden Möpse der zweiten Generation. Nachdem Henry (1966–1981) und Gilbert (1967–1980) das Zeitliche gesegnet hatten, wurde nach angemessener Trauerzeit Ersatz angeschafft. Die Namenssuche für die zwei Mopswelpen gestaltete sich kompliziert. Englische Hundenamen waren nicht mehr zeitgemäß, und die Anschaffung der beiden Tiere fiel in die Wochen um die Bayreuther Festspiele. Schnell kam man überein, dass die Möpse nach Figuren aus Wagner-Opern getauft werden sollten. Bei einer abendfüllenden, von gut gekühltem Weißwein begleiteten Diskussion im sommerlichen Gartenpavillon wurden alle Wagner-Figuren durchgegangen. Als Favoriten der albernen Familienrunde kristallisierten sich zunächst »Pogner« und »Kothner« heraus, zwei Meister aus den »Meistersingern von Nürnberg«, der reiche Goldschmied und Vater der jugendlichen Heldin Eva sowie der Bäckermeister, der durch seinen Satz »Der Sänger sitzt« für den sichersten Lacher in jeder »Meistersinger«-Aufführung sorgt.

Die Namen erschienen uns passend für Hunde, die ihr Hinterteil so demonstrativ zur Schau stellen, wie Möpse dies gerne tun. Einzig die Tatsache, dass, wenn man einen der beiden rufen würde, immer beide erscheinen würden, ließ den Pogner-Kothner-Plan scheitern.

Schließlich wurden es zwei Protagonisten aus dem »Ring«. Die Entscheidung war auf »Wotan« und »Mime« gefallen, den Göttervater und den Nibelungen-Zwerg und Bruder von Wotans Gegenspieler Alberich. War es Wotans Wut darüber, dass ein so niederes Tier wie ein Mops seinen heiligen Namen tragen sollte – Mops Wotan bekam kurz nach seiner göttlich-germanischen Taufe ein so heftiges Augenleiden, dass er auf einem Auge zu erblinden drohte. Dazu muss man wissen, dass Wotan einäugig ist. Loriot verstand den Wink des Gottes. »Wotan« wurde flugs in »Wutz« umgetauft und gesundete postwendend. »Wutz« und »Mime« ist, wie allen Hunden im Hause Bülow, ein langes Leben beschieden gewesen.

Als meine Töchter klein waren, waren sie Hunden gegenüber sehr ängstlich. Um ihnen die Scheu vor den Tieren abzugewöhnen, erwiesen sich Wutz und Mime als die perfekten Lehrmeister. Möglicherweise hatten die Kinder das Gefühl, ein Hund mit einer so kurzen Schnauze könne nicht zubeißen, jedenfalls nahm die Begegnung mit den Bülow'schen Möpsen meinen Töchtern endgültig jegliche Angst vor Hunden.

Die dritte Mops-Generation spiegelt wider, dass inzwischen einfache deutsche Vornamen in Mode gekommen waren. Die Möpse wurden »Paul« und »Emil« getauft. Paul ist inzwischen von uns gegangen, Emil erfreut sich zum Zeitpunkt der Niederschrift dieses Buches als älterer Herr einer stabilen Gesundheit.

Als Loriot'scher Mops genoss man gewisse Privilegien. Wenn Bülows von München nach Berlin flogen, wurde Emil, der sie regelmäßig in die Hauptstadt begleitete, nicht auf die Goldwaage gelegt. Auch wenn er das Höchstgewicht eines kabinentauglichen Schoßhundes manchmal leicht überschritt, durfte er doch in einer Tasche als Handgepäck mitgenommen werden. Emil ist meines Wissens auch der einzige Hund, dem es je erlaubt war, das Cockpit eines Flugzeugs zu betreten. Als Loriot und seine Frau bei einem ihrer Flüge vom Piloten nach vorn gebeten wurden, nahmen sie den Mops mit, ein auch für ihn vermutlich unvergessliches Erlebnis.

Am 26. Oktober 2007 gelang Emil dann der Sprung ins Fernsehen, obwohl die Frage »Sollen Hunde fernsehen?« schon im Mai 1967 in Loriots zweiter »Cartoon«-Sendung durchaus kritisch beantwortet wurde: »Es häufen sich die Fälle, in denen Hunde nach mehrstündigem abendlichen Fernsehen schlecht einschlafen, schwer träumen oder tagelang stottern.«

Es war einer der letzten Fernsehauftritte von Emils Herrchen in der Talkshow von Reinhold Beckmann. Den Nachmittag vor der Aufzeichnung verbrachten Bülows in einem Hamburger Luxushotel, zu dem Hunde unverständlicherweise keinen Zutritt hatten. Nun sind Möpse, wenn man Loriot glauben darf, keine Hunde im engeren Sinne, sondern Lebewesen höherer Ordnung. Ob das Hotel das aber auch so sah? Was tun?

Ich kam erst abends nach Hamburg, Bülows wollten sich nach der anstrengenden Autofahrt von Berlin ausruhen und den Mops niemandem sonst anvertrauen. Das Hotel andererseits wollte seine prominenten Stammgäste nicht vor den Kopf stoßen. Also nahm ein Angestellter des Hauses, während Frauchen und Herrchen durch die Lobby das Hotel betraten, Emil an die Leine und schmuggelte ihn mit Wissen der Direktion durch den rückwärtig gelegenen Wäschetrakt ins Haus, ohne dass ein anderer Gast sich durch die Anwesenheit des Mopses hätte gestört fühlen können. Unter strengsten Sicherheitsvorkehrungen wurde Emil auf der Etage in Loriots Zimmer geleitet. Als es abends zur Sendung ins Studio ging, musste Emil die clandestine Prozedur ein weiteres Mal über sich ergehen lassen, diesmal in umgekehrter Richtung.

Nach so vielen Jahren und so vielen Begegnungen mit Möpsen lag es nahe, sie auch im Film mit größeren Aufgaben zu betrauen. 2000 bekam ich die Anfrage, aus dem DDR-Kinderbuch-Klassiker »Detektiv Pinky« einen Kinofilm zu machen. In dem Film »Pinky und der Millionenmops« spielt der Mops eines Millionärs eine, ja die entscheidende Rolle. Der Mops wird vom Millionär zum Alleinerben seines Vermögens bestimmt und kurze Zeit später entführt. Ich zögerte keine Sekunde, nahm den Auftrag an und freute mich, endlich einmal einen Mops als Hauptdarsteller zu haben. Der trainierte Film-Mops hieß Oscar und machte seine Sache sehr gut.

Bei der Premiere des Films in Leipzig wurden das Team und die Hauptdarsteller auf die Bühne gebeten, darunter auch der von den Zuschauern frenetisch bejubelte Mops. Was keiner wusste, gestand mir anschließend die Hundetrainerin: Oscar war leider verhindert, er drehte gerade einen anderen Film und konnte nicht zur Premiere kommen. Deshalb hatte man kurzerhand entschieden, einen anderen Mops auf die Bühne zu bringen. Aufmerksame Zuschauer hätten es merken können, denn es handelte sich um eine Mops-Dame. Der Zufall wollte es, dass die junge Dame die leibliche Schwester von Loriots Emil war. Als ich Emil später davon erzählte, grunzte er zufrieden und bettelte weiter nach etwas Essbarem.

Der Verleih des Films plante, als Werbeaktion für »Pinky und der Millionenmops« eine Reihe von Mops-Karikaturen für einen karitativen Zweck zu versteigern. Die Auktion kam leider nie zustande, aber Loriot hatte schon, mit preußischer Disziplin, eine außergewöhnlich schöne Mopszeichnung angefertigt, die nun an ihn zurückging. Nachdem sie mehrere Jahre wohlverwahrt in einer Schublade geschlummert hatte, schenkte Loriot mir die Zeichnung 2007 zum Abschluss der Arbeit an unserer ersten DVD-Box.

In Loriots Familie spielten aber nicht nur Hunde eine Rolle. Es gab in Ammerland früher sogar zwei Esel, und von seinen Eltern erzählte Vicco gern eine Geschichte um deren Kater »Herrn Schulze«. Ausgefallene Namen für Haustiere hatten offenbar bei Bülows Tradition.

Loriots Mutter hatte seinen Vater nach einer Dienstreise vom Bahnhof abgeholt und fuhr mit ihm in der vollbesetzten Straßenbahn nachhause. Da der Vater etwas schwerhörig war, hatte die Mutter die Angewohnheit, sehr laut mit ihm zu sprechen, so dass alle Fahrgäste den Dialog mithören konnten. Der Vater fragte die Mutter: »Sag mal, was hast'n du gestern Abend noch so gemacht?« – »Och, ich hab erst noch ein bisschen gelesen und dann bin ich mit Herrn Schulze ins Bett gegangen.«

Loriot 5

Im Frühjahr 1978 wurde die fünfte Bremer Sendung produziert. Diesmal lagen Planung und Dreh dicht beieinander. Während der Vorbereitungszeit fand in Ammerland noch die Hochzeit von Tochter Susanne statt.

Soweit es die Hochzeitsvorbereitungen zuließen, zogen wir uns in Loriots Arbeitszimmer zurück. In den Flugzeug-Sketchen spielten Loriot und Evelyn Hamann zwei Rilke-Verehrer, die während des missglückten Flugzeugessens versuchten, sich gegenseitig im Deklamieren betont lyrischer Zeilen des Dichters zu überbieten. Dafür mussten passende Zitate gefunden werden. Loriot griff zu einem Rilke-Band, und die Reise begann.

Auch wenn am Ende die Komik im Kontrast von Essensgepansche und Lyrikexzessen liegen sollte, so waren wir doch an diesem Ammerländer Nachmittag Rilke sehr nahe. Wir lasen die großen Klassiker wieder, den »Panther«, den »Herbsttag«, und waren tief berührt von der Sprachkraft Rilkes. Ich glaube, an diesem Tag haben wir nicht einmal Musik gehört. Entschädigt wurden wir mit einem wunderbaren Frühlingstag im Lichte von Rilkes bewegenden Gedichten.

Auf der Suche waren wir aber nach etwas anderem. Wir wollten ja nicht Rilke der Lächerlichkeit preisgeben, sondern die Lyrikbesessenen, die nicht einmal beim Essen im Flugzeug von ihrem Idol lassen können und versuchen, die Schweinereien auf ihrem Schoß dadurch zu ignorieren, dass sie sich

134

unbeirrt in dichterische Höhen träumen. Zugegebenermaßen gibt es eben auch bei Rilke Stellen, die, aus dem Zusammenhang gerissen und mit zerplatzenden Saftbechern garniert, der unfreiwilligen Komik nicht entbehren. Auf diese Stellen hatten wir es abgesehen. Und wir fanden sie: »Einsam steigt er dahin, in die Berge des Urleids, und nicht einmal sein Schritt klingt aus dem tonlosen Los.«

In einem echten Flugzeug zu drehen ist schwierig, in einem echten Flugzeug eine Essensorgie zu veranstalten unmöglich. Da wir in der Sendung drei Sketche von insgesamt knapp acht Minuten hatten, gestattete der Sender zähneknirschend den Bau einer Flugzeugattrappe im Studio.

So waren die Dreharbeiten die reine Freude. Die Essensschweinereien glückten vorzüglich, wir kamen gut voran. Schwierig wurde es nur, als Heinz Meier (»Kalle und Bolzmeier«, der Sitznachbar aus Kassel) eine Bierdose öffnete und das Bier aus der Öffnung herausspritzen sollte. Wir starteten die Kamera, Heinz Meier riss die Dose auf, aber außer einem leisen Zischen passierte nichts. Der klassische Vorführeffekt, Murphy's Law. Wenn man nicht will, dass es schäumt, explodieren die Dosen förmlich, wenn man den Schaum einmal braucht, verhalten sie sich übertrieben wohlerzogen. Das Problem war, dass die Requisite mit Rücksicht auf das Wohl unseres Schauspielers das Bier vorher im Eisschrank gekühlt hatte: »Warmes Bier schmeckt doch nicht.« Kaltes Bier sprudelt aber nicht. Was tun? In der Hoffnung, dass sie sich schnell erwärmen würden, legten wir die eisgekühlten Dosen auf unsere heißen Scheinwerfer. Fehlanzeige. Schließlich nahm ich zwei schon leicht erwärmte Dosen und knallte sie kurz vor der Aufnahme mehrfach heftig aneinander. Als Heinz Meier dann bei laufender Kamera seine Dose aufriss, schoss aus ihr ein fingerdicker schnurgerader Strahl heraus, der etwa zwei Meter hoch durch die offene Decke der Flugzeugatrappe ins Studio spritzte. Glücklicherweise behielten alle die Nerven, niemand lachte los, nicht einmal Heinz Meier. Ich bewundere ihn noch heute für seine Disziplin. Er rettete den Take, der so im Schnitt verwendet werden konnte.

Probe in unserem Flugzeugmodell

In »Loriot 5« gab es wieder Außenaufnahmen, und es gab wieder die geliebte »Karl-Malden-Nase« – im Sketch »Feuergeben«. Loriot spielt darin einen Mann, der auf der Suche nach seinen Streichhölzern dem ungeduldig wartenden Raucher Heinz Meier seine komplette Lebensgeschichte erzählt. Wir drehten Anfang April, der Tag war ungewöhnlich kalt. Je länger wir an der frischen Luft waren, desto röter wurde Loriots Gesicht. Die angeklebte Nase hingegen behielt mangels Durchblutung eine normale Gesichtsfarbe. Sie musste mehrfach rötlich nachgeschminkt werden, damit sie noch zu ihrem Träger passte.

Loriot spielte in diesem Sketch für einen kurzen Moment eine Doppelrolle, also brauchten wir ein Double. Das »Feuergeben« fand vor dem Eingang eines Restaurants statt, in dessen Innerem ein Gast (ebenfalls Loriot) währenddessen mit den Tücken einer zu heftig umwickelten Fleischroulade kämpft.

Am Ende des ersten Teils des Doppelsketches betritt der Gast das Restaurant, und die beiden Herren auf der Straße schauen ihm hinterher.

Für den kurzen Moment, in dem der Gast an den beiden vorbeigeht, in dem Loriot also doppelt im Bild sein musste, hatten wir uns ausgedacht, dass der Feuergeber, Loriot, sich von der Kamera wegdreht und seinem Gegenüber Meier mit der linken Hand auf der Schulter andeutet, wo ihn diese schmerze.

Wir filmten Loriot von vorn, er drehte sich weg und legte seine Hand auf die Schulter. Als die Aufnahme im Kasten war, ging er in Maske und Kostüm, um sich als Rouladengast umzuziehen. Ich wollte inzwischen das Double, das ja nur von hinten zu sehen war, in seine Bewegung einweisen. Der Komparse im Kostüm des Feuergebers wurde ans Set gebracht. Die Größe stimmte, die grauen Haare waren ähnlich, mit Mantel und Hut sah er von hinten aus wie Loriot. Ich bat ihn, sich nach unten zu bücken und seine linke Hand auf seine rechte Schulter zu legen. Er zögerte etwas, und ich wiederholte meine Bitte. Widerstrebend folgte er der Aufforderung, beugte sich vor und legte eine lederbezogene dunkelbraune Prothese auf seine rechte Schulter. Die Situation war für alle in hohem Maße peinlich. Man hatte den Komparsen nach Loriots Größe und Haarfarbe ausgesucht und war davon ausgegangen, dass nur sein Oberkörper von hinten zu sehen sein müsse. Dass der ältere Herr im Krieg seine linke Hand eingebüßt hatte, war niemandem aufgefallen.

Es lag nun an mir, dem armen Mann klarzumachen, dass wir die Szene mit ihm nicht würden drehen können. Den Schuss auf Loriot von vorn konnten wir ohne Hand auf der Schulter nicht wiederholen, weil ihm seine künstliche Nase bereits abgenommen worden war. Wir zahlten den Komparsen aus und schickten ihn nach Hause. Weil es empfindlich kalt war, war er nicht unglücklich. Dann suchte ich ein Team-mitglied aus, das etwa Loriots Größe hatte. Seine Haare wur-den schnell grau angesprüht, Mantel und Hut aufgesetzt und die Szene mit dem inzwischen zum Restaurantgast umgezo-genen Loriot gedreht. Die linke Hand des Ersatzdoubles war dann allerdings in der geschnittenen Fassung auch nicht im Bild zu sehen.

Ein weiterer Außendreh war der Sketch »Parkgebühren«. Ur-sprünglich wollte Loriot selbst den Polizisten spielen, der zwei identische Autos an nebeneinanderstehenden Parkuhren ver-wechselt und dadurch ein unbeschreibliches Chaos anrichtet. Die Idee basierte auf einer Begebenheit, die tatsächlich pas-siert war und die uns Heiner Schmidt, neben Heinz Meier der zweite ständige männliche Loriot-Partner, erzählt hatte. Lo-riot hatte sich für den Polizisten, der während der Szene lang-sam wahnsinnig wird, einen bürokratisch-dadaistischen Un-sinnstext allererster Güte ausgedacht.

Nun bedeutet die Tatsache, dass man etwas geschrieben hat, noch lange nicht, dass man es auch auswendig kann. Am Abend vor dem Parkuhr-Dreh, es war nach dem Studiodreh im Flugzeug, saßen Loriot und ich im Hotel zusammen. Er bat mich, ihn abzuhören, und legte los: »Es war so: Ich habe eine Münze in den Münzeinwurf … nee, in den für den Münzeinwurf der Parkuhr …« Ich unterbrach ihn und korri-gierte: »Falsch, es heißt: ›Es war so: Ich habe eine Münze in den für den Münzeinwurf bestimmten Münzeinwurf einge-worfen, in den er ordnungsgemäß keine Parkmünze eingewor-fen hatte, da er in den für den Münzeinwurf bestimmten Münzeinwurf der anderen Parkuhr ordnungsgemäß eine Münze eingeworfen hatte.‹«

Nach mehreren vergeblichen Versuchen, den komplizier-ten Text richtig zu lernen, lehnte Loriot sich verzweifelt zu-rück. Der Gedanke, dass ein komplettes Filmteam in einer Bremer Straße steht und er mit seinem Text kämpft, war ihm ein Graus. Dabei hatten wir den Dialog aus Gründen des schauspielerischen Mitgefühls ohnehin schon kräftig eingestrichen.

Was sollten wir machen? Umbesetzen? Die Schauspieler waren alle engagiert, über Nacht war es ausgeschlossen, einen Ersatz für Loriot zu finden. Und man konnte die schwierige Rolle ja nicht irgendwem anbieten. Es musste schon jemand sehr Gutes sein.

Die rettende Idee kam uns, als wir überlegten, dass es sich ja ebenso gut um eine Politesse handeln könnte, wie sie seit einigen Jahren in Deutschland ihren Dienst taten. Ein Anruf bei Evelyn, ob sie morgen schon etwas vorhätte, erlöste uns. Wir schickten ihr die Drehbuchseiten per Taxi und beteten, dass es ihr gelingen würde, die komplizierten Wortkaskaden bis zum nächsten Morgen einzupauken. Dem Produktionsleiter des Senders verkauften wir die mit Kosten verbundene Umbesetzung als dramaturgisch-künstlerische Notwendigkeit – nur unser Redakteur war in die wahren Umstände eingeweiht.

Gespannt kamen wir morgens ans Set. Für die meisten im Team war es eine Überraschung, dass Loriot als Regisseur in seinem üblichen Trenchcoat erschien. Alle hatten ihn in Polizei-Uniform erwartet. Stattdessen bog Evelyn im strengen Outfit der Politesse um die Ecke. Kostüm- und Maskenabteilung hatten in einer frühmorgendlichen Feuerwehraktion die passenden Teile für sie besorgt.

Evelyn machte ihre Sache großartig. Wir waren überzeugt, dass sie die bessere Wahl gewesen war.

Welch herausragende Position Evelyn inzwischen im Ensemble einnahm, beweist auch die Tatsache, dass sie und Vicco in »Loriot 5« teilweise zu zweit moderierten und Evelyn dafür den gleichen Tweedanzug wie Loriot angepasst bekam. Der schlüpfte im Gegenzug in ein Kleid, soweit ich weiß, die einzige Travestie meines Freundes.

Männer …

Loriot wohnte gerne in Hotels. Dennoch vermisste er nach einiger Zeit auch sein Zuhause in Ammerland. Die sich täglich wiederholenden Routinen und die Hotelzimmer, deren Einrichtungen sich auf jedem Stockwerk wiederholten, fand er in gewisser Weise trostlos, sie inspirierten ihn aber immerhin zu dem legendären Zeichentrickfilm »Herren im Bad«, der in drei Portionen auf die Sendung verteilt wurde. Für viele ist dies der Höhepunkt seines Trickfilmschaffens.

Als 2008 Gunnar Möller und Christiane Hammacher die »Herren im Bad« im Berliner Schillertheater live in ihrem Loriot-Programm zeigten, fragten wir uns, wie sie wohl mit dem Problem der Nacktheit von Herrn Dr. Klöbner und Herrn Müller-Lüdenscheidt umgehen würden. Sie hatten eine sehr überzeugende Lösung parat. Der Sketch wurde als Schattenspiel aufgeführt und funktionierte so auch auf der Bühne perfekt.

Einer meiner persönlichen Lieblingssätze aus allen Loriot-Sketchen stammt aus »Mutters Klavier«. Es ist die aufmunternde Mitteilung des Vaters an die schwitzenden Klaviertransporteure, die immer wieder mit dem schweren Instrument die

und Frauen

Wohnung betreten sollen: »Entschuldigen Sie, dass wir Sie noch mal bemühen müssen, aber für Sie ist es doch auch mal was anderes, gell …« Die Schauspieler mussten während des Drehs freilich nicht wirklich schuften, das schöne alte Klavier war für die Aufnahmen ausgehöhlt und von seinem schweren gusseisernen Rahmen und den Saiten befreit worden.

In »Mutters Klavier« spielte auch ein junger Mann mit, der in den beiden letzten Bremer Sendungen häufiger zu sehen war – Rudolf Kowalski. Rudolf, damals ein unbekannter Schauspieler, war zusammen mit Evelyn am Bremer Theater engagiert und trat mit ihr im kleinen Haus in der Böttcherstraße in der ersten Inszenierung der später so berühmten Regisseurin Andrea Breth auf – »Die Kleinbürgerhochzeit« von Bertolt Brecht. Als wir auf der Suche nach einem jungen Darsteller für den Klavier-Sketch waren, schlug Evelyn uns vor, die Vorstellung zu besuchen.

Der komödiantische Einakter spielt an einer langen Tafel, an der eine Hochzeitsgesellschaft immer betrunkener wird. Eine der kleinsten Rollen im Stück ist der »junge Mann«, der bis auf eine peinliche kurze Rede nur gefühlte fünf Sätze zu sagen hat. Evelyn spielte die Mutter, den jungen Mann gab Rudolf Kowalski. Die Inszenierung war stark auf die Mitte der die ganze Bühne füllenden Tafel ausgerichtet, wo Evelyn thronte.

Ganz links, am Fuß der Tafel, saß Kowalski und spielte einen verklemmten, unsicheren Jüngling, wie er sich komischer kaum denken lässt. Seine Versuche, mit den anderen ins Gespräch zu kommen, sich bemerkbar zu machen, waren von so virtuoser Kläglichkeit, dass Loriot und ich das Stück bald gar nicht mehr wahrnahmen, sondern nur noch auf Rudolf schauten. Die schauspielerische Phantasie, mit der er die langen Pausen zwischen seinen wenigen Dialogsätzen füllte, war auffällig. Er fing an, mit einer kugelrunden geschälten Kartoffel zu spielen, die ihm scheinbar versehentlich vom Tisch fiel und die er vom Boden wieder aufhob, peinlich darauf achtend, dass ihn niemand bei seiner Ungeschicklichkeit beobachtete. Das Requisitenspiel war organisch und natürlich, dabei aber so komisch, dass der junge Kollege in »Loriot 5« gleich zwei Rollen bekam. Den Autobesitzer in »Parkgebühren« und den Sohn in »Mutters Klavier«, dem die unglückliche Aufgabe zukommt, die Videokamera zu bedienen, wenn seine Familie gelangweilt »Ein Klavier, ein Klavier!« skandiert. Was Rudolf mit der Kartoffel bei der »Kleinbürgerhochzeit« veranstaltet hatte, machte er bei uns mit der auf dem Stativ zu locker aufgeschraubten Kamera. Er gefiel Loriot so gut, dass er auch in der sechsten Bremer Sendung wieder mit von der Partie war.

☞ **GEGENSCHUSS RUDOLF KOWALSKI** ☜

»Das ist der Kabeljau!« – So beginnt das Stück. Und schon damals habe ich es gehasst, auf der Bühne zu essen; Bühnenmahlzeiten sind lauwarm, niemand weiß, wer in der Gasse schon barhändig daran genascht hat, es schmeckt abscheulich und stört beim Sprechen, und Fisch mochte ich schon gar nicht.

Also gab ich meiner Figur einen beflissenen Appetit, einen verkrampfenden Ehrgeiz, gute Manieren zu zeigen, und die Unfähigkeit, mit Messer und Gabel umzugehen: immer vor seinem ersten Bissen wurde abgeräumt für den nächsten Gang.

Eine Essvermeidungstechnik bestand darin, eine Kartoffel so mit der Gabel zu drücken, dass sie in die Luft hopste und neben dem Teller bzw. auf dem Fußboden landete. Eine fliegende Kartoffel hat mir die Tür zu Loriots Welt geöffnet: Wunderbar! Danke, Kartoffel.

Intermezzo

Nach Beendigung meines Studiums an der dffb war ich im Sommer 1978 auf der Suche nach einem Stoff für einen Spielfilm. Meine Sehnsucht nach Kinofilmen hatte auch Auswirkungen auf »Loriot 6«. Sowohl unser Redakteur Jürgen Breest als auch ich bestärkten Loriot darin, die einzelnen Sketche stärker miteinander zu verschränken und der Sendung damit den Charakter einer durchgehenden Handlung zu geben. Im Prinzip war »Loriot 6« schon ein Schritt zu Loriots erstem Kinofilm, der aber erst sehr viel später, im Jahr 1988, folgen sollte.

Ich war mir darüber im Klaren, dass meine Zusammenarbeit mit Loriot, bei aller gegenseitigen Zuneigung, irgendwann ein Ende haben musste. Ich wollte meine eigenen Filme machen und nicht als ewige rechte Hand des Meisters durchs Leben gehen. Die Ablösung war nicht leicht, denn durch meine vielen Aufenthalte in Ammerland – meine Freundin wohnte um die Ecke – war ich am Starnberger See inzwischen fast heimisch geworden.

In meiner Familie in Berlin ging es heftig zu. Die Krankheit meines Bruders verschlimmerte sich, er musste mehrfach in die geschlossene Psychiatrie eingewiesen werden. Mein Vater war mit der Situation überfordert, und für mich wurde es immer wichtiger, dass ich in Bülows Menschen gefunden hatte, die mich auffingen und aufbauten.

Im Juni nahmen mich Vicco und Romi auf einen Kurztrip nach Venedig mit. Es war eine unbeschreiblich schöne Zeit.

Wir wohnten im Hotel »Danieli«, in dem schon meine Großeltern Schack (der Regimentskamerad des alten Bülow) auf ihrer Hochzeitsreise abgestiegen waren. Von meinem Zimmer aus konnte ich auf einen kleinen Seitenkanal sehen. Als ich morgens sehr früh von einem Geräusch geweckt wurde, sah ich aus dem Fenster. Tief unter mir nahm ein kleines Müllschiff den Abfall des Hotels auf. Ich fühlte mich wie in Lubitschs »Trouble in Paradise«, wo gleich zu Beginn eine Müllgondel durchs Bild fährt.

Loriot in Venedig – auf
der Piazza San Marco,
mit Zeitung
und mit Romi

Der Zauber Venedigs konkurrierte mit der Fußball-WM in Argentinien. Am Tag der »Schmach von Córdoba« (Österreich schlug Deutschland 3:2, Deutschland musste nach Hause fahren, dafür war Italien weiter) flogen wir nach Venedig. Nachdem Deutschland aus dem Turnier ausgeschieden war, hielten wir zu Italien. Während Italien gegen Brasilien um Platz drei spielte, schlenderten wir durch die menschenleere Stadt. »Public Viewing« gab es noch nicht, aber in jeder Bar stand ein kleiner Fernseher. Wir guckten immer wieder durch die Schaufensterscheiben nach innen und genossen ansonsten die selbst von Touristen leergefegten Straßen und Gassen.

Am ersten Abend gingen wir in das berühmte Restaurant »La Colomba«, berühmt deshalb, weil schon der Vater des damaligen Inhabers gern Künstler bewirtete, die ihm dann, statt die Zeche zu zahlen, ein Bild daließen. Reproduktionen der Kunstwerke wurden auf die Rückseiten der Speisekarten gedruckt. Nachdem wir schwarze Tintenfisch-Spaghetti genossen hatten, fragte Vicco den Wirt nach den Originalbildern. Der Chef der »Colomba« war stolz, uns seine Privatsammlung zu zeigen. Über eine enge Treppe führte er uns in seine Wohnung über dem Restaurant, in der die Bilder, allesamt Klassiker der Moderne, hingen – ein veritables Museum. Im Schlafzimmer schaute ein Selbstporträt vom großen italienischen Surrealisten Giorgio de Chirico ernst und prüfend auf das Ehebett gegenüber.

Die vier Tage begannen jeweils mit dem Frühstück auf der Dachterrasse des »Danieli« mit dem vielleicht schönsten Blick der Welt und waren angefüllt mit der ausführlichen Erkundung der Serenissima und ihrer Umgebung: Ghetto Nuovo, Palazzo Vendramin (wo Wagner starb), Burano mit seinen bunten Häusern, Caffè Florian, Scuola di San Giorgio degli Schiavoni, Harry's Bar, Dogenpalast, Basilica di San Marco und Campanile, Lido mit den alten Hotels »Des Bains« und »Excelsior«, San Zanipolo, Frari-Kirche und vieles mehr.

Schließlich wandelten wir noch auf den Spuren Hemingways, der längere Zeit in der »Locanda Cipriani« auf Venedigs Nachbarinsel Torcello gelebt hatte und dort »Across the River and Into the Trees« schrieb. Im Restaurant des bewusst einfachen Luxushotels in Form eines alten Gasthofs gab es kleine

Zucchini, die im eigenen Garten angebaut und lauwarm mit Olivenöl und Zitrone serviert wurden. Die Erinnerung an ihren Geschmack habe ich bis heute auf der Zunge.

Zum Abschluss gingen wir ins alte Teatro La Fenice, lange vor dem verheerenden Brand von 1996, und sahen »Les Martyrs« von Donizetti. Die Aufführung riss uns nur wenig mit, aber in einem der prunkvollsten Opernhäuser Italiens zu sitzen war allein ein Erlebnis. Ein Detail der Aufführung ist mir noch lebhaft in Erinnerung. Das Orchester schien unterbesetzt zu sein, deshalb wechselte ein Musiker unablässig sein Instrument. Mal strich er den Kontrabass, mal blies er Posaune. Ob dieses ungewöhnliche Verfahren Loriot wohl später zu seinem Ehegespräch »Geigen und Trompeten« inspiriert hat?

Mittags in der »Locanda Montin«

Loriot 6

Direkt nach unser Rückkehr aus Venedig erreichte uns ein Brief des Bremer Programmdirektors Dieter Ertel an alle Mitwirkenden der letzten Sendung: »Auf der heutigen Schaltkonferenz der Programmdirektoren wurde unserer Sendung ›Loriot 5‹ großes Lob gespendet. Die Kollegen sprachen von einer ›wunderbaren Sendung‹, die einen ›Freudentaumel‹ ausgelöst habe. Selten oder nie hat die Programmkonferenz ihre Anerkennung zu einer Sendung so enthusiastisch formuliert wie in diesem Fall.« Nach so viel Lob machten wir uns bester Stimmung an »Loriot 6«.

Da die Musik außerhalb unserer Arbeit eine so große Rolle spielte, lag es nahe, sie auch in mehreren Konzertsaal-Sketchen in den Fokus zu rücken. Für den Eröffnungssketch der sechsten Sendung, das »Salamo-Konzert«, und für das »Flötenkonzert« wurde im Atelier ein kompletter Konzertsaal aufgebaut samt Bühne mit Konzertflügel und vollbesetztem Zuschauerraum. Es war dies einer der teuersten Drehtage aller unserer Sendungen.

Im »Salamo-Konzert« ging es um die kläglichen Versuche des Gewinners eines Preisausschreibens, aus unzusammenhängenden Silben einen Werbespruch für »Salamo Bratfett« zusammenzusetzen: »Oh – mo – ne – la – Sa – mit – los – Fett – brat … oder so ähnlich.« Die Preise Nummer 50 bis 100 waren je eine Eintrittskarte für eine kulturelle Veranstaltung.

Wir suchten nach einem Klavierstück, das einerseits vom Geschehen im Zuschauerraum nicht ablenken durfte, andererseits aber auch der dramatischen Steigerung gegen Ende des

Sketches kompositorisch Rechnung trug. Zudem musste das Stück exakt auf die Länge des Sketches getimet sein.

Sowohl Loriot als auch ich scheuten uns, ein Werk von Schubert, Beethoven oder Brahms so zu verstümmeln, dass es zeitlich passte. Meine diesbezügliche Empfindlichkeit vergällt mir bis heute so manchen Film, in dem Regisseure völlig ungeniert die großen Klassiker verhunzen. Wir probierten viele Musiken am Schneidetisch aus, aber nichts wollte passen. Der einzige Ausweg war, ein eigenes Stück aufzunehmen.

So begaben wir uns, mit Loriots »Nagra«, einem professionellen Tonbandgerät, bewaffnet, zu seinen Freunden Johano Strasser und Franziska Sperr, bei denen zuhause ein gut gestimmter Flügel stand. Ich setzte mich mit einer Stoppuhr an das Instrument und begann zu improvisieren. Da ich den Ablauf des Sketches genau im Kopf hatte, wusste ich, an welchen Stellen die Musik dahinplätschern musste und wo ein Akzent vonnöten war. Wir nahmen mehrere Takes auf und legten die improvisierte Musik am Schneidetisch an. Nach einigen Musikschnitten, in diesem Fall war das ja erlaubt, passte es.

Der Pianist, der auf der Bühne unseres Auditoriums zu meiner Musik pantomimisch die Finger bewegte, war – wer sonst – Herr Pannek. Es war das einzige Mal in seinem Leben, dass er im Frack an einem Konzertflügel saß.

Da der Sender nun schon mal einen mit Komparsen voll besetzten Konzertsaal spendiert hatte, hatte sich Loriot noch einen weiteren Sketch, das »Flötenkonzert«, ausgedacht, in dem die Zuschauer kurz vor Beginn des Konzerts auf freigebliebene bessere Plätze nachrücken und so unter den Blicken des Flötisten (Loriot), der von der Bühne aus mit zunehmender Fassungslosigkeit zuschaut, ein großes Durcheinander auslösen. Als sich alle umgesetzt haben, kommen die Inhaber der guten Plätze verspätet hinzu. Alle müssen auf ihre alten Plätze zurück, das Chaos ist perfekt. Die Idee dafür ist Loriot in Elmau gekommen, wo ihm für ein Kammerkonzert zwei

Stühle in der ersten Reihe freigehalten worden waren, er aber lieber in seinem Zimmer arbeiten wollte. Hätte er es sich kurzfristig anders überlegt, wäre an dem Abend womöglich eine ähnliche Havarie passiert.

Geplant war, beide Konzertsketche in die letzte Sendung einzubauen, aber die Familiensaga um die Hoppenstedts erwies sich als so stark, dass zwei Hoppenstedt-lose Konzertsketche unsere Zuschauer zu sehr vom roten Faden der Sendung abgelenkt hätten, außerdem waren wir zu lang. Schweren Herzens wurde der Flötenkonzert-Sketch aus der Sendung geschmissen. Er ruhte fünf lange Jahre im Archiv von Radio Bremen, bis er anlässlich von Loriots 60. Geburtstag seine verspätete Uraufführung erlebte.

Bei der Dame, die Evelyn Hamann in den beiden Konzertsaal-Szenen spielt, handelt es sich tatsächlich nicht um Frau Hoppenstedt. Und Heinz Meier (mit Vollbart), der eine Reihe vor der Dame sitzt, ist nicht Herr Hoppenstedt. Dem Ehepaar Hoppenstedt begegnen wir zum ersten Mal im darauffolgenden Sketch, der »Jodelschule«.

Es fällt schwer, beim mehrfachen Aufsagen des »Holleri du dödl di« in der »Jodelschule« nicht auf die Schauspieler zu achten, sondern sich einmal die Dekoration genauer anzusehen. Als Loriot und ich den Studiobau des Klassenzimmers sahen, fielen uns sofort die medizinischen Darstellungen des menschlichen Kehlkopfes ins Auge, und wir dachten beide dasselbe. Es sah ziemlich unanständig aus. Nach kurzer Überlegung entschied Loriot aber, dass die Bilder hängen bleiben sollten. Sie nahmen sich neben einem Bild des damaligen bayerischen Ministerpräsidenten Strauß und dem des Bundespräsidenten Scheel doch recht hübsch aus. Jedem wahren Loriot-Kenner sind sie allerdings ein Hinweis auf die Vorliebe des Meisters für versteckte Zweideutigkeiten. Gerade »Loriot 6« ist voll davon.

Als Opa Hoppenstedt ein Weihnachtsgeschenk für sein Enkelkind einkauft, dessen Geschlecht er nicht kennt, geht es um die Frage, ob es denn auch ein Zipfelchen habe; im Restaurant streitet man über den letzten Kosakenzipfel, und am Heiligen Abend sieht Opa sich im Fernsehen den (für »Loriot 6« neu gezeichneten) Trickfilm über den sehr vielseitig verwendbaren »Familienbenutzer« an. Der Gipfel jedoch ist Frau Hoppenstedts unter Alkoholeinfluss (»Oberföhringer Vogelspinne« und »Hupfheimer Jungferngärtchen«) missverstandener Saugblaser-Werbespruch: »Es saugt und bläst der Heinzelmann, wo Mutti sonst nur blasen kann!«

Seltsamerweise hat nie ein Kritiker auf die ziemlich eindeutigen Zweideutigkeiten Loriots hingewiesen. Er galt immer als das Musterbeispiel des eben nicht schlüpfrigen Humors, weil seine Späße so seriös daherkamen.

Loriot zu einem Mann ohne Unterleib machen zu wollen täte ihm unrecht. Gewiss, er verabscheute krachend vorgetragene Herrenwitze, aber er liebte zum Beispiel den Spruch »… sagte die Prinzessin zum Matrosen«, der ihm zufolge von alten UFA-Beleuchtern stammte. Das funktionierte dann so: Der eine Beleuchter rief seinem Kollegen, der am Scheinwerfer das Licht reduzieren sollte, zu: »Steck mal noch'n Tüll rein!« – »… sagte die Prinzessin zum Matrosen«, antwortete dann der Kollege.

Neben dem »Du kannst ruhig ›du‹ zu mir sagen«, das ja seinem Dauerthema Duzen und Siezen entsprang, war der Ufa-Spruch einer seiner ständigen Begleiter. Und Loriot war nicht der Einzige, der diesen offensichtlich international verbreiteten Scherz liebte. Vom großen Alfred Hitchcock gibt es, versteckt in den Extras der DVD zu »Blackmail« (»Erpressung«, 1929), die Aufnahme eines Tontests mit Anny Ondra, in der Hitchcock die Ondra vor dem Mikrofon postiert und grinsend zu ihr sagt: »Come here, stand in your place. otherwise it will not come out right, as the girl said to the soldier.«

Warum wir bei dieser Sendung so wenig im Studio gedreht haben – es waren nur das Salamo-Konzert, die Jodelschule und das Spielwarengeschäft –, ist nicht mehr festzustellen. Wahrscheinlich war das Studio für den vorgesehenen Zeitraum von Rudi Carrell und seiner Show »Am laufenden Band« belegt. Der Vorteil des Drehs an Originalschauplätzen war zwar eine größere Authentizität der Dekorationen, der Nachteil hingegen die Notwendigkeit, auf 16mm-Umkehrfilm (dem für die aktuelle Berichterstattung) zu drehen, der den Studiokameras qualitativ deutlich unterlegen war.

Nach dem Dreh der Studiosketche wurde zunächst in Ammerland mit unserer bewährten Offline-Technik geschnitten. Als wir zurück nach Bremen fuhren, beschlossen wir, nicht den mühsamen Umweg mit dem Flieger von München über Hamburg zu wählen – Bremen wurde nicht direkt angeflogen –, sondern einen kleinen Ausflug in das von Loriot so sehr geschätzte 19. Jahrhundert zu unternehmen.

Wir fuhren mit der Bahn, und zwar in zwei nebeneinanderliegenden Schlafwagenabteilen, sogenannten »Singles«. Der Preis entsprach etwa dem von zwei Flugtickets, aber das Vergnügen war deutlich größer. Die beiden Abteile hatten eine zusammenschiebbare Zwischenwand. Nachdem der Zug den Münchner Hauptbahnhof gegen 19 Uhr verlassen hatte, ließ Loriot den Schlafwagenschaffner kommen und bat ihn, die Faltwand zwischen den Abteilen zu öffnen, was der Mann mit der Aussicht auf ein anständiges Trinkgeld gern tat. Vermutlich hielt er uns für ein schwules Pärchen.

Durch die Zusammenlegung der Abteile hatten wir einen regelrechten kleinen Salonwagen. Wir ließen uns etwas zu essen und zu trinken servieren, ein Tisch wurde aufgebaut, es war wie eine Reise in längst vergangene Zeiten. Nachdem wir noch ein wenig gearbeitet und geplaudert hatten, ließen wir den Schaffner erneut kommen, um ihn zu bitten, die Zwischenwand wieder zu schließen. Sein verwunderter Blick sprach Bände. Wir hatten mit unserer Vermutung wohl recht.

Am nächsten Morgen kamen wir ausgeschlafen und gut gelaunt in Bremen an. Das Schöne an dieser Fahrt war, dass wir sie beide eher als ironische Live-Inszenierung empfunden haben, denn als ernstzunehmenden Luxus. Ja, selbst die Anreisen zur Arbeit waren mit Vicco ein Vergnügen. Zu unserem Studiodreh waren wir vier Wochen zuvor über Hamburg geflogen und sahen dort in der Staatsoper eine herrlich lebendige »Così fan tutte«-Inszenierung vom späteren Intendanten der Deutschen Oper Berlin, Götz Friedrich.

Nach den zwei Kurzauftritten in »Loriot 5« sollte Rudolf Kowalski in »Loriot 6« endlich seinen großen Auftritt bekommen. Er spielte Herrn Jürgens, seines Zeichens Saugblaservertreter, der Frau Hoppenstedt in ihrer Wohnung heimsucht, um ihr das Gerät schmackhaft zu machen. Am Tag vor dem Dreh bekamen wir einen Anruf von Rudolf, dass er sich den Arm gebrochen habe. Wir müssten umbesetzen. Die Telefone liefen heiß: Wie schlimm war der Armbruch? Konnte man den Arm so eingipsen, dass der Gips unter dem Ärmel nicht sichtbar war? Was passierte mit dem Sketch »Vertreterkonferenz«, der zwei Wochen später im Konferenzsaal der Saugblaserfabrik gedreht werden sollte? Wer konnte die Rolle übernehmen? Die letzte Frage war schnell beantwortet. Rudolf Kowalski sollte unter allen Umständen die Rolle spielen, Loriot wollte nur ihn.

Wir saßen im Hotel und suchten verzweifelt nach einer Lösung. Ich weiß nicht mehr, wer von uns die Idee hatte, Kowalski die Rolle des Vertreters Jürgens mit Gipsarm spielen zu lassen, und den Saugblaser »mit dem Arm in der Binde als bedienungsfreundliches Einhandgerät« anzupreisen. Es war wohl eine Gemeinschaftsarbeit: der Gipsarm als Verkaufstrick. Aber da war ja auch noch der zweite Sketch, in dem Herr Jürgens, während er eine Vertreterkonferenz leitet, kurz mit seiner Gattin zuhause telefoniert, damit sie ihm wichtige Unterlagen heraussucht. Dabei drückt er versehentlich auf einen Knopf an der Telefonanlage und stellt seine Frau auf Lautsprecher, ausgerechnet in dem Moment, als sie seine versammelten Saugblaser-Kollegen verbal zur Schnecke macht.

Wieder liefen die Telefone heiß. Der behandelnde Arzt versprach, dass der Arm in zwei Wochen so weit stabilisiert sei, dass Rudolf mit einem ganz dünnen Gips, der unter seinem Anzugärmel nicht zu sehen wäre, die Szene im Konferenzsaal würde spielen können. Das war die Lösung. Loriot schrieb den Sketch um, und Rudolf Kowalski blieb Herr Jürgens – mit Gips.

Bei der als zweites gedrehten Szene »Vertreterkonferenz« trugen jetzt dafür die zehn Kollegen von Herrn Jürgens, die mit ihm an einem langen Konferenztisch saßen, allesamt einen falschen Gips, der dem »Einhand-Saugblaser Heinzelmann« zum Durchbruch verhelfen sollte. Wenn man genau hinsieht, kann man erkennen, dass Rudolf Kowalski bei den hektischen Versuchen, das peinliche Telefonat mit seiner Gattin wieder leise zu stellen, etwas steif agiert. Kein Wunder, er war der Einzige im Raum, der wirklich einen gebrochenen Arm hatte und eine echte, wenn auch sehr dünne versteckte Armschiene trug. Die Maskenabteilung, die für die zehn gefälschten Gipsarme seiner Außendienst-Kollegen zuständig war, hatte an dem Tag reichlich zu tun.

Loriot bedankte sich später übrigens bei Rudolf Kowalski für seinen Armbruch, der Sketch sei durch die Gipsarme überhaupt erst richtig komisch geworden.

Rudolf Kowalskis virtuose Vertreter-Darstellung wurde von den Göttern des Films indes nicht belohnt, zumindest den Göttern, die für die Technik zuständig waren. Als wir am Schneidetisch die Einstellungen ansahen, in denen Herr Jürgens Frau Hoppenstedt den Saugblaser vorführt, stellten wir fest, dass der Ton nicht synchron lief. Aus unerfindlichen Gründen war die Steuerung, die die 16mm-Kamera und das Tonbandgerät synchronisierte, ausgefallen. Heutzutage wäre die Korrektur eines solchen Fehlers eine Kleinigkeit. Einen Ton digital zu beschleunigen, ohne dass sich die Tonhöhe verändert, das kann heute jeder Laptop. Damals war es extrem mühsam.

Das Material ging in ein Tonstudio und wurde mit Bandmaschinen, deren Geschwindigkeit stufenlos veränderbar war, sekundenweise bearbeitet. Das Ergebnis war synchron, aber die Stimme von Herrn Jürgens klingt durch das schneller laufende Band doch etwas piepsig. Mehr war leider nicht drin. Der Popularität des »Vertreterbesuchs« hat der kleine Fehler glücklicherweise nicht geschadet.

Bevor wir den »Vertreterbesuch« drehen konnten, musste Familie Hoppenstedt noch komplettiert werden. Die Erwachsenen waren alle besetzt, nur für »Dickie« fehlte uns noch ein passender Junge. Dass unter den gecasteten Kindern ein späterer Star war, ahnten wir nicht. Alle Kinder, die sich vorstellten, mussten das Kurzgedicht »Zicke Zacke Hühnerkacke« deklamieren, und wir befanden schließlich, dass die kleine Katja Bogdanski es am besten gemacht hatte. Es handelte sich bei ihr zwar um ein Mädchen, aber das störte nicht weiter. Dickie wurde als Junge angezogen, und später gab es im Rahmen von Transgenderdebatten in einigen Feuilletons sogar ernsthafte Interpretationen der Zwischengeschlechtlichkeit des Kindes, die als wegweisend für eine Zeit angesehen wurde, wo sich die Grenzen der Geschlechter aufzulösen begannen.

Der Junge, der es beim Kinder-Casting nicht geschafft hatte, war Hape Kerkeling. Hätten wir geahnt, wer uns da durch die Lappen gegangen ist, wir hätten es uns nicht verziehen. Jahre später lernten sich Loriot und Kerkeling »richtig« kennen.

☞ GEGENSCHUSS HAPE KERKELING ☜

Zum ersten Mal begegnete ich Loriot 1989 bei einem verregneten Dreh für eine Show mit Michael Schanze am Starnberger See. Mangels anderer Unterbringungsmöglichkeiten teilten Herr von Bülow und ich uns einen sehr ungemütlichen Wohnwagen, der leicht schräg auf einer matschigen Uferwiese stand und nur mit dem Nötigsten ausgestattet war. Nämlich: einer beigefarbenen Sitzgruppe sowie steingrauer Auslegeware.

Darüber hinaus gab es ein Stockbett, »Modell Andante«, welches übrigens »etwas stramm in der Rückenlage« war, wie das bei

Loriot hieß. Da besagte Sitzgruppe nicht einladend und die Wartezeit lang war, hielten wir es für angebracht, liegend auf unseren Einsatz zu warten. Herr von Bülow entschied sich für das obere Bett, ich nahm das untere. Selbstverständlich! Was für eine herrlich absurde Situation, wie aus einem seiner Sketche.

Erstaunt war ich darüber, dass der große Loriot nicht im Geringsten gegen diese miese Unterbringung rebellierte, sondern den Umstand mit einem Lächeln akzeptierte und mich – damals gerade mal vierundzwanzig Jahre alt – mit großer Offenheit und Freundlichkeit behandelte.

So lagen wir da wie zwei Buben im Landschulheim, die aus purer Langeweile einen Streich planen, denn irgendwann sagte Loriot: »Herr Kerkeling, was meinen Sie? Man wird sicherlich erwarten, dass wir in der Show etwas Komisches zum Besten geben. Sollten wir beide nicht, auch angesichts des Wetters, einfach sagen: Wir sind heute nicht komisch?«

Ich musste sehr laut über diesen Vorschlag lachen. »Darf ich Ihr Lachen als Einverständnis werten!?«, hakte er nach. »Gerne! Genau so machen wir das, Herr von Bülow!«, stimmte ich seinem Vorschlag zu. War dieser Mann in jenem Moment wirklich vierzig Jahre älter als ich?

Eine halbe Stunde später saßen wir nebeneinander in einem mobilen Maskenwagen, um für die Show geschminkt zu werden. Ein aufgekratzter WDR-Redakteur stürmte herein und auf Loriot zu und brachte den Wagen und uns Insassen dadurch schwer zum Schaukeln.

Wild gestikulierend redete er auf Loriot ein: »Herr von Bülow, nur damit Sie es wissen, Sie können heute hier so richtig Gas geben, es darf richtig krachen und lustig werden!«

Loriot blieb gelassen und verkündete mit feierlichem Unterton: »Herr Kerkeling und ich haben beschlossen: Wir sind heute nicht komisch!« Der Redakteur wurde blass und der Regen – zumindest in meiner Erinnerung – noch heftiger.

Außer »Zicke Zacke Hühnerkacke« aufzusagen, hatte Dickie die ehrenvolle Aufgabe, mit dem Fuß ein Fernsehgerät anzutreten, auf dem die Wiederholung eines Zeichentrick-Klassikers von Loriot lief: das im freundlichsten Märchenton vorgetragene Gedicht »Advent«, in dem eine Försterin ihren Gatten hinmeuchelt, die Leiche fein säuberlich zerlegt und die Einzelteile – bis auf ein Stück Filet –, in Geschenkpapier verpackt, Knecht Ruprecht auf seinen Schlitten reicht (»Die sechs Pakete, heil'ger Mann, 's ist alles, was ich geben kann«). Führte der kannibalistische Cartoon bei seiner Uraufführung im Jahr 1969 noch zu einem kleinen Skandal, so störte sich 1978 niemand mehr daran, dass Opa Hoppenstedts Enkelkind sich das grausame Stück ansah.

Wie sehr Loriot in seinen Opa Hoppenstedt vernarrt war, beweist schon die Tatsache, dass er ihn in der sechsten Sendung gleich zweimal auftreten ließ, im Spielwarengeschäft und als weihnachtlichen Marschmusikfan – und das alles trotz der ungeliebten Schrumpelmaske.

Die Szene, in der das Spielzeug-Atomkraftwerk explodiert und ein Loch in den Fußboden der Wohnung sprengt, war nicht unaufwendig. Die weihnachtliche Bescherung wurde in der Originalwohnung gedreht, dort konnten wir naturgemäß kein Loch in den Boden schneiden. Wir mussten also tricksen, Wohnung und Studio wild mixen und drehten in der Wohnung alles, ohne den originalen Fußboden zu zerstören. Nachdem die Sicherheitskuppel des explodierten Atomkraftwerkes zur Seite geflogen war, guckt Herr Hoppenstedt (Heinz Meier) in dessen stehengebliebenen Teil, in dem eine kleine Glühbirne versteckt war. Der Gegenschuss auf das Ehepaar in der darunterliegenden Wohnung wurde im Studio gedreht, ebenso wie der Schuss auf Heinz Meier, der durch das Loch in deren Zimmerdecke schaut und seinen »Nachbarn« erklärt, dass Weihnachten das Fest des Kindes sei und sie sich über die Explosion nicht aufregen sollen.

157

Als Opa Hoppenstedt anschließend zum »Helenenmarsch« durch das Weihnachtszimmer paradierte, trat er an der Stelle des Loches schwungvoll auf, riss die Arme nach oben und ließ sich nach unten aus dem Bild fallen. Im Gegenschuss sieht man ein Bein durch das Loch in der künstlichen Zimmerdecke im Studio krachen – es war mein Bein.

Das gefälschte Bein von Opa Hoppenstedt

Man muss sich immer wieder klarmachen, dass Opa Hoppenstedt von einem 55-Jährigen gespielt wurde. Loriot hat Jahrzehnte später ironisch daran erinnert, dass er nunmehr im tatsächlichen Alter des Greises sei (»Ich bin Opa Hoppenstedt!«). Trotzdem, so alt wie Opa Hoppenstedt sah der geistig ewig junge Vicco im wahren Leben nie aus.

»Loriot 6«, die letzte Bremer Sendung, endet – ein Beweis dafür, wie wenig eitel Loriot war – nicht mit ihm, sondern mit Herrn Pannek als Weihnachtsmann. Nach den Dreharbeiten hielt ich es für angebracht, in meinem Notizbuch auf eine denkwürdige Tatsache hinzuweisen:

»*6. 11. 78 – Letzter Drehtag,* nicht *zu Grashoff.*«

Die erste Wiederholung der Sendung, die seitdem zu einem Weihnachtsklassiker geworden ist, fand schon im folgenden Sommer statt, am 17. August 1979. Für diese Ausstrahlung wurde extra mit Evelyn Hamann eine Szene gedreht, in der sie als Ansagerin zunächst – mit Adventskerze – ein weihnachtliches Programm ankündigt, bis sie von einem Telefonat aus der Regie unterbrochen wird, die Kerze hastig ausbläst, zur Seite stellt und darauf hinweist, dass erst in 128 Tagen Weihnachten sei. Dieser wunderbare kleine Sketch war in keinem Senderarchiv mehr zu finden. Er hat dennoch überlebt – in meinem Privatarchiv, auf einer uralten VHS-Kassette, die ich bei seiner Erstausstrahlung im Jahr 1979 aufgenommen hatte.

1979 – Kein Jahr ohne Loriot

Mit »Loriot 6« war das Ende unserer Zusammenarbeit gekommen, so schien es zumindest. Das war einerseits traurig, weil wir uns seltener sahen, andererseits war ein gewisser Abstand für mich notwendig, um mich meinen eigenen Filmprojekten widmen zu können.

Was blieb, war eine enge Freundschaft, die bis zu Viccos Tod angehalten hat. So verbrachte ich schon das erste Ostern ohne gemeinsame Arbeit bei Bülows und genoss unter bayerisch blauem Himmel Familie, Hunde und Freunde. Und im Herbst reiste ich zusammen mit meiner Freundin auf Einladung von Loriot nach Capri, wo ich zum ersten Mal Herrn Pannek in seinem Element erleben durfte. Eines Nachmittags blickte er versonnen auf die vom stürmischen Meer gepeitschten Faraglioni-Felsen und geriet ins Philosophieren. In seinem breiten Berliner Akzent grübelte er: »Herr Lukschy, wenn ick det hier allet so sehe, det Meer und die Felsen, denn kommen mir so Jedanken, wie det allet vor Millionen von Jahren entstanden is – und keines Menschen Auge hat's jesehn …« Der Satz gefiel Vicco und mir so gut, dass er in das Repertoire unserer Standardsprüche aufgenommen wurde. Wenn in den folgenden Jahren etwas Ungewöhnliches geschah, raunten wir uns nicht selten mit breitem berlinischem »ei« zu: »… und keines Menschen Auge hat's jesehn …«

Loriot auf den Spuren von Kaiser Tiberius in Capri

Außer den freundschaftlichen Begegnungen blieben viele Anregungen aus unserer Bremer Zeit. Im Sommer drehte ich mit Rudolf Kowalski in der Hauptrolle den Kino-Kurzfilm »Valse Triste«, der 1980 den Bundesfilmpreis erhielt.

Doch schon bald kam es zu einer neuen, wenn auch nur kurzen Zusammenarbeit mit Loriot.

Die Berliner Philharmoniker

Altbundeskanzler Helmut Schmidt war ein begeisterter Pianist. Erhalten sind zwei Plattenaufnahmen, in denen er zusammen mit Christoph Eschenbach, Justus Frantz und Gerhard Oppitz Mozarts Konzert für drei Klaviere und Bachs Konzert für vier Klaviere spielt. Ursprünglich sollte Placido Domingo den Part des prominenten Gastes übernehmen, um den Aufnahmen den Glanz des Außergewöhnlichen zu geben. Aber Domingo sagte ab. Schmidt sprang für ihn ein, und die Aufnahmen werden bis heute verkauft.

Die Berliner Philharmoniker richteten im Jahr 1979 in der Philharmonie für Helmut Schmidt ein »Kanzlerfest« aus und baten Loriot, zusammen mit Evelyn Hamann durch den bunten Abend zu führen. Das Orchester wollte der Liebhaberei des Kanzlers dadurch Rechnung tragen, dass es ihm musikalische Parodien und Späße bot, die allerdings zum Teil nur Eingeweihten verständlich waren. Als Loriot angesichts einer humoristischen Geigennummer den vortragenden Musiker zaghaft fragte, was denn daran komisch sei, antwortete der Geiger ohne die geringste Irritation: »Ja, haben Sie denn nicht gesehen, dass ich das ganze Stück in einer völlig falschen Lage gespielt habe?« Dazu muss man wissen, dass man auf einer Geige denselben Ton auf verschiedenen Saiten spielen kann, eben in verschiedenen Grifflagen. Loriot hatte den »komischen« Lagenwechsel nicht gleich bemerkt.

Er selbst war ja nur ein »passiver« Musiker, was er bedauerte. Seine Großmutter spielte gut Klavier und hatte dem kleinen Vicco Mozart, Puccini und Bach auf ihrem Piano vorgetragen. Als aber sein »sonst so pädagogisch fabelhafter Vater« ihn irgendwann zu sich holte – er war sechs oder sieben – und ihn fragte, ob er Klavierunterricht haben wollte, verneinte Vicco. Der Vater sagte: »Danke, das wollte ich nur wissen«, und ließ den Jungen wieder gehen. Später meinte Loriot, sein Vater hätte sagen müssen: »Pass mal auf, Junge, ich zwinge dich jetzt mal zu etwas. Sei mir nicht böse, aber ich zwinge dich mal.« Aber das habe er leider nicht getan.

Loriots Wort-Beiträge zum Kanzlerfest waren unter anderem drei Ehegespräche mit Evelyn Hamann, die ganz in der Tradition des Zeichentrick-Ehepaars aus »Loriot 3« (»Szenen einer Ehe«) standen. Die Mini-Dramen »Aufbruch« (mit dem legendären Schlusssatz »Männer und Frauen passen einfach nicht zusammen!«), »Garderobe« und »Geigen und Trompeten« wurden zwischen den Musiknummern auf dem leeren Orchesterpodium aufgeführt.

Die Fernsehaufzeichnung, die wenig später im ZDF lief, war von etwa drei Stunden auf eine Stunde gekürzt worden. Bedauerlicherweise fiel durch die Kürzung der in meinen Augen schönste der drei Sketche unter den Tisch, »Geigen und Trompeten«, ein saukomisches Gespräch der Eheleute über die Frage, ob Trompeter gelegentlich auch in eine Geige bliesen. Die eigentliche Katastrophe aber ist, dass das ZDF nur die gekürzte Sendefassung des Kanzlerfestes archiviert hatte. Alle unsere Versuche, den Sketch später für die DVD-Veröffentlichung zu finden, waren vergeblich. Die Originalbänder mit der Uraufführung von »Geigen und Trompeten« existieren nicht mehr. Glücklicherweise haben Loriot und Evelyn Hamann das Stück später noch einmal vor Kameras öffentlich gelesen, bei einem Auftritt 1987 im Ost-Berliner Palast der Republik.

Die drei Ehegespräche waren nicht kompliziert auf die Bühne zu bringen. Schwieriger wurde es bei der musikalischen

Eröffnungsnummer des Abends, bei der Loriot als Klavier-transporteur in blauer Latzhose einer Fliege nachjagt, wäh-renddessen versehentlich auf das Dirigentenpodium gerät und bei dem Versuch, die Fliege zu fangen, dem Orchester unfrei-willig den Einsatz gibt, loszuspielen. Loriots Idee beruhte auf der Annahme, dass Orchestermusiker es gewohnt sind, jedem, der auf dem kleinen Podium steht, bedingungslos zu folgen, wer auch immer es sei. Der Gedanke sollte sich als durchaus wahr erweisen.

Für die kurze Nummer musste enorm viel Detailarbeit ge-leistet werden, bevor Loriot seinen großen Traum erfüllt be-kam, einmal im Leben die Berliner Philharmoniker dirigieren zu dürfen. Aber auch für mich ging ein kleiner Traum in Er-füllung. Im Alter von fünfzehn Jahren hatte ich die klassische Musik für mich entdeckt. Meine absoluten Götter waren die Berliner Philharmoniker. In der Regel ging ich dreimal in der Woche ins Konzert, die Philharmonie war mein zweites Zu-hause. Jetzt durfte ich dort arbeiten.

Monate vor dem Kanzlerfest saßen wir endlich wieder in Loriots kleinem Arbeitszimmer in Ammerland und hörten ohne schlechtes Gewissen stundenlang Schallplatten, ging es doch um die Vorbereitung eines kulturellen Ereignisses von Rang. Da Viccos Liebe zur Musik in erster Linie der Oper galt, konnte ich mit meinen umfangreichen Kenntnissen des Or-chester-Repertoires gute Dienste leisten.

Wir suchten ein dramatisches Stück mit einer besonders gro-ßen Fallhöhe zu dem naiven Klaviertransporteur. Ich erinnerte mich, dass meine Liebe für die Klassik mit einer kleinen 45er Platte mit Beethovens »Egmont«- und »Coriolan«-Ouvertüre begann. Wir hörten uns die Stücke an, die natürlich in Lo-riots Plattensammlung nicht fehlten. Aber weder »Egmont« noch »Coriolan« funktionierten. Wir mussten kombinieren. Für den Anfang, wenn der Fliegenfänger den großen Einsatz gibt, war der Beginn der »Coriolan«-Ouvertüre genau das

Richtige. Dann taten wir etwas, was Beethoven uns verzeihen möge, wir machten in seiner Musik ein paar kleine Schnitte und suchten die Teile der Ouvertüre heraus, die zur Choreographie des Mannes in der Latzhose am besten passten. Da es aber ohnehin nur um vereinzelte Orchesterschläge ging, schien uns dies ausnahmsweise erlaubt, zumal der Mann ja nicht wusste, was er »dirigierte«.

Nachdem die Fliege ihr Leben ausgehaucht hat, kommt der Moment, in dem der Klaviertransporteur das Orchester vor sich zum ersten Mal wahrnimmt und auf die Idee kommt, nunmehr richtig zu dirigieren. Dafür brauchten wir einen heroischen Abschluss und entschieden uns für das Finale der »Egmont«-Ouvertüre.

Für die Proben mit dem Orchester war ein Tag angesetzt. Loriot wollte gut vorbereitet sein, wenn er vor die Philharmoniker trat. Damit er zuhause unsere dekonstruierte Kombi-Fassung von »Coriolan/Egmont« üben konnte, die ja auf keiner Schallplatte existierte, stellten wir eine Schnittfassung her.

Die beiden Ouvertüren wurden auf ein 16mm-Tonband (»Perfo«) überspielt, wie man es für den Filmschnitt verwendete. Mit dem Perfoband gingen wir an den Schneidetisch, an dem wir auch schon die Bremer Sendungen geschnitten hatten. Ich trennte die passenden Stellen heraus, während Loriot neben mir mit den Armen fuchtelte und sich in die Rolle des Dirigenten wider Willen hineinzufinden versuchte. Ich fragte ihn, ob er überhaupt dirigieren könne bzw. ob er wenigstens die Grundschläge beherrsche. Er beherrschte sie nicht. Zwar war Loriot ein ungeheuer genauer Beobachter und genialer Parodist von Bewegungen, aber wenn er vor die Philharmoniker trat, sollte es schon etwas mehr sein als nur eine Parodie.

Schon zu meiner Schulzeit war mein Traum, Dirigent zu werden. Eine Zeit lang erhielt ich am Stern'schen Konservatorium in Berlin von Herbert Ahlendorf, einem Karajan-Assistenten, Dirigierunterricht. Das dort Gelernte konnte ich nun

an meinen Freund weitergeben. Nachdem unsere Schnittfassung der zwei Beethoven-Ouvertüren auf eine Musik-Kassette überspielt war, hatte ich das große Vergnügen, Loriot in
seinem kleinen Arbeitszimmer Dirigierunterricht zu geben. Er
stellte sich sehr geschickt an, übte mit seiner Kassette fleißig
an der heimischen Stereo-Anlage, und schon bald machte er
seine Sache so gut, dass er sich der nahenden Probe mit dem
Orchester gewachsen fühlte.

Ich übertrug unsere Schnittfassung in zwei Taschenpartitu-
ren der beiden Ouvertüren. Die Partituren wurden den Philharmonikern geschickt, und die Musiker übertrugen unsere
Schnitte in ihre Orchesterstimmen. Dass die Heroen meiner
Jugend nach einer von mir eingestrichenen Beethoven-Parti-
tur spielen würden, machte mich glücklich.

Nur der Ton für die störende Fliege – die in den Video- und
DVD-Editionen bis heute fälschlicherweise als »Biene« durch
die Inhaltsverzeichnisse geistert – fehlte noch. Ich durchfors-
tete alle Münchner und Berliner Schallarchive, fand auch einige brauchbare Aufnahmen von Fliegen, aber entweder waren sie zu kurz oder zu leise. Und wir hatten keine Idee, wie
man den Fliegenton laut und dennoch realistisch im Konzertsaal hörbar machen konnte.

Bei der ersten Vorbesprechung mit einigen Mitgliedern des
Orchesters brachten wir das technisch-künstlerische Fliegen-
problem zur Sprache und wurden beruhigt: »Da machen Sie
sich mal keine Sorgen, die Fliege macht Ihnen der Wolfgang
Güttler mit seinem Kontrabass, der liebt solchen Quatsch.«
Wir waren skeptisch.

Zu Beginn der Probe wurde Loriot mit größter Herzlichkeit
vom Orchester begrüßt. Seine Popularität war enorm, und die
Musiker freuten sich darauf, endlich einmal mit ihm arbeiten
zu dürfen. Als Erstes führte der Bassist Güttler uns seine
»Fliege« vor. Er kratzte mit seinem Bogen schräg auf der höchsten Saite seines Kontrabasses herum, vor dem ein Mikro stand,

das den simulierten Insektensound über Lautsprecher in den Saal übertrug. Und tatsächlich, es funktionierte, der riesige Bass klang wie eine winzige Fliege. Da die Fliege von einem Musiker »gesteuert« wurde, waren wir auch auf einen Schlag das Problem los, wann die Fliege wie lange und wie laut zu hören war. Güttlerseidank erwiesen sich unverhofft, wie Loriot es später formulierte, »die Jagd nach dem Tier und Beethovens Tonschöpfung als synchron«.

Die Probe des Sketches konnte beginnen. Loriot, noch ohne Kostüm und Maske, markierte den Auftritt des Klaviertransporteurs und jagte der musikalischen Fliege hinterher, bis er auf das Podium des Dirigenten gelangte. Und da passierte es dann: Er schwang den Arm, und das Orchester setzte wie verabredet mit dem Anfangsakkord der »Coriolan«-Ouvertüre ein. Der kurz darauf folgende zweite Akkord aber, ein Tutti-Schlag, ließ auf sich warten. Die Musiker hielten den ersten Akkord so lange, bis Loriot zaghaft abwinkte und leicht irritiert fragte, wann denn endlich das »Rumms« käme, also der zweite Akkord, den er von seiner Kassette gewohnt war. Michel Schwalbé, der erste Konzertmeister des Orchesters, sagte freundlich: »Der kommt, wenn Sie ihn dirigieren …« Ungläubig fragte Loriot: »Sie spielen tatsächlich so, wie ich dirigiere?« – »Selbstverständlich.« Loriots Vermutung, das Orchester würde jedem folgen, der auf dem Dirigentenpodium steht, wurde auf sehr komische Weise bestätigt.

Während der weiteren Probe zog er dann das Tempo seines »Dirigats« einmal klammheimlich ganz leicht an, und die knapp einhundert Berliner Philharmoniker folgten ihm bereitwillig. Er hat diesen Moment, »… das war, als ob ein Jumbo-Jet abhebt«, immer als einen der Höhepunkte seines Lebens bezeichnet.

Der Abend des 6. Oktober 1979 wurde ein großer Erfolg. Kanzler Schmidt amüsierte sich sehr, und das Orchester war selig. Ich saß im Ü-Wagen und machte die Bildregie. Als Regisseur, der nur Kino im Kopf hatte, empfand ich die Fernseh-Bildregie ehrlich gesagt als ein bisschen unter meiner Würde. Ich bat deshalb darum, im Abspann der Sendung unter dem Pseudonym Ferdinand Ludwig genannt zu werden. Loriot kränkte das, was ich aus heutiger Sicht gut verstehe. Er empfand es als Distanzierung von sich und unserer gemeinsamen Arbeit, dabei war es doch nur der Arroganz des angehenden jungen Filmregisseurs geschuldet. Unserer Freundschaft hat diese kleine Irritation glücklicherweise nicht geschadet.

☞ GEGENSCHUSS HELMUT SCHMIDT ☜

Loriots witzige und treffsichere Karikaturen waren mir schon bekannt, als er 1979 – verkleidet als Orchesterarbeiter – in der Konzertpause der Berliner Philharmoniker die Bühne betrat. Der Auftritt ist mir in lebhafter Erinnerung geblieben. Loriot begeisterte damals das Publikum mit seiner schauspielerischen und musikalischen Virtuosität gleichermaßen. Meine Frau und ich haben herzlich gelacht, gleichzeitig war ich von Loriots Musikalität tief beeindruckt. Ich erkannte, dass dessen künstlerisches Talent keinesfalls auf Komik allein begrenzt war. Mit seiner vielfältigen Begabung, seiner Intelligenz und seinem feinsinnigen Humor hat Loriot auf unvergleichliche Weise brillante und zeitlose Unterhaltungskunst geschaffen.

✍

Das Kanzlerfest war derart gelungen, dass die Philharmoniker drei Jahre später beschlossen, Loriot anlässlich des 100. Geburtstags des Orchesters zu einem weiteren Auftritt in die Philharmonie einzuladen. Diesmal war ich nur noch als beratender Freund dabei, ohne Vertrag, ohne Gage, aber dennoch mit großer Freude an der Sache. Es machte einfach zu viel Spaß, mit ihm im Musikerfoyer zu sitzen, zwischen geschäftigen Orchestermitgliedern, die noch hier und da eine Phrase intonierten, und die meinen Freund Vicco so sehr in ihr Herz geschlossen hatten, dass er sich vor Sympathiebekundungen kaum retten konnte.

Während einer Probenpause kam im Musikerfoyer plötzlich Leonard Bernstein in Jeans und Windjacke an unserem Tisch vorbei und winkte Vicco locker zu, der ihm daraufhin von einem der Philharmoniker vorgestellt wurde. Im Rahmen der Hundertjahrfeier hatte das Orchester gegen den Willen Herbert von Karajans beschlossen, dass Bernstein es endlich zum ersten Mal dirigieren durfte. Karajan hatte dies bis dahin immer zu verhindern gewusst. Nun dirigierte sein Erzrivale Bernstein in Berlin die 9. Symphonie von Mahler, und die Musiker waren von der Arbeit mit »Lenny« derart beglückt, dass sie – ein einmaliger Vorgang – sogar mehr Proben haben wollten, als angesetzt waren.

Durch unsere Arbeit in der Philharmonie konnten wir vormittags in die Generalprobe des Bernstein-Konzerts gehen und abends die Aufführung hören. Eine einmalige doppelte Sternstunde, Bernstein hat die Philharmoniker danach nie wieder dirigiert.

Zu ihrer musikalisch-humoristischen Geburtstagsfeier hatten die Philharmoniker eine illustre Schar großer Interpreten eingeladen. Loriot trat zusammen mit Seiji Ozawa, Yehudi Menuhin, Krystian Zimerman, Brigitte Engerer und Anne-Sophie Mutter auf.

Diesmal hatte er drei Auftritte. Beim ersten dirigierte er, nachdem er erneut einige »Stunden« bei mir genommen hatte (Joachim Kaiser lobte in der SZ seine »kompetente Zeichengebung«), »Åses Tod« aus der Peer-Gynt-Suite von Edvard Grieg – im Programm als »Åses *Not*« angekündigt. Vor dem Orchester standen vier Solisten, unter ihnen der Musikdramaturg und der Intendant des Hauses, beide im Frack. Im Saal waren zwei weitere Solisten verteilt. Die Aufgabe der Solisten war übersichtlich. Sie hatten auf den Einsatz des Dirigenten Loriot hin an den leisesten Stellen zu husten, zu niesen, zu knistern, ihr Opernglas fallen zu lassen, zum falschen Zeitpunkt zu applaudieren oder ihre Handtasche lärmend auf den Boden des Podiums zu entleeren.

Probe zu »Åses Not«

Loriots humorvolle Verarbeitung der Neigung des Publikums, vorzugsweise in Momenten der Stille auf sich aufmerksam zu machen (Åses Tod ist ein sehr zartes Stück), löste großen Jubel aus. Viele Jahre später, im Grippe-März 2000, hat er den Philharmonikern eine Zeichnung übereignet, die einen hustenden Knollennasenmann in einem Parkverbotsschild zeigt. Die Zeichnung erschien bis 2012 in jedem Philharmoniker-Programm.

Als Nächstes trat Loriot als Dr. Schmitt-Eidelstedt auf, Kulturdezernent des Bezirks Berlin-Tiergarten. Er sah aus wie Cary Grant und hielt eine Festansprache, die »bis nach Pankow« zu hören war. In der 1982 noch geteilten Stadt ein großer Lacher.

Seinen ganz großen Auftritt hatte er aber erst zum Schluss als Strickjacke tragender Heimdirigent Hans Priem-Bergrath. Auf dem Podium war ein improvisiertes Wohnzimmer aufgebaut, mit Standspiegel, Stehlampe, Sessel und Plattenspieler.

Dahinter saß das komplette Orchester im Dunkeln und spielte synchron und live all das, was dem dilettierenden eitlen Musikliebliebhaber in seinem Heim passierte: das Aussuchen der richtigen Platte mit mehrfachem Auflegen und Abbrechen, mehrere Sprünge in der Schallplatte, das Leisedrehen der Musik während eines Telefonats und schließlich – eine Meisterleistung des Orchesters – das Herunterleiern der Platte, als der Heimdirigent den Netzstecker versehentlich herauszieht und der Plattenspieler ausläuft.

Loriot hatte sich für die Krönung des Sketches »Les Préludes« von Liszt ausgesucht. Für mich war das lediglich ein bombastisches romantisches Orchesterstück, für ihn verbanden sich mit Liszts Musik düstere Erinnerungen: »Zu der Musik versanken in den Nazi-Wochenschauen immer die englischen Kriegsschiffe.« Tatsächlich hatten die Nazis einen Teil aus Liszts Showpiece zur »Russland-Fanfare« pervertiert und ab 1941 ihren Sondermeldungen des Oberkommandos der Wehrmacht in Radionachrichten und Wochenschauen vorangestellt.

Genau auf diese Fortissimo-Stelle hatte es Loriot abgesehen. Kurz bevor sie erklang – der Heimdirigent holte gerade zur ganz großen Geste aus –, störte ein klingelndes Telefon den Mann. Er ging zum Plattenspieler, drehte die Lautstärke herunter, und die etwa hundert Musiker im Dunkeln spielten die berüchtigte »Russland-Fanfare« im Pianissimo, eine musikalische Glanzleistung mit tieferer Bedeutung.

Zum Abschluss der Feier dirigierte Seiji Ozawa Leopold Mozarts »Kindersymphonie«. Alle Solisten des Abends wirkten hier noch einmal mit. Loriot stand neben Yehudi Menuhin und blies mit ihm in trauter Eintracht in zwei silbrig glänzende Plastik-Kindertröten, ein Bild für Götter. Die beiden sind sich später noch einmal in einer Talkshow von Thomas Gottschalk begegnet und haben sich ihrer größten gegenseitigen Hochachtung versichert.

Menuhin hat übrigens während der Geburtstagsfeier den Anfang von Beethovens 5. Symphonie, auf dem Kopf stehend, mit den Füßen dirigiert. Loriot war begeistert, der gestrenge Chefdirigent Karajan hingegen, der an der Veranstaltung nicht teilnahm, konnte darüber gar nicht lachen.

Die Beziehung zwischen Loriot und den Berliner Philharmonikern war innig und dauerhaft. 1992 wurde er Ehrenmitglied des Orchesters. Nachdem er 1999 in Berlin eine kleine Wohnung gekauft hatte und von da an öfter und länger in der Stadt war, hatten wir viel Gelegenheit, zusammen in der Philharmonie die schönsten Konzerte zu genießen.

Mit dem Scharoun-Ensemble, einer Kammermusikformation aus Musikern des Orchesters, hat Loriot häufig seine Version von Camille Saint-Saëns' »Karneval der Tiere« aufgeführt.

Nach Loriots Tod, bei der Gedenkfeier im Berliner Renaissance-Theater, spielte das Scharoun-Ensemble Wagners »Siegfried-Idyll« und den »Karneval«. Loriots Texte sprach Gerd Wameling.

Report, Billy Wilder,
»Der Göttliche« & Der 60. Geburtstag

Der Transformationsprozess, den ich vom Assistenten zum Freund Loriots durchlief, war langwierig. Franz Alt, der Leiter des Politmagazins »Report«, hatte im Wahljahr 1980 die Idee, am Ende einer jeden Sendung einen Loriot-Sketch zu zeigen. Das war überschaubar und als Dosis für eine nicht allzu harte Trennung genau das Richtige. Gedreht wurde in Baden-Baden, in kleinen Portionen, ohne nennenswerte Zwischenfälle oder Pannen. Zwei der drei Ehegespräche vom Kanzlerfest, »Aufbruch« und »Garderobe«, in denen es unter anderem um die Frage geht, welches Kleid die Gattin im Konzert anziehen solle, wurden für »Report« bearbeitet und recycelt. Von den Kleiderfarben kam man hier schnell auf die politischen Farben, wobei sich Loriot jeglicher öffentlicher Sympathiebekundungen für eine der Parteien immer streng enthielt. Ob die Sketche dazu beigetragen haben, dass Helmut Schmidt als Bundeskanzler bestätigt wurde, ist nicht bekannt.

Mehr als die unspektakulären Dreharbeiten selbst ist mir ein Wochenendausflug in Erinnerung. Meine Freundin Claudia war zu Besuch in Baden-Baden, und wir unternahmen zusammen mit Vicco und Evelyn Hamann eine kleine Fresstour ins nahe Elsass. Das Abendessen gab es im »Aux Armes de France« in Ammerschwihr, wo wir gleich nach dem unfassbar guten Essen in einfachen kleinen Gästezimmern über dem Restaurant in die Betten fielen.

Am nächsten Morgen kauften wir im Ladengeschäft des zugehörigen Weingutes mehrere Kisten köstlichen Elsässer Wein. Wir fragten den Weinverkäufer, wie viele Flaschen wir denn erlaubterweise nach Deutschland importieren dürften, noch gab es ja eine Grenze zwischen den beiden Ländern. »Wenn Sie gefragt werden, ob sie etwas zu verzollen haben, sagen Sie nur ›ein paar Fläschchen Wein‹, dann lässt man sie schon weiterfahren.«

Mittags genossen wir ein weiteres Festmahl im »L'Auberge de l'Ill – Haeberlin« in Illhaeusern, mit reichlich Wein und anschließendem Schnaps. Haeberlin war übrigens der zweite Drei-Sterne-Koch überhaupt, nach dem legendären Paul Bocuse. Gut gelaunt stiegen wir nach dem Essen ins Auto.

Weil wir uns wegen der Weinkisten im Kofferraum doch Sorgen machten, hatten wir uns extra einen abseits gelegenen Grenzübergang ausgesucht, bei dem man uns, wie wir hofften und wie das zwischen Frankreich und Deutschland üblich war, durchwinken würde. Es war kein großer Umweg, so fuhren wir über enge, kurvige Landstraßen, kicherten und parodierten mit etwas schwerer Zunge den Weinhändler: »… ein paar Fläschchen Wein«, ein Satz, der sich angetrunken besonders gut lallen lässt. Meine Freundin, die fuhr, hatte vielleicht auch ein bisschen zu viel intus, aber doch nicht ganz so viel wie wir anderen.

Als wir an den kleinen Grenzübergang kamen, trat der deutsche Zöllner aus seinem Häuschen und machte uns mit martialischer Geste klar, dass wir anzuhalten hätten. Er nahm unsere Ausweise entgegen und verschwand mit einem knappen »Moment« in seiner Zollstation. Wir waren schlagartig nüchtern und malten uns das Schlimmste aus. Erst würde man im Kofferraum die zu vielen Weinflaschen finden, dann die Fahrerin auf ihren Blutalkohol überprüfen und ihr die Weiterfahrt untersagen. Das Auto würde an der Grenze stehen bleiben müssen, wir wären gezwungen, mit einem Taxi nach Baden-Baden zurückzufahren, und in der »Bild«-Zeitung würde am nächsten Tag stehen: »Volltrunkener Loriot an der deutsch-französischen Grenze beim Weinschmuggel verhaftet!«

Das Lachen war uns gründlich vergangen, als der Grenzer mit ernster Miene und einem dicken Buch unter dem Arm zu unserem Auto zurückkam. Meine Freundin kurbelte die Scheibe herunter, der Beamte reichte das Buch durchs Fenster und sagte unvermutet lächelnd: »Herr von Bülow, das ist unser Gästebuch. Würden Sie uns da freundlicherweise etwas reinschreiben, hier kommen ja nicht so oft Prominente vorbei.« Wir brauchten einen Moment, bis wir erleichtert waren. Ein Gästebuch an einer Zollstation? Loriot nahm das Buch auf seinen Schoß, zeichnete mit zitternden Fingern ein Nasenmännchen mit einer Blume im Mund und reichte es dem dankbaren Uniformierten zurück. Der gab uns unsere Ausweise, und wir fuhren, so schnell es erlaubt war, davon. Der Schreck wirkte noch etwas nach, dann entlud sich die Spannung in hemmungslosem Gelächter. Der Satz »ein paar Fläschchen Wein« wurde von uns später noch oft zitiert.

Im Sommer 1980 verbrachte ich zwei ereignisreiche Wochen am Starnberger See. Im Rahmen der Feiern zum Wittelsbacher Jahr gab man im Münchner Cuvilliés-Theater das barocke Theaterfest »I Trionfi di Baviera«. Loriot trat als Zeremonienmeister auf und war froh, mich als beratenden Freund in seiner Nähe zu haben. Außerdem dachten wir uns gemeinsam weitere Sketche für »Report« aus, die im Herbst gedreht werden sollten, und grübelten über Wum und Wendelin-Cartoons nach.

Während der Münchner Opernfestspiele besuchten wir die Generalprobe und die Premiere von »Tristan und Isolde« im Nationaltheater. Wolfgang Sawallisch dirigierte, August Everding inszenierte, Spas Wenkoff sang den Tristan, und die unglaublich jugendlich und klar singende Hildegard Behrens war eine Offenbarung als Isolde.

Es folgte in diesem Jahr, in dem aus unserer Arbeitsbeziehung nach und nach eine Freundschaft auf Augenhöhe wurde, noch Bayreuth mit dem abschließenden Zyklus des Chéreau-Ringes. Nachdem es bei der Premiere 1976 noch Flugblätter, Buhrufe und Trillerpfeifen gegen den jungen französischen Regisseur gegeben hatte, gab es nach dessen letzter »Götterdämmerung« neunzig Minuten lang Applaus und 101 Vorhänge, ein Rekord in der Festspielgeschichte und für uns, die wir bis zum Schluss mitgeklatscht haben, ein unvergesslicher Moment.

Die filmhistorische Retrospektive der Berlinale war 1980 dem großen Billy Wilder gewidmet. Ich kannte zwar »Some Like it Hot« und »Zeugin der Anklage«, aber viele seiner meisterhaften Filme hatte ich bis dahin noch nie gesehen. Also ging ich jeden Tag ins Kino und entdeckte den ganzen Kosmos von Wilders Meisterwerken. Wie der Zufall es wollte, hatten diese Entdeckungen auch Auswirkungen auf Loriot und mich.

Anfang der 1980er Jahre konzentrierte ich mich darauf, endlich meinen ersten richtigen Kinofilm zu drehen. Mit meinen Kollegen Hartman Schmige und Christian Rateuke hatte ich ein dramaturgisch unorthodoxes episodenhaftes Drehbuch geschrieben, das wohl nicht zuletzt aufgrund der Fürsprache von Loriot bei der Bavaria Anklang fand und 1982 produziert wurde.

Loriot trat gelegentlich in Filmen von Freunden auf, so bei Dominik Graf und bei Bernhard Sinkel, in dessen »Felix Krull« er einmal kurz als Thomas Mann durchs Bild geistert. Da in unserem Drehbuch ein alternder Filmstar und sein biederer Doppelgänger vorkamen, fragte ich Loriot, ob er bereit sei, die beiden Rollen zu übernehmen. Er las das Drehbuch und sagte zu, obwohl die Rollen von ihm verlangten, sich wieder einmal älter machen zu lassen – es drohte die Rückkehr der verhassten Opa-Hoppenstedt-Schrumpelmaske. Dass er dennoch zugesagt hat, werde ich ihm nie vergessen. Seine Szenen hatte er selbst bearbeitet, wofür wir ihm dankbar waren. Sie sind dadurch deutlich besser geworden.

Vicco spielte »Max von Mayerling«, genannt »Der Göttliche«, einen ehemaligen Ufa-Filmstar, der an den Rollstuhl gefesselt ist, aber trotzdem immer noch hinter jedem Rock herpfeift. Seine Krankenschwester wurde, naheliegenderweise, Evelyn Hamann.

Die zweite Rolle war der Rentner »Walter«. Dessen Frau, gespielt von der wunderbaren Edith Heerdegen in ihrer letzten Filmrolle, verehrt den »Göttlichen« über alle Maßen. In ihrer Vergötterung des Filmstars entgeht ihr jedoch, dass ihr Mann exakt genauso aussieht wie ihr Idol.

Der Name des »Göttlichen« stammte aus Billy Wilders Film »Sunset Boulevard«. Wilders Kollege Erich von Stroheim spielt darin einen ehemaligen Filmregisseur namens Max von Mayerling, der am Ende seiner Tage als Butler im Hause der Stummfilmdiva Norma Desmond (Gloria Swanson) endet. In einer seiner bekanntesten Rollen, in Jean Renoirs »La Grande Illusion«, trug Stroheim ein Halskorsett. Auch Loriot wurde als Max von Mayerling in ein Halskorsett gezwängt. Die Figur des »Göttlichen« war eine Verbeugung von uns jungen Filmemachern vor den Altmeistern Stroheim, Renoir und Wilder.

Für einen so großen Star (unser »Göttlicher« war der Protagonist in den von uns erfundenen Welterfolgen »Der schöne Scheich«, »Die letzte Attacke« und »Schluchten der Großstadt«) brauchten wir natürlich einen speziellen Rollstuhl, einen, der nach Hollywood aussah. Unsere armen Requisiteure bei der Bavaria legten uns alle nur erdenklichen Kataloge von Rollstühlen vor, aber weder die aufwendig elektrifizierten Modelle noch die modernistischen High-Tech-Sportversionen passten zu der Lichtgestalt des »Göttlichen«.

Da erinnerte sich einer unserer Requisiteure daran, dass drei Jahre zuvor Billy Wilder in den Studios der Bavaria seinen Film »Fedora« gedreht hatte. »Fedora« ist in gewisser Hinsicht ein Remake von »Sunset Boulevard«, die Titelrolle war ursprünglich für Marlene Dietrich vorgesehen, die aber absagte, so dass Hildegard Knef den Part der alternden Diva übernahm. Die alte Fedora saß im Rollstuhl, einem Prachtstück mit einem Sitz aus poliertem Mahagoni, mit vernickelten Handgriffen und Samtpolstern. Und genau diesen Rollstuhl fanden die Requisiteure verstaubt in der hintersten Ecke ihres Fundus.

Loriot bekam also als Max von Mayerling den Rollstuhl aus dem Remake von »Sunset Boulevard«, in dem sein Namenspatron aufgetreten war. Der Rollstuhl hätte nicht passender sein können.

Der Dreh mit dem »Göttlichen« fand in der Lobby des Münchner Hilton-Hotels am Tucherpark statt. Wir kamen gut voran, Loriot ertrug klaglos die Maske und wartete geduldig und verschrumpelt auf seinen Auftritt.

Vorher stand noch eine Szene an einem von uns in die Hotelhalle eingebauten Rezeptionstresen auf dem Drehplan. Weil unser Filmtresen keine Tür hatte, beugte ich mich über die Theke, um unserem Rezeptionschef mit einer Wasserpistole ein paar Tropfen Wasser ins Gesicht zu schießen. In der Einstellung vorher hatte ein Junge den Rezeptionschef beschossen, nun musste der Schauspieler anschlusstechnisch ein nasses Gesicht haben. Die Maskenbildnerin hatte aber keine Möglichkeit, die getürkte Rezeption zu betreten. Gerade als ich mich mit der – für unsere Zwecke extra schwarz angemalten – Wasserpistole zu dem Kollegen beugte, bekam ich einen fürchterlichen Schlag auf den Rücken, wurde auf den Tresen gedrückt und spürte, wie hinter mir, über unsere Kameraschienen stolpernd, eine Gruppe Menschen hindurchging. Ich wunderte mich kurz über die Ruppigkeit der Hilton-Gäste, dann drehten wir die Szene mit dem »Göttlichen«.

»Schwester, es wird scharf geritten!«

Zwei Stunden später kam die Polizei ans Set und unterbrach unsere Dreharbeiten: »Wir haben gehört, hier wird mit nicht angemeldeten Waffen hantiert?« Wir waren uns keiner Schuld bewusst, bis mir der Zwischenfall mit der Wasserpistole und dem ruppigen Gast einfiel. Der Gast entpuppte sich als ein Mitarbeiter des israelischen Geheimdienstes und Leibwächter des Exministerpräsidenten Yitzhak Rabin, der gerade im Hilton residierte und den er hinter mir durchführte. Nun ist mit israelischen Leibwächtern nicht zu spaßen. Sie sind, wie uns die Münchner Polizei versicherte, darauf trainiert, sofort zu schießen, wenn sie in der Nähe ihrer Schutzbefohlenen eine Waffe erspähen. Der »ruppige Gast« hatte wohl gerade noch rechtzeitig erkannt, dass in der Lobby ein harmloses Filmteam bei der Arbeit war und kein Anschlag auf Rabin geplant war. War der »Göttliche« mein Schutzengel?

Der verschrumpelte »Göttliche« und sein Jungregisseur

Wir wollten unseren Film ursprünglich »Ich bin Ich« nennen, nach einem Dialogsatz der namenlosen Hauptfigur »Nummer 7«, gespielt von Otto Sander. »Nummer 7« bewohnt Zimmer 7 in der Nervenklinik, gerät eher zufällig in die Freiheit und findet im Laufe der Handlung sich selbst und seine große Liebe, gespielt von Sunnyi Melles in einer ihrer ersten Kinohauptrollen. Die Produktion änderte den Titel in »Wer spinnt denn da, Herr Doktor?«, was nicht nur Vicco für keine gute Idee hielt. Immerhin führte die Begegnung mit Otto Sander später zu einer engen Freundschaft zwischen den beiden.

Nachdem Loriots Spielfilme Jahre später so außerordentlich große Erfolge wurden, versuchte man, unseren Film auf VHS-Kassetten ebenfalls als Loriot-Film zu vermarkten, ohne dass ich oder Loriot darüber auch nur informiert wurden. Auf dem Cover war die Nebenrolle des Filmstars mit dem Halskorsett groß abgebildet, die eigentlichen Hauptdarsteller Otto Sander und Sunnyi Melles klebten winzig klein daneben, und der Film bekam einen weiteren fragwürdigen Titel: »Loriot in ›Walter, der Göttliche‹«.

»Walter« mit den Damen Sunnyi Melles und Edith Heerdegen

Unsere vorerst letzte Zusammenarbeit fand zwei Jahre später anlässlich der Sendung zu Loriots 60. Geburtstag statt. In alter Tradition traten wir als Team auf. Ich bekam sogar einen Vertrag als Regisseur, obwohl selbstverständlich Vicco Regie führte.

»Loriots 60. Geburtstag« war die aufwendigste Produktion, die wir bis dahin hergestellt hatten, obwohl der Großteil der Sendung aus Wiederholungen bestand. Hier brachten wir auch endlich das fünf Jahre zuvor für »Loriot 6« gedrehte »Flötenkonzert« (mit dem Bäumchen-wechsel-dich-Spiel der Zuschauer, s. o.) unter.

Den Rahmen der Geburtstagsfeierlichkeiten bildete eine inszenierte Talk-Runde, in der Endgültiges zum Thema Humor im Fernsehen formuliert wurde (»Des Ernstes Kunst ...«), inklusive eines letzten Auftritts von Herrn Pannek. Loriot selbst trat in dieser Runde als sechzigjähriger Jubilar auf, und trieb ein interessantes Spiel mit seiner Identität.

Er machte sich älter, deutlich älter. Selbst mit siebzig sah Vicco privat noch nicht so alt aus, wie der Sechzigjährige, der hier mit weißer Perücke und grauem Schnauzbart im Kreis von Evelyn Hamann und anderen Schauspielerkollegen über Komik diskutierte. Und dann sagt der maskierte Jubilar über den Loriot, der sechs Sendungen lang auf dem Sofa gesessen hatte, einen bemerkenswerten Satz: »… das ist gottseidank nur eine Maske, eine Rolle, und ich spiele sie nicht besonders gern.« Zudem behauptet er, dass er im bürgerlichen Leben gar nicht Loriot heiße, sondern Blühmel. So wie sich in der Sendung Herr Blühmel hinter Loriot verbirgt, so verbarg sich der echte Vicco von Bülow auch immer ein wenig hinter der öffentlichen Figur Loriot.

Er pflegte diese Distanz zu sich, selbst anlässlich seines 60. Geburtstages bekamen die Zuschauer nicht Vicco von Bülow präsentiert, sondern einen biederen Spießer in einer grotesken Maskierung. Am Ende der Sendung wird der inzwischen volltrunkene weißhaarige Blühmel/Loriot gegen seinen Willen auf eine weiträumige Studiobühne geschleppt, auf der er das Opfer einer gigantischen Schlussapotheose wird.

Loriot wollte im Grunde gar nicht gefeiert werden, aber eine Geburtstagssendung musste nun mal sein. Er fühlte sich auch noch lange nicht wie sechzig, also kam die Maske her und machte aus ihm das Klischee eines Sechzigjährigen. Und bei der Feierlichkeit wurde dermaßen übertrieben, dass niemand im Ernst glauben konnte, dies sei die offizielle Würdigung von Deutschlands beliebtestem Humoristen. Er nahm sich einfach selber gewaltig auf den Arm.

Dazu entwarf Loriot eine klassizistische Showdekoration im griechisch-römischen Stil – mit integriertem Fahrstuhl! –, die von einem über fünfzig Personen starken antikischen Chor mit barbusigen Amazonen und togabehangenen Römern bevölkert wurde. Es gab Ballerinen, auf deren Hinterteilen jeweils eine goldene 60 prangte, und blumenstreuende Mädchen. Obendrein einen Männerchor aus zehn Fernsehintendanten und fünf Politikern, einen Festredner, ein Streichquartett und einen Kinderchor. Die Moderatorin der Feier war Evelyn Hamann.

Als Musik hielten wir – nach einer unserer rituellen musikalischen Sitzungen in Loriots Arbeitszimmer – Wagners »Großen Festmarsch zur Eröffnung der hundertjährigen Gedenkfeier der Unabhängigkeitserklärung der Vereinigten Staaten von Amerika« für angemessen. Das Werk war einerseits für den Anlass feierlich genug, andererseits eine derart misslungene Auftragskomposition (5000 $!), dass Skrupel, sich am Werk des Bayreuther Meisters zu vergehen, bei uns gar nicht erst aufkamen.

Nachdem die Musik ausgesucht war, dichteten wir einen albernen Geburtstagstext, den der Chor zu Wagners Bombast singen sollte, gipfelnd in der Wiederholung der Worte »Burtstag heut, Burtstag heut …« Ein Chor in Bremen nahm den Gesangspart auf, der mit einer vorhandenen Orchesteraufnahme kombiniert wurde. Unsere antiken Statisten sangen später Playback dazu.

Das große Finale endet mit einem in der Kulisse hängengebliebenen Loriot. Im Originaldrehbuch war der Weg zu diesem kläglichen Ende genau vorgezeichnet. Der Mechanismus der Hebevorrichtung für Loriots Aufstieg im Tempel, deren Stocken, was dazu führt, dass nur der Kopf des Jubilars in der oberen Tempelöffnung sichtbar wurde, die Ehrenjungfrauen, die dem zu ihren Füßen aufgetauchten Loriot einen zu großen Lorbeerkranz aufsetzen, der über seine Augen rutscht, und ebenso der verunglückte Weiteraufstieg bis hoch über die vorgesehene Position im Tempelfenster hinaus. Zum Schluss sah man nur noch Loriots Beine. Nachdem die Hydraulik der Hebevorrichtung wieder eingefahren war, hingen sie oben aus der Kulisse. Die »6« der »60« kippte, so dass daraus eine »90« wurde. Loriots detaillierte seitenlange Regieanweisungen erinnerten mich an die abschließende Szenenbeschreibung von Wagners »Götterdämmerung«. Weil die Apotheose aber so aufwendig und teuer produziert worden war, beschloss man, sie fünf Jahre später zu wiederholen, als Finale für die Sendung zu Loriots 65. Geburtstag.

Nachdem wir die Sendung zu Loriots 60. fertiggestellt hatten, gingen wir beruflich für lange Zeit getrennte Wege. Die paradiesischen Zustände, unter denen Loriot produzieren konnte, habe ich seitdem nie wieder erlebt. Ich lernte schnell die Härte des Filmbusiness kennen. Für Loriot hingegen setzte sich, als er seine beiden Spielfilme drehte, der Aufenthalt im Paradies fort. Horst Wendlandt, sein späterer Produzent, sagte ihm einmal: »Ich verbiete dir, mehr als zweieinhalb Minuten am Tag zu drehen!«, ein Satz, den ich leider nie in meinem Leben als Regisseur gehört habe.

Geblieben ist auch von unser letzten gemeinsamen Bremer Produktion ein Zitat. Wann immer einer von uns in den folgenden Jahren Geburtstag hatte, riefen wir uns ein liebevolles »Burtstag heut, Burtstag heut!« zu.

Gefeiert wurde Viccos echter 60. in Ammerland, mit Familie und Freunden.

Familie, Freunde & Häusliches

1983, im Jahr des »60. Geburtstags«, war mein Vater gestorben. Die Lücke, die er hinterließ, aber auch die Defizite einer nicht immer unproblematischen Vater-Sohn-Beziehung füllte Vicco perfekt aus. Mein angeheirateter Neffe dritten Grades wurde endgültig zu meinem väterlichen Freund.

Dabei spielten gewisse Initiationsriten eine nicht unbedeutende Rolle. Vicco war, wie bereits erwähnt, ein Mensch, der alles, was er liebte, mit anderen teilte. Er war ein notorischer Verwöhner. Sein eigener Genuss verstärkte sich, wenn er Familie und Freunde in seine Welt entführte. Seine Welt, das war die Musik im Allgemeinen und Tenöre im Speziellen, es konnten aber genauso gut auch Reiseziele oder kulinarische Abenteuer sein.

Mit Vicco aß ich zum ersten Mal in meinem Leben Austern, betrat mein erstes Drei-Sterne-Restaurant, löffelte im Hamburger Hotel »Vier Jahreszeiten« Kaviar aus einer Zwei-Kilo-Dose und war Gast im Hotel »Danieli« in Venedig.

Mein Vater war ein Mensch, dem Luxus nicht viel bedeutete. Grandhotels und erstklassige Restaurants waren seine Sache nicht. Er stammte aus einfachen Verhältnissen und hielt auch das Geld ganz gern zusammen.

Vicco hingegen war ein Genießer alter Schule. Es ging ihm nicht darum, irgendwelchen Moden hinterherzuhecheln. Er genoss die Dinge, weil er etwas von ihnen verstand. Von ihm habe ich gelernt, dass man es nie bereut, für ein wirklich gutes Essen oder ein gutes Hotel auch gutes Geld zu bezahlen.

Aber Vicco vermittelte auch ganz einfache Dinge. Er liebte es, auf eine heiße Pizza eine frische Tomate in Scheiben zu schneiden. Der Kontrast von heiß und kalt ist köstlich. Das Problem war nur, dass er bei Kellnern in italienischen Restaurants gewöhnlich auf Unverständnis stieß, wenn er eine rohe Tomate bestellte. Sie nahmen an, er wolle einen Tomatensalat. Aber Vicco wollte einfach nur eine rohe Tomate auf einem Teller haben. Und ein scharfes Messer. Er hatte es mit diesem Sonderwunsch nicht immer leicht.

Auch seine Technik, ein gekochtes Frühstücksei zu pellen, war sehenswert. Er schlug das Ei mit dem Löffel auf und löste dann die einzelnen Stücke der Schale, indem er sie elegant zwischen Löffel und Daumen griff, um sie im Eierbecher zu entsorgen. Das sah deutlich besser aus, als mit zwei Fingern an dem Ei herumzupulen.

Und noch etwas erlebte ich im Hause Bülow zum ersten Mal. Es wurde vom Krieg erzählt. Die meisten meiner Generationsgenossen kannten von ihren Vätern derartige Erzählungen. Für mich war das neu, weil mein Vater als Schauspieler vom Militärdienst befreit gewesen war und sich in den letzten Kriegstagen im Keller versteckt hatte, um nicht im Volkssturm verheizt zu werden. Vicco war drei Jahre in Russland gewesen und erzählte – wenn auch selten – mit Ergriffenheit, Scham und Trauer von seiner verlorenen Jugend, doch davon später.

1986 heiratete ich in Rom. Da meine Eltern nicht mehr lebten und unsere Familien nicht frei von Problemen waren, beschlossen wir, zu dem Ereignis nur Vicco und Romi hinzuzubitten. Die beiden wurden unsere Trauzeugen und einzigen Gäste der clandestinen Hochzeit. Die Trauung fand im Standesamt auf dem Kapitol statt. Vorher mussten wir zur »Anagrafe«, dem Einwohnermeldeamt Roms, um den nötigen Papierkram zu erledigen. Es war ein hinter dem Kapitol an der

Via Luigi Petroselli, einer lauten Durchgangsstraße, gelegenes düsteres Gebäude aus der Mussolini-Zeit, mit abgeschabten Bänken auf den Fluren. Ein seltsamer Kontrast zu den Schönheiten der Ewigen Stadt.

Loriot hatte in seinem Pass seinen Künstlernamen eintragen lassen. Er gab den Pass, wie auch wir, dem römischen Beamten, der damit in seinem Dienstzimmer verschwand. Wenig später wurden Bülows von dem Mann aufgerufen: »Signora Vonbuloff e signor Kunstlername per favore.« Die Hochzeit war dann sehr harmonisch. Romi übernahm später die Patenschaft unserer zweiten Tochter Josefine, und für meine beiden Töchter wurden Bülows wichtige, quasi großelterliche Bezugspersonen.

Ich gründete also eine Familie, schrieb Drehbücher und drehte Kinofilme, Fernsehfilme, Serien und diverse Sketchsendungen. Meine frühere Zusammenarbeit mit Loriot hat mir dabei viele Türen geöffnet.

Mindestens viermal jährlich fuhren wir nach Ammerland, zusätzlich zu den gemeinsamen Besuchen der Bayreuther Festspiele. Unsere Sommerferien verbrachten wir meist am Mittelmeer. Bevor und nachdem wir die Alpen überquerten, waren regelmäßige Besuche bei Bülows Pflicht. Ebenso im Winter, wenn wir auf dem Weg zum Skifahren in Ammerland Rast machten. So erlebten wir im Laufe der Jahre, wie die Möpse, im Gegensatz zu ihren Besitzern, sichtlich alterten und einer neuen Generation Platz machten.

Nachdem meine Ehe geschieden war und ich erneut heiratete, wurde auch meine jetzige Frau Liele (Maria) herzlich in die erweiterte Bülow'sche Familie aufgenommen.

Auch wenn ich nicht mehr für ihn arbeitete, so war Vicco doch so nett, mich im Januar 1993 für mehrere Wochen, in denen ich eine Fernsehserie für die Bavaria in München schnitt, bei sich in Ammerland wohnen zu lassen. Ich hatte einen Leihwagen zur Verfügung und fuhr jeden Tag vom Starnberger See ins Studio nach Geiselgasteig. Das Auto hatte einen CD-Spieler, auf den Fahrten begleitete mich Musik aus Viccos gut sortiertem Regal.

Eines Tages empfahl er mir den »Tristan« von Carlos Kleiber, den er über alle Maßen schätzte – mit der kleinen Einschränkung, dass die Dynamik der Aufnahme derart groß war, dass er sich genötigt sah, in seinem Zimmer immer wieder aufzustehen, zu seinem Verstärker zu gehen und die Lautstärke nachzuregulieren. Im Auto, wo die Klangdynamik komprimiert ist, war das Erlebnis überwältigend. Meine Erinnerung an diese Zeit ist in der Tat stärker mit den durch Kleibers »Tristan« versüßten Autofahrten verbunden als mit der Arbeit im Schneideraum der Bavaria.

Es wurden aber nicht nur Schallplatten und CDs gehört, das häusliche Musizieren spielte in Ammerland ebenso eine Rolle, auch wenn der Hausherr daran nur passiv teilnahm. Im ersten Stock von Bülows Haus steht ein Klavier. Die Kinder waren aus dem Haus, und Romi spielte nur gelegentlich darauf. Zur Freude meiner Gastgeber habe ich mich oft daran gesetzt. Sogar der von mir verehrte Wilhelm Kempff, mit dem Bülows locker befreundet waren, hatte schon mehrfach auf dem Instrument gespielt.

Viccos Enkel Leopold, der Sohn seiner in England lebenden Tochter Bettina, ist ein sehr begabter Musiker. Als er klein war, spielte er mit Hingabe Cello. Einmal waren wir gleichzeitig in Ammerland, und ich begleitete ihn am Klavier. Wir spielten »Prayer« (»Gebet«) von Ernest Bloch, ein wunderschön melancholisches Stück aus dem Zyklus »Jewish Life«. Unsere beiden Familien hockten wie in einem Biedermeiergemälde neben dem Klavier auf der Treppe und lauschten unserem Spiel. Selbst die beiden Möpse hörten aufmerksam zu.

Zu seinem 70. Geburtstag wollte Vicco jeglichem Trubel entgehen und feierte in kleinstem Kreis im Haus von Bettina, südlich von London. Die Gästeliste folgte einem Gedanken, der so simpel wie genial war: Vicco wollte, dass es jedem Gast in jeder Situation egal ist, neben wem er/sie sitzt. Keiner sollte das Gefühl haben, Smalltalk oder leere Konversation betreiben zu müssen. Jeder sollte jeden mögen und jederzeit mit jedem reden wollen.

Wir hatten heimlich für das Geburtstagskind ein Konzert vorbereitet. Doch als es so weit war, wäre die Überraschung beinahe geplatzt. Er sagte plötzlich mit Blick auf seine Enkel: »Jetzt möchte ich aber, dass endlich jemand Musik macht!« Für die Gäste wurden Stühle aufgebaut, und dann war Vicco doch sehr erstaunt, dass auf seine spontan geäußerte Bitte hin ein veritables Hauskonzert folgte – eine Szene wie aus einer anderen Zeit: Die beiden Enkelkinder Charlotte und Leopold spielten Klavier und Cello, Franziska Sperr spielte Flöte (ihr Mann Johano Strasser hielt später noch eine hinreißende Rede auf den Jubilar), Viccos früherer Assistent, der Engländer Tim Moores, zauberte in der Konzertpause, und ich spielte mit Viccos altem Freund Patrick Süskind vierhändig Schubert und Mozart.

Berlin, die Dritte – Swing

Außer unseren Großvätern und unserer Liebe zur Musik verband uns auch die Tatsache, dass wir beide in Berlin aufgewachsen sind, mit ganz ähnlichen Erinnerungen. Wir hatten beide als kleine Jungs peinlich darauf geachtet, beim Laufen über die großen Gehwegplatten aus Granit nicht auf die Nahtstellen zu treten, wir wussten beide, wie sich der Handlauf des Treppengeländers in einem alten Berliner Mietshaus anfühlte, und wir liebten Bilder aus dem alten Berlin, das ich nur von Fotos kannte, Vicco aber noch erlebt hatte. Oft blätterten wir in Fotobänden über das unzerstörte Vorkriegsberlin. Und erschüttert berichtete er, dass er im November 1943 für eine Woche Heimaturlaub hatte, die Stadt relativ intakt vorfand, um wenige Tage später die nach einer Welle von Bombenangriffen weitgehend zerstörte Reichshauptstadt wieder in Richtung Ostfront zu verlassen.

Teil unserer gemeinsamen Berlin-Leidenschaft war auch die Liebe zum Biedermeier und zum Klassizismus. Schinkels strenge Architektur erfreute uns ebenso wie die Bilder von Eduard Gaertner, dem bedeutendsten Berliner Architekturmaler des frühen 19. Jahrhunderts. Überhaupt war das frühe 19. Jahrhundert eine Welt, in der wir beide uns sehr wohlfühlten.

Ein wahrer Glücksmoment war 2007 unser Besuch der Ausstellung »Erfindung der Einfachheit – Biedermeier« im Deutschen Historischen Museum in Berlin. Es war ein herrlicher

Ausflug in die Vergangenheit, wobei wir mit großem Erstaunen feststellten, wie modern, ja fast bauhaushaft schlicht das Design vieler Möbel und Gebrauchsgegenstände damals schon war.

Nach der Wende gehörte allen Berlinern wieder die ganze Stadt. Ich hatte noch Kindheitserinnerungen an die Zeit vor dem Mauerbau. Wir waren jeden Winter mit dem Auto durch das Brandenburger Tor zum Weihnachtsmarkt am Lustgarten gefahren. Das »Forum Fridericianum«, also das Ensemble von Humboldt-Universität, Staatsoper, St. Hedwigs-Kathedrale und Königlicher Bibliothek (der »Kommode«), hatte ich seltsamerweise auch zu Mauerzeiten immer als das Zentrum meiner Stadt empfunden. Trotzdem, noch lange nachdem die Mauer gefallen war, stellte ich verwundert fest, wie sehr geteilt die Stadt doch war. Vicco erzählte, dass sich die zwei Stadthälften traditionell immer fremd gewesen seien. Charlottenburg und Berlin, das am Brandenburger Tor endete, sind schließlich erst 1920 zu »Groß-Berlin« vereinigt worden. Man ging früher, so Vicco, in Mitte ins Theater, ins Museum oder in die Oper, ansonsten aber galt für Bewohner des Westens: »Man kannte einfach niemanden in Mitte …«

1999 kauften sich Bülows eine kleine Dachwohnung am Charlottenburger *Sa*vignyplatz (die Betonung auf der ersten Silbe war ihm wichtig). Sie wollten mehr in der Hauptstadt sein und genossen es, dort eine dauerhafte Bleibe zu haben – im selben Haus, in dem der Zeichner und Maler George Grosz bis zu seinem Tod gelebt hat.

Es war ein Vergnügen, Romi und Vicco zu erleben, als sie wie ein jungverliebtes Pärchen durch die Läden zogen, um sich einzurichten. »Wir haben uns heute ein Bett gekauft!« (vermutlich das Modell »Andante« mit »Spannmuffenfederung«). Einen ebenso schlichten wie begeisterten Ausruf hört man nicht oft von einem Ehepaar, das zusammen 150 Jahre alt ist.

Vicco liebte seinen Kiez. Es gab noch einen Plattenladen in der Knesebeckstraße, und Viccos Lieblingsitaliener befand sich praktisch unten im Haus, so dass er nach übersichtlich kurzem Fußweg zu seinem nachmittäglichen Caffè Latte kam.

Als Bülows nun häufiger und auch für längere Zeit in Berlin waren, kamen sie regelmäßig zu uns zum Essen, wenn sie uns nicht ins »Aida«, die »Paris Bar« oder ins »Tre« einluden. Zwischendurch wurden wir auch zeitweilig zur Berliner Poststelle und zum Schreibbüro, wenn sein Faxgerät streikte oder Romis Computer wieder einmal nicht so wollte wie sie.

Er ließ sich gern durch das Berlin der Nachwendezeit kutschieren und ergänzte meine Erklärungen zur aktuellen Architektur mit Erinnerungen an das Berlin seiner Kindheit. Auch wenn man in Mitte »niemanden kannte«, so waren doch das Forum Fridericianum und der Lustgarten auch für ihn das Zentrum Berlins, das ich mir gerade wieder eroberte. Wir zeigten uns quasi gegenseitig unsere Stadt – das, was vom Vorkriegsberlin noch stand, und das viele, was seit der Wende neu entstanden war. Dass es in fortschrittlichen Architekten- und Intellektuellenkreisen als, sagen wir, etwas gestrig galt, für den Wiederaufbau des Berliner Stadtschlosses zu sein, führte dazu, dass er sich mit öffentlichen Äußerungen diesbezüglich zurückhielt. Aber natürlich war er dafür. Schade, dass er den Bau nicht mehr erleben durfte.

In Potsdam besuchten wir Schloss Lindstedt, das von 1803 bis 1828 im Besitz der Familie von Bülow war und auf dem Ahnenbild über dem Sofa in Ammerland im Hintergrund zu sehen ist. Das Gut gehörte schon seit Ewigkeiten nicht mehr den Bülows, dennoch hatte Lindstedt durch die Darstellung auf dem Ahnenbild für Vicco eine große Bedeutung.

Die Bülow'schen Ahnenbilder waren nach dem Krieg in der DDR gelandet. Nach Ansicht der dortigen Regierung gehörten sie zum nicht exportfähigen Kulturgut. Karl-Eduard von Schnitzler, der politische Chefkommentator des DDR-

Fernsehens, der mit seiner unfreiwillig komischen Hetz-Sendung »Der schwarze Kanal« bei uns West-Berlinern Kult war, hatte ein Herz für Loriots Interesse an dessen Familiengeschichte. Er wusste, was sich gehört, und sorgte dafür, dass die privaten Bülow'schen Ahnenporträts das Land verlassen durften.

Berlin elektrisierte Vicco, die Luft der Großstadt war für ihn geradezu ein Jungbrunnen. Er fühlte sich plötzlich ganz und gar nicht mehr alt und parodierte immer mal wieder den alten Mann, der er ja inzwischen tatsächlich war, indem er beim Überqueren der Straße scherzhaft mit seinem Stock fuchtelte und mümmelnd vorbeifahrenden Autos drohte. Genausogut konnte es aber auch vorkommen, dass er trotz Gehstocks unvermutet auf dem breiten Bürgersteig der Knesebeckstraße aus purer Lebensfreude ein paar leichtfüßige Wechselschritte im Stil eines altmodischen Swingtänzers wagte.

Denn es war ja beileibe nicht so, dass Vicco nur die sogenannte »klassische« Musik mochte. Er liebte genauso den Swing der zwanziger Jahre. Fred Astaire und Jack Hylton mit seiner Big Band bewunderte er wegen der einmaligen Eleganz in Tanz und Musik. Seine Lieblingstanzszene war eine kleine Stepnummer von Bob Hope und James Cagney aus »The Seven Little Foys« von 1955. Als ich irgendwann die DVD von dem in Deutschland kaum bekannten Film in den USA auftrieb, jubelte er vor Vergnügen. Und das war nicht nur Nostalgie. Er freute sich genauso an den raffiniert-komischen Musical-Szenen in »Everyone Says I Love You« von Woody Allen, weil er dort eine ähnliche Eleganz wiederfand, hier allerdings gebrochen durch absurde, schräge Komik.

Italienische Tenöre,
noch mehr Wagner & Opernbesuche

Mein schönstes Geburtstagsgeschenk 1979 – ein Komponistenquartett

Am Münchner Marienplatz gab es einen kleinen Schallplattenladen – die CD war noch nicht erfunden –, der von Herrn Will, einem intimen Opern- und Stimmenkenner und -liebhaber geführt wurde. Loriot kaufte dort alle seine Platten. Wenn der offizielle Einkauf beendet war, bückte sich Herr Will meist unter seine Kasse und zog von dort eine diskophile Rarität hervor. Auf diesen Vinyl-Platten befanden sich Live-Mitschnitte – die in der Regel italienische Opernbesessene mit kleinen Kassettenrecordern heimlich aufgenommen hatten – oder in Heimarbeit entstandene Überspielungen seltener alter 78er-Schellackplatten. Auch in der Bundesrepublik gab es also »Bückware«. »Die müssen Sie unbedingt haben, Herr von

Bülow, und die hier eigentlich auch«, war der Zauberspruch, der zum Kauf verführte.

Die seltenen Schätze wurden in Ammerland sofort mit gierigen Ohren angehört. Manchmal entdeckten wir gerade auf diesen Platten die größten Delikatessen. So zum Beispiel ein phänomenales »Nessun dorma«, gesungen vom 79-jährigen Giacomo Lauri-Volpi anlässlich einer Festvorstellung zum hundertsten Geburtstag des Opernhauses von Barcelona. Man hörte schon, dass da ein alter Mann sang, aber wie viel Kraft diese alte Stimme noch hatte und wie das Publikum seinen Gesang frenetisch feierte, das rührte Vicco sehr. So sehr, dass er gerade diesen Track immer wieder vorspielte, um auch andere für die einmalige Stimme des Italieners zu begeistern. Ein anderes Highlight war das »Esultate«, Otellos kurze, aber gewaltige Auftrittszeilen, gesungen von Mario del Monaco. Vicco hatte del Monaco noch live gehört und schwärmte von dessen unvergleichlicher Riesenstimme.

Seine Liebe für Tenöre – auch für andere Stimmlagen, die Tenöre standen jedoch im Vordergrund – war ansteckend. Ich stellte mir schon 1975, also in unserem ersten Jahr, eine Musik-Kassette zusammen, die folgende Lieblings-Tracks von Vicco enthielt:

- »Esultate« (Verdi: »Otello«) – Giacomo Lauri-Volpi
- »Nessun dorma« (Puccini: »Turandot«) – Giacomo Lauri-Volpi
- »La dolcissima effigie« (Cilea: »Adriana Lecouvreur«) – Aureliano Pertile
- »Di quella pira« (Verdi: »Il Trovatore«) – Mario del Monaco
- »Vesti la giubba« (Leoncavallo: »I Pagliacci«) – Mario del Monaco
- »Come un bel di di maggio« (Giordano: »Andrea Chénier«) – Mario del Monaco
- »Freunde, vernehmet die Geschichte« (Adam: »Postillon von Lonjumeau«) – Helge Rosvaenge
- »Per la gloria« (Bononcini: »Griselda«) – Beniamino Gigli
- »Care Selve« (Händel: »Atalanta«) – Beniamino Gigli

- »Gia il sole« (A. Scarlatti: »L'honestà negli amori«) – Beniamino Gigli
- »O dolce incanto« (Massenet: »Manon«, ital.) – Beniamino Gigli
- »Il fior …« (»Blumenarie«, Bizet: »Carmen«, ital.) – Beniamino Gigli
- »Mi par d'udir ancora« (Bizet: »Les Pêcheurs des Perles«) – Beniamino Gigli
- »Ombra mai fu« (Händel: »Serse«) – Beniamino Gigli
- »Agnus Dei« (Bizet) – Beniamino Gigli
- »Salve dimora« (Gounod: »Faust«, ital.) – Beniamino Gigli
- »Una furtiva lagrima« (Donizetti: »L'elisir d'amore«) – Beniamino Gigli
- »La donna è mobile« (Verdi: »Rigoletto«) – Beniamino Gigli

Viele Jahre später, nachdem die CD erfunden war und man am Computer eigene Silberlinge herstellen konnte, habe ich meinem Freund zu seinem 83. Geburtstag genau diese Zusammenstellung überspielt und gebrannt. Dazu entwarf ich ein Cover, auf dem alle seine Lieblinge abgebildet waren. Er war sehr gerührt und hat die CD oft aufgelegt. Aus der Zusammenstellung kann man schließen, dass Gigli wohl für ihn die Nummer eins war, weil sich bei ihm, wie bei kaum einem anderen Sänger, gewaltige Stimmkraft mit einem unendlich schönen und zarten Piano verband.

Man wird sich vielleicht wundern, dass sich auf dieser Kassette nur Arien aus dem italienischen und dem französischen Repertoire fanden und nicht ein einziger Titel von Wagner. Loriot war eben alles andere als einseitig oder gar dogmatisch. So betonte er mehrfach, dass eigentlich die »Bohème« seine Lieblingsoper sei, auch wenn Wagner ihn letztlich doch tiefer berührte.

Lag es daran, dass er sich im Alter von zwölf Jahren als Belohnung für eine überstandene Blinddarmoperation als ersten Opernbesuch in der Berliner Staatsoper »La Bohème« – mit seiner Lieblingsarie »Che gelida manina« – gewünscht hatte? Und nicht bekam? Man erfüllte ihm diesen Wunsch nicht, weil seine Mutter an einem Lungenleiden gestorben war und man dem Knaben eine hustend dahinsiechende Mimi nicht zumuten wollte. Es wurde dann »Carmen«, das Stück um dunkle Erotik, Eifersucht und Mord hielt man offenbar für kindertauglicher.

Zu den oben genannten Favoriten kamen – unter anderen – hinzu: Jussi Björling, Giuseppe Di Stefano, Gianni Raimondi, Alfredo Kraus (den wir zusammen mehrfach live zu hören die Freude hatten), aber eben auch die lyrischen Peter Pears, Fritz Wunderlich und Peter Schreier. Die »Großen Drei«, Domingo, Carreras und Pavarotti, haben wir alle mit größtem Genuss mehrfach auf der Bühne erlebt, ebenso wie Neil Shicoff, Rolando Villazón, José Cura, Piotr Beczała und viele andere.

Bei den Wagner-Tenören war die Sache verzwickter. Die großen Helden des Wagner-Gesangs schienen alle der Vergangenheit anzugehören: Max Lorenz, Ludwig Suthaus, Franz Völker (sein spezieller Liebling), Leo Slezak, Lauritz Melchior und Peter Anders (der tragischerweise kurz vor seiner ersten Bayreuther »Walküre« starb, von dem es aber einen grandiosen »Lohengrin« auf CD gibt). Vicco erzählte oft erschüttert die unglaubliche Tatsache, dass man ganz kurz vor Anders' Tod die vollständige »Walküre« mit ihm für den Rundfunk aufgenommen hatte, die unersetzliche Aufnahme – um Bandmaterial zu sparen – aber wieder löschte, weil die bevorstehende Bayreuther Aufführung vermutlich bedeutender werden würde.

Sicher, es gab später Wolfgang Windgassen und René Kollo, aber an die Stimmgewalt eines Lorenz oder Völker kamen diese großartigen Sänger wohl doch nicht heran. Vicco hatte die alten noch erlebt und sehr genau im Ohr. Dennoch wurde er nie sentimental. Er gehörte nicht zu denjenigen, die die Vergangenheit glorifizieren und der Gegenwart keine Chance geben. Im Gegenteil, er war sein Leben lang begierig darauf, neue

Stimmen zu entdecken. Als er Domingo als ganz jungen, noch völlig unbekannten Tenor in Hamburg singen hörte, sagte er voraus, dass der einmal ein ganz Großer werden würde. Er hatte recht behalten.

Domingo hat es ihm nicht gedankt. Als wir 1990 in Wien in der Premiere seines »Lohengrin« saßen, war er indisponiert. Anstatt die Rolle dem in der Kulisse wartenden Paul Frey, einem immerhin erprobten Bayreuth-Tenor, zu überlassen, sang Domingo die Vorstellung. Bei der Gralserzählung im dritten Akt begann er die Zeile »Es heißt der …«, verstummte dann urplötzlich bei »… *Gral, und selig reinster Glaube* …« – in der das langgezogene hohe »A« zu singen ist – und setzte schließlich mit dem einfacher zu singenden Rest der Zeile »… erteilt durch ihn sich seiner Ritterschaft« wieder ein. Domingo wollte sich durch sein kurzes Verstummen ausgerechnet an einem der Höhepunkte der Oper für die am nächsten Tag angesetzte Fernsehübertragung schonen. Er erntete vom Publikum dafür ein einstimmig empörtes »Buh«, wie ich es selten in einem Opernhaus gehört habe.

Einer von denen, die Vicco »entdeckte« und der wegen mangelnder Plattenaufnahmen nie die ganz große Karriere im Westen machte, war der erste Tenor des Moskauer Bolschoi-Theaters, der Russe Wladimir Atlantow. Atlantow war laut Vicco der einzige lebende Tenor, dessen Stimmkraft sich mit der von del Monaco messen konnte. Wir haben ihn in Wien in Verdis »Otello« gehört und am 23. Mai 1980 bei einem unvergesslichen »Tosca«-Gastspiel des Bolschoi-Theaters in Berlin.

Loriot hielt »Tosca« für die vielleicht perfekteste Oper der Musikgeschichte, und dieses Meisterwerk wurde nun ausgerechnet im scheußlichen großen Saal des Berliner ICC dargeboten. Der Raum ist für Kongresse gebaut worden. Vicco fand, dass er aussah »wie eine nach innen gestülpte Concorde«. In den Bühnenbildern der uralten Moskauer Inszenierung hing der Staub von Jahrzehnten, aber Atlantow als Cavaradossi, seine Frau Tamara Milashkina als Tosca und Juri Mazurok als Scarpia waren ein Gesangsensemble von so unfassbarer Stimmkraft, dass wir den Raum, in dem wir saßen, vollkommen vergaßen.

Erstaunlicherweise war das große Vorbild des Russen mit der baritonal unterfütterten Riesenstimme der einzigartige Alfredo Kraus, der doch eine vollkommen andere Stimmfärbung hatte. Kraus war ein hoch liegender lyrischer Tenor des italienischen Fachs. Seine Stimme war kräftig, seine Technik perfekt und seine Höhe mühelos. Vicco schwärmte, wenn er Kraus hörte, wie der bei Spitzentönen einfach oben eine zusätzliche »Klappe« aufmachte. Aber Kraus wäre nicht im Traum auf den Gedanken gekommen, Atlantows Paraderolle, den heldischen Otello, zu singen. Dennoch, einmal so kultiviert zu singen wie Alfredo Kraus, das schien Atlantow das höchste Ziel zu sein.

Vicco lernte Atlantow später persönlich kennen, als der mit dem Gedanken spielte, den »Lohengrin« einzustudieren. Er ließ sich von Vicco den deutschen Text auf Band sprechen, um die Betonungen richtig lernen zu können. Zum Dank bekam Vicco von ihm eine Kassette geschenkt, auf der er seinem deutschen Freund ein Geburtstagsständchen gesungen hatte. Aus Atlantows »Lohengrin« ist leider nie etwas geworden.

Neben der Oper liebte Vicco ebenso den klassischen Liedgesang. Dass er den großen Dietrich Fischer-Dieskau verehrte, versteht sich beinahe von selbst, die beiden waren zudem Nachbarn und miteinander befreundet. Vicco konnte über schöne Stellen aus Schuberts Liederzyklen genauso ins Schwärmen geraten wie über einen lang und laut geschmetterten »Wälse-Ruf« aus der »Walküre« (der längste, den wir gemeinsam gehört haben, stammt von Lauritz Melchior, Boston 1940, 16 Sekunden!).

Seine innigste Liebe galt hier wohl doch der »Schönen Müllerin«, vor allem den melancholischen Liedern »Trockene Blumen« und »Der Müller und der Bach«. Da er glücklicherweise die Angewohnheit hatte, in den CD-Booklets seine Lieblingsstücke mit kleinen schwarzen Punkten zu markieren, kann man sich anhand dieser Notizen noch heute auf die Reise zu seinen musikalischen Favoriten begeben.

Die Leidenschaft für Tenöre und große Stimmen zog sich durch Loriots ganzes Leben. Es fing mit dem Kurbelgrammophon seines Vaters an, auf dem er Caruso, Schaljapin und Gigli hörte, setzte sich in seiner ersten »Carmen« in der Berliner Staatsoper fort (Franz Völker sang den Don José!) und gipfelte zunächst darin, dass er als Schüler an der Stuttgarter Oper als Statist mitwirkte. Dort erlebte er seine Idole, wie z. B. Völker, aus größter Nähe auf der Bühne. Zuhause fertigte er nach seinen Auftritten als Soldat, Volk oder Sklave sehr begabt gezeichnete Figurinen seiner Kostüme an. Ich fand es schade, dass er diese ganz frühen Talentproben nie als Buch herausgeben wollte. Sie hätten schöne Illustrationen für seinen »Kleinen Opernführer« abgegeben.

Die Liebe zum Theater ließ ihn nie los, und die Menge an Schauspiel- und Opernzitaten, die er fehlerfrei parat hatte, war beeindruckend. Ich weiß nicht, was spektakulärer ist, Telramunds hochdramatische Anklage gegen Elsa im ersten Akt des »Lohengrin« von einem große Bariton gesungen zu hören oder sie von Loriot im Affentempo und mit perfekter Artikulation auswendig rezitiert zu bekommen:

»Zum Sterben kam der Herzog von Brabant, und meinem Schutz empfahl er seine Kinder, Elsa, die Jungfrau, und Gottfried, den Knaben; mit Treue pflog ich seiner großen Jugend, sein Leben war das Kleinod meiner Ehre. Ermiss nun, König, meinen grimmen Schmerz, als meiner Ehre Kleinod mir geraubt! Lustwandelnd führte Elsa den Knaben einst zum Wald, doch ohne ihn kehrte sie zurück; mit falscher Sorge frug sie nach dem Bruder, da sie, von ungefähr von ihm verirrt, bald seine Spur – so sprach sie – nicht mehr fand. Fruchtlos war all Bemüh'n um den Verlor'nen;

*als ich mit Drohen nun in Elsa drang, da ließ in bleichem Zagen
und Erbeben der grässlichen Schuld Bekenntnis sie uns sehn. Es
fasste mich Entsetzen vor der Magd; dem Recht auf ihre Hand,
vom Vater mir verlieh'n, entsagt' ich willig da und gern und nahm
ein Weib, das meinem Sinn gefiel: Ortrud, Radbods, des Friesen-
fürsten Spross.«*

»Komisch, für sowas hab ich'n Gedächtnis«, um mit Herrn
Lohse aus »Pappa ante Portas« zu sprechen. Es war aber nicht
immer so lang. Kürzere Wagner-Zitate spielten in der Konversation mit Vicco ständig eine Rolle (»Gunther, deinem Weib
ist übel!«, »Altgewohntes Geräusch …« etc.). Und wo immer
man mit ihm war, wurde man unsichtbar von Wagner begleitet: »Ist es nicht seltsam, man hört nur ein winziges Stück, den
Teil eines Motivs von Wagner, und sofort ist man in seiner
Welt …« Nach einem Hauskonzert bei Freunden packte der
Hornist des Scharoun-Ensembles sein Instrument gerade ein,
da fragte Vicco ihn, ob er Siegfrieds Horn-Motiv spielen
könne. Statt einer Antwort holte der Musiker sein Horn wieder aus dem Koffer und spielte einmal vollendet das kurze Mo-
tiv. Großer Jubel.

Auf unserer gemeinsamen Venedig-Reise 1978 saßen wir
abends im Caffè Florian auf dem Markusplatz und lauschten
der Kapelle mit ihren Potpourris aus Unterhaltungsmusik und
klassischen Melodien. »Du sprichst doch Italienisch, frag doch
mal, ob die was von Wagner können«, bat er mich. Mir war es
etwas peinlich, weil ich fürchtete, mir von dem Leiter der Kapelle eine Abfuhr zu holen, aber ich riss mich zusammen, ging
zu ihm und fragte ihn in brüchigem Italienisch, wie es um das
Wagner-Repertoire seiner Musiker bestellt sei. Seine Miene
hellte sich auf. »Certo«, sagte er und tauschte mit seinen Kollegen ein paar geflüsterte Sätze aus. Als ich wieder an unserem
Tisch Platz nahm, erklang auf dem Markusplatz das Preislied
aus den »Meistersingern«. Vicco war glücklich, und die Kapelle ließ sich ihr Wunschkonzert königlich entlohnen.

In Viccos vielfältigen Opern-Erinnerungen gab es auch einen makaber-skurrilen Moment. Vicco war als junger Soldat während des Krieges auf Heimaturlaub und ging in die Staatsoper Unter den Linden. Man gab Verdis »Rigoletto«. Der Rigoletto wurde von dem berühmten Bariton Heinrich Schlusnus gesungen, der ein Hüne war – ganz im Gegensatz zu dem von ihm verkörperten, zwergenhaft verkrüppelten Titelhelden. Mit aufgeklebtem Buckel und gebeugtem Oberkörper versuchte Schlusnus, seiner Rolle äußerlich halbwegs gerecht zu werden. Mitten in der Vorstellung gab es Fliegeralarm. Völlig ungerührt, ja beinahe routiniert richtete sich der verkrüppelte Rigoletto zu voller Körpergröße auf und verließ die Bühne. Sänger, Orchester und Zuschauer gingen geordnet in den Luftschutzkeller.

Als der Bombenangriff vorüber war – das Haus war diesmal noch verschont geblieben – wurde die Vorstellung fortgesetzt. Die Zuschauer nahmen Platz, der Dirigent hob den Stab, Schlusnus ging auf die Position, in der er zum Zeitpunkt des Alarms gestanden hatte, und krümmte seinen Rücken wieder, um sich erneut in Rigoletto zu verwandeln. Für Vicco war diese Anekdote, außer dem absurden Moment der zweifachen Verwandlung, ein staunenswertes Beispiel dafür, unter welch bizarren Umständen Menschen bereit waren, den Weg in ein Opernhaus zu suchen.

Selbst als er alt war und oft den Gehstock zu Hilfe nahm, zog es ihn immer noch zu seinem Plattenspieler, um Freunden, leicht gebeugt vor dem Regal stehend, seine Lieblingsstellen vorzuspielen. Meine Töchter gelangten so in den Genuss, von Vicco in Wagners »Tristan« eingeführt zu werden. Der alte Mann schilderte den beiden halbwüchsigen Mädchen die Bewegung, die ihn als jungen Mann ergriff, als der »Tristan-Akkord« sich im Vorspiel der Oper zum ersten Mal in voller Orchestrierung entfaltete: »In dem Moment hat für mich eine Welt begonnen, die bis heute nicht aufgehört hat.«

Loriot legt auf

Den »Tristan« haben wir oft zusammen gehört. Von der legendären Aufführung in Bayreuth habe ich schon berichtet. Ähnlich gefeiert wurde Leonard Bernsteins halbszenische Aufführung 1981 im Münchner Herkulessaal, mit Peter Hofmann als Tristan und Hildegard Behrens als Isolde. Auch dies insofern eine nicht alltägliche Aufführung, da sie nicht an einem, sondern an drei Abenden – verteilt über ein Jahr – stattfand. Am Abend des dritten Aktes war Hildegard Behrens erkältet, sang aber dennoch. So erlebten wir eine gelegentlich hustende Isolde und fühlten »La Traviata« und »La Bohème« in den Herkulessaal herüberwehen, eine ungewöhnliche Erfahrung.

1983 gingen wir in München in die Oper, um dort zum wiederholten Male Verdis »Otello« zu hören. Die Titelpartie sang der Bulgare Spas Wenkoff, die Desdemona war Margaret Price. Wir wurden von Romi und meiner Freundin Claudia begleitet. Wenkoff hatte eine große, aber nicht unbedingt schöne Stimme. Wenn er Wagner sang, überzeugte er mit der schieren Kraft seines Organs, bei Verdi konnte es problematisch werden. Kurz und gut, in der Pause entschlossen sich unsere Damen, die Wenkoff nicht besonders mochten, das Opernhaus zu ver-

203

lassen. Sie waren der irrigen Annahme, dass Vicco (und ich) nur am Tenor interessiert seien. Dass die eigentliche Sensation des Abends Margaret Price war, kam ihnen nicht in den Sinn. Wir überredeten sie zu bleiben, denn Desdemonas Gebet, der Höhepunkt ihrer Partie, kam erst nach der Pause. Und wir wurden reich belohnt. Nie haben wir das »Piangea cantando« und das nachfolgende »Ave Maria« zarter und ausdrucksvoller gehört. Es mussten keineswegs immer nur Tenöre sein.

In seinem letzten Sommer, 2010, rückte wieder einmal Wagners »Lohengrin« stärker in Viccos Fokus. Aber diesmal war es nicht die Titelpartie, sondern die große Szene Elsa-Ortrud im zweiten Akt. Vicco wurde nicht müde, die Stelle, an der sich Elsas und Ortruds Duett zu schönster Zweistimmigkeit auflöst (»Es gibt ein Glück, das ohne Reu'«), in allen seinen Aufnahmen – und das waren etliche – zu vergleichen. Am meisten mochte er das Duett im Bayreuth-Mitschnitt von 1953, gesungen von Eleanor Steber und Astrid Varnay, dirigiert von Joseph Keilberth.

Wann immer ich einem neuen aufregenden Sänger begegnet bin, war es mir ein Bedürfnis, Vicco möglichst schnell in meine Entdeckung einzuweihen. So konnte ich ihn auf Jonas Kaufmann hinweisen, den er noch nicht kannte, und später auf Vittorio Grigolo. Und ein kleines humoristisches Fundstück hatte ich auch für ihn. Es ist die Aufnahme eines Vorsingens für den Chor der Oper in Bonn, vermutlich aus den siebziger oder achtziger Jahren. Sie wurde mir irgendwann von einem Bekannten zugespielt. Ein Sänger, des Deutschen kaum mächtig und auch stimmlich nicht auf der Höhe, krächzt und knödelt »Dein ist mein ganzes Herz«, dass es einem die Schuhe auszieht. Wir haben das kakophonische Juwel oft gehört, jedes Mal hat es Vicco vor Lachen die Tränen in die Augen getrieben.

Mit zwei CDs, die ich ihm irgendwann vorspielte, ist es mir sogar gelungen, meinen Freund reinzulegen. Das erste war ein Orchesterstück, das Vicco aufhorchen ließ. Er, der alles von

Wagner kannte, war sicher, dass die Musik von eben diesem stammen müsse, und er freute sich, einem neuen Werk seines Lieblingskomponisten zu begegnen. Wir hörten das Stück zuende, Vicco war frappiert. Aber ich musste ihn enttäuschen. Es handelte sich um die Endpassagen zweier Tracks der Filmmusik zu »Gladiator« von Hans Zimmer (»The Might of Rome« und »Barbarian Horde«).

Das andere war eine sehr spezielle Aufnahme des ersten Aktes von Verdis »La Traviata«. Der Tenor, eine offensichtlich nicht mehr junge Stimme, krächzte grausam, aber das Orchester spielte brillant. Vicco war ratlos und lauschte stirnrunzelnd dem ungewöhnlichen Tondokument. Es war ein Probenmitschnitt des Dirigenten Arturo Toscanini, der nur mit dem Orchester probierte und den Tenorpart selber übernommen hatte.

In meiner Jugendzeit war Rudolf Schock eher durch Operettenwunschkonzerte und Schlagerfilme populär – mein Vater trat sogar mit ihm zusammen in zwei kitschigen Fünfziger-Jahre-Schmonzetten auf. Dass der von mir ungeliebte Sänger ein großer Tenor war, wollte ich nicht wahrhaben, bis mich Vicco eines Besseren belehrte. Er spielte mir seinen »Lohengrin« vor, seinen Rudolf aus der »Bohème« und seinen jungen Seemann in Furtwänglers »Tristan«. Schocks Stimme war tatsächlich bemerkenswert. Und Vicco war es ein Herzensanliegen, dass ich mein Vorurteil, Schock sei nur ein Schnulzensänger, revidierte.

Er selbst war übrigens immer sofort bereit, Vorurteile über Bord zu werfen. Ich erinnere mich daran, dass er während unserer Bremer Zeit einmal nach Hamburg zu einem Hauskonzert mit dem Amadeus-Quartett eingeladen war. Er hatte nicht so rechte Lust, einen Abend mit Kaufleuten und unverbindlichem hanseatischem Smalltalk zu verbringen, fuhr aber dennoch hin. Als er nach Bremen zurückkam, erzählte er mir erstaunt und fast beschämt, dass er selten in seinem Leben so viele Menschen getroffen habe, die so viel von Musik verstanden hätten.

Eine seiner späten Entdeckungen war der ungarische Tenor Zoltán Závodszky. Ein Bekannter hatte ihm eine Kassette von Závodszky geschickt. Wagner auf Ungarisch klingt gewöhnungsbedürftig, aber Vicco war von der lyrischen Stimme des Sängers hingerissen (hauptsächlich bei Siegfrieds Tod). Leider gab es nur wenige Aufnahmen von ihm und nur Auszüge aus Opern. Meine Recherchen und ein umfangreicher E-Mail-Verkehr mit der ungarischen Plattenfirma haben leider nicht dazu geführt, dass ich meinen Freund mit weiteren Závodszky-Aufnahmen beglücken konnte.

Über den Mangel an Závodszky tröstete er sich mit Leo Slezak hinweg. Seltsamerweise weniger mit dessen legendären Wagner-Aufnahmen als vielmehr mit seinen bewegenden, extrem lyrischen Schubert- und Schumann-Liedinterpretationen. Dass Slezak mit seiner Riesenstimme außer Wagner auch stille romantische Lieder gesungen hatte, war für mich eine aufregende Neuigkeit. Mir war Slezak bis dahin ohnehin mehr als Filmkomiker (das wurde er nach seiner Opernlaufbahn) und Autor humoristisch-autobiographischer Bücher vertraut. Mein Vater hatte außerdem einmal mit Slezaks Sohn, dem Schauspieler Walter Slezak, gedreht, der ihm erzählte, dass er als vierjähriges Kind in einer »Lohengrin«-Aufführung seines Vaters als ganz weit entfernter Mini-Lohengrin im perspektivisch verkleinerten Mini-Schwanenkahn quer über die Bühne gezogen wurde.

Die letzte Oper, die Vicco für sich entdeckte, war Erich Wolfgang Korngolds »Die tote Stadt«. Korngolds schwer zu inszenierendes und wenig gespieltes Meisterwerk war endlich mal wieder etwas, was er sich neu erschließen konnte. Noch in seinen letzten Wochen im Krankenhaus beschäftigte ihn intensiv die Frage, welcher Aufnahme der »Toten Stadt« der Vorzug zu geben sei, der älteren mit Carol Neblett und René Kollo oder der neuen mit Angela Denoke und Torsten Kerl.

Loriots musikalische Werke

1975 klingelte bei Loriot das Telefon. Am anderen Ende war Karl Böhm. Der Dirigent wollte mit seinem Sohn Karlheinz Böhm Camille Saint-Saëns' »Karneval der Tiere« aufnehmen und fragte Loriot, ob er nicht Lust hätte, einen neuen Text dafür zu verfassen. Loriot fühlte sich durch den Anruf des großen Maestro geschmeichelt und sagte zu. Die Platte mit den beiden Böhms bekam den Deutschen Schallplattenpreis, Loriots Version vom »Karneval der Tiere« wurde ein Klassiker. Später hat er seinen Text selbst gesprochen und noch weitere Neufassungen für Kinderklassiker geschrieben, »Peter und der Wolf« von Sergej Prokofieff und »Die Geschichte von Babar« von Francis Poulenc.

Irgendwann rief auch die Opernbühne nach ihm. Seine Leidenschaft für das Musiktheater führte zwangsläufig dazu, dass er selber eine Oper inszenierte. Die Angebote waren vielfältig, man öffnete ihm überall Tür und Tor. In München, wo er schon 1973 in einer Faschingsmatinee mit drei Intendanten, einem Kritiker und einem Feuerwehr-Brandmeister »über die Schwierigkeit, die Bayerische Staatsoper in die Luft zu sprengen«, diskutiert hatte – angeregt durch Pierre Boulez' 1967 in einem »Spiegel«-Interview geäußerten Vorschlag, alle Opernhäuser in die Luft zu jagen –, hätte er sogar den »Tristan« machen können. Aber Loriot wägte sorgfältig ab. Er wählte nicht den allzu nahe liegenden Lortzing, und er scheute die großen Mozart-Komödien wegen ihrer Popularität und ihrer zu bedeutenden Musik. Kurz dachte er darüber nach, Wagners »Meistersinger von Nürnberg« anzugehen, wollte aber mit seiner ersten Opernarbeit nicht das Risiko eingehen, ausgerechnet an seinem Lieblingskomponisten zu scheitern. So fiel die Wahl auf Flotows »Martha«, eine selten aufgeführte Spieloper mit schöner Musik, wofür allein schon die Tatsache spricht, dass »Martha« die einzige Oper ist, aus der Caruso fünf Nummern auf Schallplatten aufgenommen hat. Loriot benutzte die Inszenierung, um sich ganz in die imaginäre Welt seiner Kindheit, das heile 19. Jahrhundert, zurückzuträumen.

Bei der Produktion der »Martha«, 1986 in Stuttgart, war ich nicht dabei, wohl aber bei der Premiere. Loriot hatte die Idee, die Bühne wie ein großes Spielzeug-Papiertheater mit gemalten Kulissen und Soffitten zu behandeln. Er wollte seine Inszenierung machen wie ein Kindertheater, denn als Kind sei er manchmal enttäuscht gewesen, weil im Theater das, was das Stück versprach – einen Wald, einen See, ein Schloss –, nicht gezeigt wurde. Natürlich war seine Version nicht kindlich, sie war vor allem sehr komisch. Der Erfolg war enorm. Später wurde die Inszenierung vom Theater in Meiningen und vom Gärtnerplatztheater in München übernommen und auch dort immer vor vollen Häusern gespielt.

Loriot wäre nicht Loriot gewesen, wenn er nicht auch in die »Martha« ein bisschen Wagner hineingeschmuggelt hätte. In der großen Szene in der Waldschänke sitzt am Wirtshaustisch ein einsamer Gast, der an seinem Barett eindeutig als der Bayreuther Meister zu identifizieren ist (laut Programmheft »Ein sächsischer Tondichter«). Anlässlich der 50. Aufführung in Stuttgart hat Loriot selbst die stumme Rolle übernommen und sich mit angeklebter Nase und Wagner-Kostüm in den Meister verwandelt, was glücklicherweise privat gefilmt wurde und als Dokument erhalten ist.

Es gibt in Loriots »Martha« sogar ein musikalisches Wagner-Zitat. Eine der Hauptfiguren heißt Lord Tristan. Als dieser von

Martha mit seinem Namen angesprochen wird: »Wie, Tristan, ist das Ihre Liebe?«, erklingt im Orchester kurz Wagners »Tristan-Akkord«. Loriot hatte diesen Scherz zusammen mit dem Dirigenten entwickelt, er war Teil der Inszenierung. Ein Kritiker der Aufführung wusste nichts davon und schrieb erstaunt, dass der Akkord, der unter Musikwissenschaftlern als der Beginn der modernen Musik gilt, eine Erfindung Friedrich von Flotows (des Komponisten der »Martha«) sei – und nicht von Wagner – mithin achtzehn Jahre älter als bisher angenommen. Loriot klärte den Journalisten später über seinen Irrtum auf, womit er sich den bleibenden Zorn des Herrn zuzog.

Wie akribisch sich Loriot auf seine erste Operninszenierung vorbereitete, wird klar, wenn man seine Entwürfe für Kostüme und Bühnenbilder betrachtet, denn er führte nicht nur Regie, sondern war auch sein eigener Ausstatter. Jedes noch so kleine Detail ist von ihm meisterhaft gezeichnet. Und in seinem Archiv stehen bis heute die Bühnenbildmodelle seiner »Martha« und seiner zweiten Operninszenierung, des Weber'schen »Freischütz« (1988 in Ludwigsburg) – als kleine, elektrisch beleuchtete Papiertheater.

Zu einigen weiteren Ausflügen in die Welt der Oper inspirierte ihn Klaus Schultz. Loriot war seit der Zeit, in der Klaus Schultz Chefdramaturg an der Bayerischen Staatsoper war, mit ihm befreundet. Später wurde Schultz Intendant in Aachen, in Mannheim und dann wieder in München.

Im Jahr 1992 wurde die Bühne des Mannheimer Theaters umgebaut, Opern konnten während dieser Zeit nur konzertant aufgeführt werden. Da hatte Schultz die kluge Idee, Loriot zu bitten, ob er nicht Lust hätte, das, was er so oft im Freundeskreis gemacht hatte, nämlich Wagner-Novizen in das gigantische Werk des »Rings« einzuführen, mit dem Mannheimer Opernpublikum zu machen.

Entstanden ist daraus »Loriot erzählt Wagners ›Ring‹ an 1 Abend«, die wohl komischste aller Inhaltsangaben von Wagners vierteiligem Hauptwerk. Mit großer Liebe zu den vier Musikdramen, aber auch mit viel Ironie und einem Hauch Respektlosigkeit gelingt es Loriot hier, selbst hartnäckige Wagner-Verweigerer weichzukneten und ihnen einen Zugang zum »Ring« zu eröffnen.

Loriots »Ring« wurde in Mannheim ein großer Erfolg, und in Berlin war er der einzige Programmpunkt der ersten AIDS-Gala 1995, die sich seither zu einem alljährlichen gesellschaftlichen Großereignis entwickelt hat, nicht zuletzt weil Vicco jahrelang auf höchst geistreiche Weise durch die Operngala führte. Etliche seiner in neun Jahren AIDS-Gala entstandenen Moderationen sind als »Loriots kleiner Opernführer« veröffentlicht.

Vicco wünschte sich auch für diese kurzen Texte einen Mitstreiter und bat mich, ihm zu helfen. So hatte ich die Freude, immer zu den Ersten zu gehören, die seine Entwürfe für die Moderationen am Telefon vorgelesen bekamen. Vicco wollte Kritik haben, kein Lob, und er wusste, dass ich ehrlich mit ihm war. Gelegentlich brauchte er für seine Texte auch technische Details von Computern und anderem neumodischen Zeug aus einer Welt, in der er sich nicht gut auskannte.

In einem Interview in den achtziger Jahren sagte Loriot, dass er statt Lampenfieber eher Zweifel an der Richtigkeit dessen habe, was er tue. Lampenfieber habe er eigentlich nicht gekannt, vermutlich weil er nicht selber live auf der Bühne stand. Das änderte sich tatsächlich, als er begann, vermehrt live aufzutreten – bei seinen konzertanten Opernaufführungen, seinen Lesungen des Briefwechsels zwischen Voltaire und Friedrich dem Großen (mit Walter Jens) und vor allem bei den »Festlichen Operngalas zugunsten der deutschen AIDS-Stiftung«. Bei seinen letzten Galas wurde sein inzwischen notorisches Lampenfieber immer stärker, er fühlte sich der Belastung vor Beginn der Vorstellung oft kaum noch gewachsen. Deshalb bat er unseren gemeinsamen Freund Otto Sander, sich immer als Zweitbesetzung für den Notfall bereitzuhalten.

☞ GEGENSCHUSS OTTO SANDER ☜

Mein Auftrittstext sollte sein: »Loriot ist übel, ich mache weiter.« Dazu kam es nie! Drei AIDS-Galas habe ich im Smoking, mit dem Buch in der Hand in der Seitenbühne verbracht. Ich durfte Vicco schnell mal die Haare kämmen und ihm Fussel von der Schulter bürsten. Er stöhnte mitleiderregend, aber dann ging er wie ein junger Gott auf die Bühne.

Die Arbeit im Vorfeld war das Schönste. Stunden hat er mit mir gearbeitet. Satz für Satz. »Da musst du eine Pause machen und in den Zuschauerraum gucken, das gibt einen Lacher.« Drei- bis viermal am Tag rief er an, weil ihm noch etwas Wichtiges eingefallen war. Manchmal war es nur die Aussprache der Namen fremdsprachiger Sänger.

Ich habe seine Genauigkeit geliebt und viel von ihm gelernt! Ein bewundernswerter Könner.

✍

Otto Sander und Loriot zu Gast in der Giesebrechtstraße

Außerdem musste Romi regelmäßig Händchen halten. Als sie zu einer Vorstellung nicht kommen konnte, bat sie mich, ihren Mann hinter die Bühne zu begleiten und das Händchenhalten zu übernehmen. Sehr lebendig in Erinnerung sind mir acht jungmädchenhaft kichernde Walküren, die in der Kulisse standen und ihre Abendkleider zurechtzupften, bevor sie zu ihrem fulminanten Oktett auf die Bühne der Deutschen Oper ausritten.

Loriot war durch die AIDS-Galas in der Deutschen Oper Berlin derart beliebt, dass er als einziger Künstler gleichzeitig Ehrenmitglied des Hauses und des Orchesters wurde. Er selbst beschrieb diese künstlerische Verbindung so: »Auch das so liebenswürdige Orchester der Deutschen Oper Berlin, dem anzugehören ich die Freude habe, gewährte eine fruchtbare Zusammenarbeit, als ich versprach, weder zu singen noch zu geigen.«

2007 besuchten wir im Haus in der Bismarckstraße gemeinsam eine Probe von Leoncavallos »Pagliacci« und Mascagnis »Cavalleria rusticana«. Als wir den nur spärlich besetzten Zuschauerraum betraten, erkannte ein Orchestermusiker vom Graben aus Loriot. Sogleich klopften alle Streicher mit ihren Bögen an ihre Pulte, eine Ehre, die sonst nur Dirigenten und Solisten nach einem besonders gelungenen Konzert zuteil wird.

Klaus Schultz regte noch ein weiteres Projekt mit Loriot an, Bernsteins »Candide«. Leonard Bernstein hatte 1956 die Operette nach Voltaires »Candide oder der Optimismus« komponiert. Das Stück wird mittlerweile wieder öfter szenisch aufgeführt, galt aber seit seiner glücklosen Uraufführung im Prinzip als unspielbar.

Bernstein selbst hat »Candide« auf CD aufgenommen, es gibt die filmische Dokumentation einer konzertanten Aufführung in London. Davon abgesehen lag »Candide« – außer der hinreißenden Koloraturarie »Glitter and Be Gay« – in einem Dornröschenschlaf, bis Loriot das Stück, zumindest für Deutschland, wachküsste. Er verfasste Texte, die die komplizierte Handlung verständlich machten und die Musiknummern miteinander verbanden. Das Ganze wurde unter der musikalischen Leitung des Bernstein-Schülers David Stahl konzertant im Münchner Prinzregententheater uraufgeführt. Die »Regie«, also die minimalistische Personenführung der Sänger, lag in Loriots bewährten Händen. Und wie alles, was Loriot anpackte, wurde auch »Candide« ein großer Erfolg. So groß, dass die Aufführung vielerorts gastierte und anlässlich seines 80. Geburtstages eine Festvorstellung im Prinzregententheater stattfand, die glücklicherweise vom Fernsehen mitgeschnitten wurde.

Typisch Loriot: Wo sich andere an ihrem Ehrentag zurücklehnen und sich feiern und beschenken lassen, steht er auf der Bühne und beschenkt sein Publikum.

Komik & Kollegen

In unsere »arbeitslosen« Jahre fielen, wie gesagt, Loriots The-
ater- und Operninszenierungen. In Aachen brachte er auf
Bitten des Intendanten Klaus Schultz seine Sketche mit dem
dortigen Schauspielensemble auf die Bühne.

Dem Ensemble gehörte der junge Heinrich Schafmeister an,
mit dem ich Jahre später viel drehte. Wir sprachen oft über
Loriot und über das, was wir beide von ihm gelernt hatten.
Heinrich erzählte mir unter anderem, dass Loriot ihm ganz
deutlich – wie bei einer Zeichentrickfigur – Mundbewegun-
gen vormachte, die abwechselnd ein »I« und ein »O« formten.
Mit Sätzen, in denen »I« und »O« vorkamen, konnte man komische mimische Effekte erzielen.

☞ GEGENSCHUSS HEINRICH SCHAFMEISTER ☜

Das ging in die Hose.

*Es war Donnerstag, der 17. Oktober 1985, auf der Probebühne
des Aachener Theaters. Probe »Der Astronaut«.*

*Der Interviewer Schmoller gerät ins Stottern »Herr W ... W ...
Wieland ... Ver ... Ver ... Ver ... w ... w ... w ... waltungsinspektor ...«*

*»Mooo-ment«, stoppt Herr von Bülow abrupt die Probe, »so
geht das alles nicht.«*

*Habe ich was falsch gemacht? Meine Gesäßmuskeln verkrampf-
en. Ich bin Schauspielanfänger im Erstengagement, spiele den Astronauten Wieland, der in Wahrheit Verwaltungsinspektor ist.*

214

Und mein Idol, Loriot, Vicco von Bülow, ist aus dem Olymp des Humors zu uns herabgestiegen, um hier in der Aachener Provinz seine erste Arbeit als Theaterregisseur zu wagen. Wir proben »Loriot's Dramatische Werke«. Dieses Glück der Zusammenarbeit mit ihm hätte ich mir eigentlich für den Gipfel meiner Karriere gewünscht, aber nun mache ich mir vor Angst fast in die Hose, dass irgendeine seiner Gesten oder irgendeiner seiner Blicke meine Laufbahn schon im ersten Jahr vernichten könnte. Die Grenzen des eigenen Talents erkennen zu müssen ist sowieso kaum zu ertragen, aber senkt das Genie aller Genies, Loriot höchstpersönlich, den Daumen, gebe ich für immer auf ...

»So geht das nicht«, wiederholt Herr von Bülow und wendet sich an meinen Kollegen, den Interviewer: »Stottern sieht anders aus.« – Glück gehabt, der Meister meint nicht mich.

»Beim Stottern zuckt nicht das ganze Gesicht«, fährt er fort, »die obere Hälfte des Gesichts bleibt völlig ruhig, während nur die untere Hälfte entgleist. Schauen Sie ...« Mein Kollege und ich kleben an seinen Lippen.

»Herr W ... W ... Wieland ...«, verrutscht Loriots untere Gesichtshälfte, aber seine Augen »... Ver ... Ver ... Ver ... w ... w ... w ... waltungsinspektor ...« starren uns ungerührt regungslos an. »... fa ... fa ... fa ... fantastisch ...« Und urkomisch, seine eine Gesichtshälfte weiß nichts von der anderen. »... F ... F ... F ... Freitag«, meine Angst hat sich inzwischen ver ... ver ... f ... f ... flüchtigt, mein Krampf gelöst, meine Muskeln entspannen sich. »Ver ... Ver ... Ver ... suchen Sie's«, macht Loriot uns Mut, »... f ... f ... f ... f ... f ...« – und plötzlich, aus heiterem Himmel und ganz trocken: »Donnerstag!«

fff ... Meine Hose wird warm. Vor Schreck, vor Lachen, vor Loriot hat sich fff ... bei mir etwas gelöst.

»Ver ... Verzeihen Sie, Herr von Bülow, darf ich mal eben ...«, stottere ich und zeige nach draußen.

Der Dialog über die Frage, was komisch sei, begleitete uns über Jahrzehnte. Zum Beispiel Namen. Loriot fand, dass Thomas Mann in der Wahl seiner Namen zu komisch gewesen sei. »Kuckuck, Peeperkorn und Grünlich« seien eben gewollt komisch und nicht wirklich komisch (ich war da nicht ganz seiner Meinung). Loriot bevorzugte bei Namen bestimmte Vokal- und Konsonantenverbindungen. »Blöhmann« fand er komisch wegen des B-l-ö. Sein Reporter »Schmoller« war nicht komisch, weil man an jemanden dachte, der schmollt, sondern weil man beim Aussprechen des Namens die Lippen spitzen muss und, wenn man es richtig macht, wie ein Loriot-Männchen aussieht. Ähnliches gilt für die Herren »Dr. Klöbner«, »Müller-Lüdenscheidt«, »Fröbel« und »Blühmel«. Eine gewisse Neigung zum Umlaut ist unverkennbar.

Ansonsten verehrte Vicco Thomas Mann über alle Maßen. In einem Interview 1988 bekannte er: »Der einzige große deutsche Schriftsteller, der eindeutig auf Humor setzte, war Thomas Mann. Er hielt den Humor für eines der wichtigsten literarischen Stilmittel. Thomas Mann ging dabei sehr weit – so weit, dass sogar Lungenheilstätten komisch wirken konnten. Ein einsames, großes Beispiel. Bei Mann gibt es überhaupt keine Situation, die nicht auch irgendwo ihre komischen Seiten hätte.« Loriot betonte, dass er vermutlich der Einzige sei, der Manns Tagebücher komplett gelesen habe – Seite für Seite, mit allen Anmerkungen.

Und Manns Definition der Komödie (im Musikerroman »Doktor Faustus«) kommt Loriots Begriff des Komischen sehr nahe: »Tragödie und Komödie wachsen auf demselben Holze, und ein Beleuchtungswechsel genügt, aus dem einen das andere zu machen.«

Auch in einem TV-Interview aus dem Jahr 1986 erweist sich Loriot als Seelenverwandter des Dichters. Er wird nach der Schadenfreude gefragt und landet beim Begriff des Tragischen: »Die Schadenfreude, die sich auf einen selbst bezieht, die ist sehr wohltuend, sie ist nur unangenehm, wenn man jemand anderen gerne ausrutschen sieht.« – »So, wie Sie das eben gesagt haben, hat das etwas mit Tragik im klassischen Sinn zu tun. Ist das Tragische manchmal komisch?« – »Sicher ist es benachbart. Sie wissen natürlich so gut wie ich, dass der Begriff der Tragik darauf zurückzuführen ist, unschuldig schuldig zu werden. Die einzige Definition des Tragischen, die es gibt. Und das ist natürlich auch komisch, denn wenn jemand in aller Unschuld etwas tut und damit etwas Verheerendes anrichtet, ist das hart an der Grenze zur Komik.« Zum Beispiel das Verwüsten eines Zimmers, wo man doch nur ein schiefes Bild geraderücken wollte.

Letztlich fußt Loriots Idee von Komik auf drei Begriffen: auf dem Ernst einer Situation, auf dem glaubhaften Scheitern seiner Figuren und auf dem Problem der menschlichen Kommunikation. Seine vielen Fernsehpersiflagen gehören deswegen dazu, weil er das Fernsehen als eine ernste Sache ansah. Aus einer komischen Situation etwas Komisches machen zu wollen sei läppisch, befand er. Ebensowenig dürfe eine absurde Situation künstlich konstruiert werden, sondern es müsse so sein, dass man denkt »es kann mir eigentlich auch passieren«. Keine Frage, auch Vicco von Bülow hätte versucht, das schiefe Bild geradezurücken.

Nach eigenem Bekunden war Loriots Hauptthema aber »die mangelnde Kommunikationsfähigkeit, das Aneinander-vorbei-Reden der Menschen, die bestimmte Dinge miteinander bereden wollen und trotzdem auf ein falsches Gleis geraten. Also, der Mann, der seine Frau fragt ›Liebling, wann gibt es Essen?‹, und sie sagt ›Mein Gott, ich kann doch nicht hexen!‹ In dieser Antwort liegt bereits die Keimzelle zu einem stundenlangen Missverständnis, wenn nicht zu einem lebenslangen Zerwürfnis.« Oder, wie er in einem »Spiegel«-Interview feststellte: »Alles, was ich als komisch empfinde, entsteht aus der zerbröselten Kommunikation.«

Wir sprachen auch über die Giganten Chaplin und Keaton, die Loriot beide verehrte. Dennoch ließ er keinen Zweifel daran, dass er Keaton bevorzugte. Das todernste Gesicht des Mannes, »der niemals lachte«, empfand er als deutlich komischer als den charmanten Chaplin, der ihm hin und wieder zu moralisch und sozialutopisch daherkam. Auch in seinen eigenen Filmen, so Loriot, werde nirgendwo gelacht, »lachen sollen die Zuschauer«. Keaton war für ihn aber vor allem deswegen der größere Humorist, weil er nur auf das Komische an sich aus war und damit keine Botschaft verband.

Interessanterweise war Vicco mit dieser Ansicht nicht allein. Ich hatte das Vergnügen, im Sommer 2012 in Köln Jim Jarmusch kennenzulernen, der dort einen Film drehte. Wir kamen sehr schnell auf Komik zu sprechen, auch Jim Jarmusch hat ja mit »Down By Law« eine sehr skurrile Komödie gedreht. Jarmusch sagte, es gebe »Chaplin-men« und »Keaton-men« – »I am definitely a Keaton-man«. Der amerikanische Regisseur, der einem anderen Kulturkreis und einer anderen Generation angehörte, empfand genau wie Loriot.

Die Begegnung mit Jarmusch fand witzigerweise in dem nach Loriots Bettenverkäufer benannten Café »Hallmackenreuther« statt. Ich war dort früher schon einmal anlässlich eines Produktions-Abschlussfestes zu Gast gewesen. In der Produktion spielte Edgar Hoppe mit, der in Bremen eben diesen Bettenverkäufer namens Hallmackenreuther dargestellt hatte. Ich erzählte dem Wirt, dass sowohl Hoppe als auch ich an dem Loriot-Sketch mitgearbeitet haben, er konnte es kaum glauben.

Als Loriot zum Ehrenprofessor an der Universität der Künste in Berlin ernannt wurde, sagte sein Freund Peter Wapnewski in seiner Laudatio: »In seinen Zeichnungen, seinen sich aus ihnen bildenden Geschichten, in seinen Sketchen, in seinen für das Fernsehen, für den Film, für die Bühne arrangierten Piecen legt er konsequent das Abgründige im Vordergründigen offen: das Absurde im scheinbar Normalen; die abgrundtiefe Komik im nüchternen Ernst; die dämonische Nichtigkeit im vorgeblich Wichtigen.«

Dass ihm von einigen Kritikern vorgehalten wurde, zu liebenswürdig und unpolitisch zu sein, ärgerte ihn, aber er trug es mit Fassung. »Das, was ich mache, ist, bestimmte Bosheiten so einzupacken, dass der Betreffende, der es fressen muss, nicht merkt, was er runtergeschluckt hat. Und es ihm erst später, wenn er's im Magen hat, irgendwann klar wird. Das ist der ganze Trick dabei. Es ist nur die Verpackung.«

Spätere Generationen von Humoristen haben dies begriffen. Zum Beispiel Hape Kerkeling: »Ich glaube, dass das, was Loriot macht, durchweg politisch ist. Das ist eine so herbe Kritik an herrschenden Zuständen, aber eben auf eine Formel gebracht, die für jeden verständlich ist. Also, wenn die Keimzelle unserer Gesellschaft, das ist die Ehe, wenn die Keimzelle schon nicht funktioniert, wie soll dann der ganze Rest funktionieren?« Loriot hat sich über das Lob des jungen Kollegen sehr gefreut.

Wenn es um zeitgenössische Kollegen ging, war Loriot in seinen öffentlichen Äußerungen immer sehr zurückhaltend. Nichts lag ihm ferner, als öffentlich Zensuren zu verteilen, dennoch urteilte er sehr genau über das, was ihm im Fernsehen neudeutsch als »Comedy« begegnete. In den aktuellen Comedians sah er große Talentpotentiale. Er fand jedoch, dass die Menge an Sketchen, die in kürzester Zeit produziert werden mussten, dazu führte, dass zu viele davon nicht genügend komisch waren. »Das sind doch alles nur gespielte Witze«, war sein Haupteinwand. Er selber hat in der Regel seinen Sketchen die Schlusspointe verweigert, vielleicht war das eins seiner Geheimnisse. In seinen Drehbüchern findet sich kaum ein Satz, der mit einem Punkt endet. Seine Neigung, Sätze in der Luft hängen zu lassen, drückte er gern durch drei Punkte aus …

Loriots deutsche Comedy-Favoriten waren Anke Engelke,

die er für außerordentlich begabt hielt, Bastian Pastewka, Hape Kerkeling, Piet Klocke, Helge Schneider, Harald Schmidt und Olli Dittrich, dessen »Dittsche« er bewunderte, nicht zuletzt wegen Dittrichs Improvisationstalent, das ihm selbst vollkommen fehlte. Bully Herbig mochte er persönlich sehr, und er hatte Spaß an dessen meisterhaften Parodien und großen Entertainer-Qualitäten.

Ein Sonderfall war Mario Barth. Erstaunt nahm Vicco wahr, dass jemand in der Lage war, als Komiker das Berliner Olympiastadion zu füllen und das Publikum zum Kreischen zu bringen. Wir sahen uns die Stadionaufzeichnung zusammen an, und Viccos Analyse war messerscharf. Er sagte, dass Barths Geheimnis nicht dessen Witze seien, sondern seine Fähigkeit, suggestiv direkten Kontakt zum Publikum herzustellen, Tempo und Rhythmus hochzuhalten und auf diese Weise eine gemeinsame Stimmung zu erzeugen, in der Barth schlussendlich alles sagen konnte und in jedem Fall gelacht wurde. Die Pointen allein rechtfertigten die Lacher in der Regel nicht. Es war vielmehr Barths Fähigkeit, die Zuschauer in seinen Bann zu ziehen, die Loriot faszinierte und die ihm als Leistung durchaus Respekt abnötigte.

Eine späte Entdeckung war für ihn wie für mich der leider in Vergessenheit geratene, wunderbar absurde Hörfunkhumorist Heino Jaeger, der erst in den letzten Jahren wieder in der Öffentlichkeit wahrgenommen wurde und dessen größter Fan Olli Dittrich ist.

Natürlich liebte Vicco auch die großen Hollywood-Komödien von Billy Wilder bis Blake Edwards. Er amüsierte sich sehr über eine Szene in Edwards »Ten – die Traumfrau«, in der eine uralte Hausangestellte nach dem Servieren eines Teetabletts versehentlich pupst und der Hund dafür geschlagen wird.

Danny Kaye gehörte zu seinen Lieblingen. »The Secret Life of Walter Mitty« (»Das Doppelleben des Herrn Mitty«, nach einer Story von dem von Loriot hochverehrten James Thurber) und »The Court Jester« (»Der Hofnarr« mit der wahnsinnig komischen Szene »Der Becher mit dem Fächer«) haben wir immer wieder zusammen angesehen, ebenso wie viele Musical-Komödien mit Fred Astaire.

Jerry Lewis war ihm in vielem zu laut und zu grotesk, also »zu komisch«, dennoch hegte er für einige seiner Szenen eine uneingeschränkte Bewunderung. In »The Patsy« (»Der Wunderknabe«) stößt Lewis während einer Gesangsstunde versehentlich an mehrere kostbare Vasen. An der in Peinlichkeit verpackten Eleganz, mit der Lewis die Vasen auffängt, kurz bevor sie am Boden zerschellen, konnte Loriot sich kaum sattsehen. Noch mehr liebte er die »Hut-Szene« in »The Ladies Man« (»Zu heiß gebadet«). Lewis spielt hier das tollpatschige Faktotum in einer Pension für junge Schauspielerinnen in Hollywood. Als ein bedrohlicher Gangster (Buddy Lester) auftaucht, um eine der jungen Schauspielerinnen zum Dinner abzuholen, setzt sich Lewis versehentlich auf dessen Hut. Der Gangster bleibt ruhig und fordert Lewis auf, ihm den zerknautschten Hut wieder aufzusetzen. Das vollkommen unbewegliche Gesicht von Buddy Lester, während Lewis dessen Hut – beim Versuch, ihn zu richten – auf seinem Kopf immer mehr zerstört, ist unvergleichlich. Ich glaube, Vicco hielt die »Hut-Szene« für eine der komischsten Filmszenen überhaupt, vermutlich weil sie seinem komisch-tragischen Prinzip – jemand will etwas gutmachen und macht es immer schlimmer – so genau entsprach. Es lohnt sich, »The Ladies Man« noch einmal anzusehen, nicht nur wegen der »Hut-Szene«. Der Film enthält mehrere Motive, die sich auch in Loriots Arbeit finden, von der unfreiwilligen »Zimmerverwüstung« über grotesk verunglückte Tanznummern (»Ödipussi«) bis zum Chaos, das ein Filmteam in einem Originalmotiv anrichtet (»Pappa ante portas«). Als Leiterin der Mädchenpension ist übrigens die ehemalige Wagner-Heroine Helen Traubel zu sehen, die nach ihrer Opernlaufbahn – wie ihr Kollege Leo Slezak – als Film- und Fernsehkomikerin eine zweite Karriere machte.

Und dann war da noch die Sache mit dem angeblich »feinen englischen Humor«, ein Etikett, das auch Loriot immer wieder angeheftet wurde. Englischer Humor sei nicht fein, Engländer seien privat sehr ironisch, aber ihre Humoristen seien alles andere als fein, wurde Loriot nicht müde zu betonen. Sieht man sich englische Comedy an, so findet man sein Diktum bestätigt.

Auch im Alltag war Vicco sehr komisch. Sosehr man tiefernste Gespräche mit ihm führen konnte, so verging kein Tag, an dem er nicht versucht hätte, seine Umgebung zum Lachen zu bringen. Er liebte kleine Pannen, »Verhörer« zum Beispiel (wie Axel Hacke sie in seinen Büchern gesammelt hat). Das fing damit an, dass wir im Sketch »Liebe im Büro« am Schneidetisch irgendwann statt »Geben Sie mir Ihre Hand, Renate« hörten: »Geben Sie mir Ihre Handgranate.« Wir verstanden nie mehr etwas anderes.

Sein Enkel Leopold, der durch den Großvater schon früh mit Wagner in Berührung kam, verstand als kleiner Junge statt »Tristan und Isolde« »Tristan und die Säule«. Und Loriot selbst wurde – als ehemaliger Schüler eines humanistischen Gymnasiums – sein Leben lang einen Pennälerscherz nicht mehr los und las bei der Lektüre des Wortes »angenommen« immer »Agamemnon«.

»Boll ist toll« – Wahre Geschichten, Witze & große Gefühle

Wie jeder Mensch liebte auch Vicco komische Geschichten, die tatsächlich passiert sind, selbst wenn er nur selten Sketche daraus machte (wie zum Beispiel »Parkgebühren«). Eine der schönsten Geschichten stammte von seinem Freund, dem »Stern«-Zeichner Peter Neugebauer, genannt »Petchen«.

Petchen verbrachte mit seiner Freundin Marion, so erzählte Vicco, ein Frühlingswochenende in einem romantischen Landgasthof in Holstein. Der Plan war klar. Man wollte kleine Spaziergänge machen, zwischendurch Nahrung aufnehmen und sich den Rest der Zeit im Bett vergnügen. Als Petchen und Marion im »Landgasthof Boll« eintrafen, überreichte der Wirt ihm sein Gästebuch mit der Bitte, etwas hineinzuschreiben. Er könne sich ruhig Zeit lassen. Petchen lächelte gequält und nahm das Gästebuch mit aufs Zimmer. »Ich schreib einfach ›Boll ist toll!‹«, schlug Petchen vor. Seine Freundin war entsetzt. Als humoristischer Zeichner hatte er einen Ruf zu verlieren. »Boll ist toll!« ging gar nicht. Die beiden grübelten nach einer Alternative, kamen aber auf keine zündende Idee. Petchen war gefangen in seiner Popularität, ein Zustand, der seinem Freund Vicco vertraut war. Kurz und gut, das Wochenende war ein Reinfall. Statt der Spaziergänge und der Stunden im Bett stritten Petchen und seine Freundin unablässig über den Eintrag im Gästebuch. Am Sonntagabend fuhren die beiden entnervt ab, und im Gästebuch stand – »Boll ist toll!«. »Boll ist toll!« wurde bei Loriot zum geflügelten Wort. Seine Frau Romi hat sich irgendwann damit auch in unserem Gästebuch verewigt.

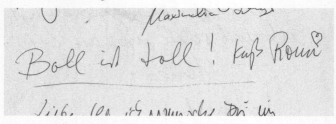

Petchen erzählte mir die Geschichte später auch, allerdings ganz anders. Bei ihm stand weniger das körperliche Verlangen des Paares im Vordergrund als vielmehr die ungeheure Peinlichkeit der Situation. Angesichts der lebenslangen Freundschaft zwischen Petchen und Vicco sei hier ein längerer »Gegenschuss« erlaubt.

☞ GEGENSCHUSS PETER NEUGEBAUER ☜

Marion und ich hatten über vierzig Jahre lang eine kleine Zweitwohnung in der Holsteinischen Schweiz, auf dem Gut Kletkamp des Grafen Brockdorff, nicht weit von der Kleinstadt Lütjenburg. Ungefähr eine halbe Stunde entfernt liegt inmitten idyllischer Landschaft das kleine Dorf Kirchnüchel mit dem renommierten Lokal von Herrn Boll. Die Gegend war nicht reich an guten Lokalen. Wer gut speisen wollte, ging zu Boll.

An einem Samstag im Dezember Anfang der achtziger Jahre fuhren wir dorthin. Wir hatten von Hamburg aus in Kirchnüchel angerufen und einen Tisch bestellt. Es gab Herrn Bolls landesweit gepriesenen Gänsebraten.

Frau Boll, eine liebenswürdige Engländerin, führte uns an den festlich gedeckten, ruhig gelegenen Tisch. Im Kamin prasselte ein Feuer, das Lokal war gut besucht, aber nicht überfüllt, gut bürgerliches, gediegenes Publikum. An den Wänden hing eine ständige Ausstellung Hamburger Künstler, unter anderem

der mit mir befreundeten Maler Horst Janssen und Paul Wunderlich.

Der Gänsebraten war vorzüglich, wir dankten Frau Boll.
Später kam ihr Mann dazu und neigte sich über den Tisch. Ich er-
starrte. Unheilverkündend lag in seiner Hand etwas Großes, Sper-
riges und Drohendes: ein alter ledergebundener Foliant – das Gästebuch. Das legte er, als wir eigentlich fast schon gehen wollten,
sorgsam vor mich hin. »Sie können natürlich etwas schreiben, Herr
Neugebauer, aber über eine lustige Zeichnung würde ich mich noch
mehr freuen«, sagte Herr Boll und zog sich freundlich lächelnd
zurück.

Als er weit genug von unserem Tisch entfernt war, schlugen wir
das kostbare Buch auf und sahen all die Widmungen, Gedichte
und Zeichnungen, prachtvolle Dinge von Leuten, die gerne in
Gästebücher schreiben, darunter auch Zeichnungen von Janssen
und Wunderlich.

Wir bestellten erst mal noch einen Wein, saßen da und überlegten. Marion ermunterte mich, mich ebenfalls in dem Buch
zu verewigen. Ich murmelte: »Ich hab keine Ahnung, was ich
machen soll.« – »Mach doch irgendwas Lustiges.« – »Pass mal auf,
Marion, ich bin leider nicht Vicco«, der hatte sein Nasenmännchen, mit 'ner Gabel oder 'nem Blümchen im Mund, das ging ver-
hältnismäßig schnell, war immer komisch und von Loriot. Aber
ich hatte keine Standardfigur. Ich konnte ja schlecht Zeus Wein-
stein [Peter Neugebauers Krimifigur] reinzeichnen, was sollte der
denn in Bolls Gästebuch machen? – »Na, irgendwas Lustiges« –
»Mir fällt aber nichts Lustiges ein! Ich kann Herrn Boll zeichnen,
aber was soll der denn Lustiges machen?« – »Du musst auf sein
Essen eingehen, auf seine exzellente Küche ...«

Ich flüsterte: »Außerdem sieht Herr Boll gar nicht lustig aus,
und wie du weißt, kann ich keine Porträtkarikaturen zeichnen,
das konnte ich noch nie.«

Ich trank noch einen Rotwein. Herr Boll linste neugierig zu uns
herüber, als Marion, um mich zu lockern, vielleicht aber auch

um mich zu provozieren, mit einem durchaus ironisch gemeinten Vorschlag herausplatzte: »Du zeichnest irgendwas mit Essen und schreibst darunter ›Boll ist toll!‹.«

Große Pause. Wenn keine anderen Gäste im Restaurant gewesen wären, hätte ich vermutlich losgeschrien, so zischte ich: »›Boll ist toll!‹, bist du noch ganz bei dir? Ich soll hier, neben Janssen und Wunderlich, ›Boll ist toll!‹ schreiben?? Ich war am Boden zerstört. Inzwischen hatte ich auch ein bisschen viel getrunken und wusste immer weniger, was ich zeichnen und schreiben sollte. »›Boll ist toll‹, Marion, das kann doch nicht wahr sein …«

Ich verließ das Restaurant, ging zum Wagen und holte ein kleines Skizzenbuch. Zurück am Tisch, machte ich ein paar Entwürfe, ohne dass Herr Boll davon etwas merken durfte. Furchtbares, grauenhaftes Gekritzel. Wir bestellten noch mehr Wein. Als nur noch zwei, drei Gäste im Raum waren, schielte das Ehepaar Boll immer intensiver zu uns herüber.

»Gut, ist mir jetzt auch scheißegal, ich schreib ›Boll ist toll!‹ …« – »Ja«, sagte Marion, »ist doch eigentlich gar nicht soo schlecht.« – »Und was soll ich dazu zeichnen?« – »Ja, was hat denn so ein Koch? Der hat'n Kochtopf oder 'ne Pfanne, so 'ne schöne altmodische Pfanne …« – »Oh ja«, sagte ich, und das meinte ich nun wieder ironisch, »ich hab 'ne tolle Idee. Er hat einen Kochtopf, und – das kennt man ja aus alten Wilhelm-Busch-Zeichnungen oder aus altmodischen Humorzeichnungen dieser Art – aus dem Kochtopf kräuselt sich eine Rauch- oder Dampffahne, und aus dieser Rauchfahne entwickelt sich der Schriftzug ›BOLL – IST – TOLL!‹« Vor einer halben Stunde hätte ich fast losgebrüllt, jetzt hatte ich kapituliert. Nur: »Wie entwickelt sich denn so eine Rauchfahne aus einem Kochtopf?«

Nun muss man wissen, dass ich nicht einmal einen Bleistift aus dem Kopf zeichnen kann. Ich habe auch deswegen immer im Büro im »Stern« gezeichnet, weil ich dort alle Gegenstände innerhalb von zehn Minuten aus dem Archiv geliefert bekommen habe, wenn ich sie als Vorlage brauchte. Aber das Archiv war eben im Gasthof Boll nicht da, deshalb fragte ich Marion beklommen: »Wie sieht denn so 'n Kochtopf aus?« Marion beschrieb mir verschiedene Kochtöpfe und wollte schon in die Küche gehen, um nachzusehen, wie die Pfannen und Töpfe von Herrn Boll aussahen. Das ging natürlich nicht, denn Herr Boll und seine englische Gattin sollten ja denken, dass ich die Zeichnung aus dem Kopf gemacht hätte. Und Schriftzüge konnte ich schon gar nicht zeichnen.

Es wurde immer schlimmer. Wenn das Ehepaar Boll nicht hinguckte, zeichnete mir Marion – die keine Zeichnerin ist – heimlich verschiedene Töpfe und Pfannen in mein Skizzenbuch. Die einfachste dieser ungelenken Zeichnungen kopierte ich schamvoll ins Boll'sche Gästebuch. Es sah aus, als hätte ich noch nie einen Zeichenstift in der Hand gehabt. Darüber machte ich Kringel – die Rauchfahne –, so schlecht, wie ich es noch nicht einmal willentlich hätte zeichnen können. Und die Kringel ergaben »hoch künstlerisch« den Schriftzug, der genauso schlecht war: »BOLL – IST – TOLL!«

Wir zahlten, bedankten uns überschwenglich bei Herrn Boll, drückten ihm das Gästebuch in die Hand, verabschiedeten uns eilig, griffen nach unseren Mänteln und flohen aus dem Restaurant.

Am nächsten Tag waren wir schwer verkatert. Unsere Stimmung war auf dem Tiefpunkt. Wir überlegten, ob wir nicht zu Herrn Boll gehen und ihn bitten sollten, die Seite aus dem Gästebuch herauszureißen. Dann hätte ich in Ruhe in meinem Büro eine neue Zeichnung anfertigen können. Darauf haben wir verzichtet. Auch der Gedanke, Herrn Boll das Gästebuch abzukaufen, schien schwer zu realisieren. Spaßeshalber überlegten wir schließlich, ob wir nicht im Gasthof einbrechen und das Gästebuch stehlen könnten. Aber auch das ließen wir. Allerdings sind wir nie wieder zu Boll essen gegangen.

Vicco war leider nie bei Boll, ich hätte ihm die Zeichnung zu gerne gezeigt.

Von seinem Freund und Starnberger Seenachbarn Manfred Schmidt erzählte Loriot Folgendes: Schmidt fing als junger Zeichner bei Ullstein in Berlin an. Beim Betreten des Verlages kam man an einem Pförtner vorbei, der den jungen Schmidt über eine Tradition des Hauses aufklärte. Jeder Zeichner, der hier neu anfange, schenke ihm, dem Pförtner, eine kleine Zeichnung. Manfred Schmidt sah sich zuhause seine Blätter an, hatte aber wenig Lust, für den Mann etwas auszusuchen. Er nahm also einen ganzen Stapel Zeichnungen und reichte sie dem Mann am nächsten Morgen in seine Pförtnerloge. »Ich weiß ja nicht, was Ihnen so gefällt, suchen Sie sich einfach eine Zeichnung aus, die anderen nehme ich dann heute Abend wieder mit.«

Als Manfred Schmidt abends an der Pförtnerloge vorbeikam, fragte er den Pförtner: »Na, haben Sie sich eine ausgesucht?« Mit den Worten: »Nee, Herr Schmidt, war noch nüscht bei …«, gab der Mann dem erstaunten Manfred Schmidt den kompletten Stapel Zeichnungen zurück.

Durch seine große Popularität wurde Vicco ständig und überall von Fans angesprochen und um Autogramme gebeten. Meist kam er dem auch mit unerschütterlicher preußischer Disziplin nach. Einmal sprach ihn ein junger Mann in der Theatinerstraße in München an: »Ich habe eine Frage: Sind Sie Loriot oder nicht? Ich habe nämlich mit einem Freund gewettet.« Vicco wollte witzig antworten und sagte: »Gratuliere, Sie haben gewonnen.« Aber der junge Mann verzog nur enttäuscht das Gesicht: »Nee, verloren …«

Irgendwann war Vicco wieder einmal in Berlin bei mir und meiner damaligen Freundin Claudia zu Besuch. Schräg gegenüber von unserer Wohnung, Giesebrechtstraße/Ecke Kudamm, stand ein heruntergekommenes Geschäftshaus aus den sechziger Jahren. Im Erdgeschoss gab es ein großes Ladengeschäft, dass im Laufe der Zeit so ziemlich alles beherbergt hat, was man sich vorstellen kann, eine temporäre Verkaufsstelle für Silvesterfeuerwerk, ein Designer-Outlet und für längere Zeit auch eine Peepshow. Da wir auf dem Weg in unsere Wohnung öfter an dem Haus vorbeikamen, wurde unsere Neugier immer größer, den verruchten Ort einmal zu besuchen, denn wir hatten keine Ahnung, was dort genau vor sich ging.

An diesem Abend nahmen wir uns ein Herz und beschlossen, eine Inspektion des Etablissements vorzunehmen, aus rein ethnologischem Erkenntnisinteresse heraus, versteht sich. Meine Freundin Claudia kam als Anstandswauwau mit, Vicco setzte Mütze und Sonnenbrille auf, um nicht erkannt zu werden, und wir schlichen uns wie Schwerverbrecher schlechten Gewissens in das Haus.

Der Mann an der Kasse war gerade damit beschäftigt, Rollen mit 1-DM-Münzen in seine Kasse zu entleeren, damit er für seine Kunden immer genügend Wechselgeld bereithatte. So konnten wir unbemerkt zu dritt in einer der kreisförmig angeordneten engen Kabinen verschwinden. Nach Einwurf einer D-Mark in den »für den Münzeinwurf bestimmten Münzeinwurf« fuhr ein kleines Rollo nach oben und gab ein winziges Fenster frei, hinter dem ein rotierendes rundes Bett sichtbar wurde, auf dem sich eine mehr oder weniger bekleidete junge Dame trostlos räkelte. Hätte sie zu unserem Fensterchen geschaut, so hätte sich ihr ein seltsames Bild geboten: drei Augenpaare, die kichernd versuchen, um die Wette durch die kleine Scheibe einen Blick ins Innere der Rotunde zu erhaschen. Nach fünf Minuten war das höchst fragwürdige Vergnügen vorbei. Das Rollo fuhr wieder herunter, wir waren erlöst. Als wir versuchten, den Laden ebenso unbemerkt zu verlassen, wie wir ihn betreten hatten, erspähte uns der Kassierer und rief den Fliehenden hinterher: »Det jeht aba nich, Leute, für eine Mark ssu dritt piepen!«

Als ich, lange nach unserer Zusammenarbeit, mehrere Produktionen mit Harald Juhnke drehte, erzählte mir Vicco von einer ungewöhnlichen Begegnung mit meinem damaligen Hauptdarsteller. Vicco hat immer gerne in Cafés und Hotelhallen geschrieben. Das gedämpfte Treiben an diesen öffentlichen Orten inspirierte ihn, ohne ihn abzulenken. Einmal saß er in der Halle des Hotels »Vier Jahreszeiten« in München, als ein sehr fröhlicher und kommunikativer Harald Juhnke die Halle betrat und sich mehr oder weniger ungefragt an Viccos Tisch setzte. Man kam ins Gespräch, und Juhnke bestellte sich einen Champagner nach dem anderen. An Arbeit war nicht mehr zu denken. Immerhin war es wohl ein angeregter Nachmittag, den der Humorist und der Entertainer miteinander verbrachten. Als Juhnke ging, inzwischen doch ziemlich betrunken, stand er auf, deutete mit raumgreifender Bewegung auf den Tisch voller Champagner- und Schnapsgläser und sagte mit schleifender Zunge: »Sie übernehmen das wohl …« Dann verabschiedete er sich. Vicco übernahm. Wenn er die Geschichte erzählte, imitierte er Juhnkes Trunkenheit meisterhaft.

Aber auch da, wo die Wirklichkeit ganz und gar nicht komisch war, gelang es Vicco, mit seinem einzigartigen Instinkt das Komische im Normalen aufzuspüren. In solchen Momenten konnte man durch eine Bemerkung von ihm kurze Einblicke in seine »innere Werkstatt« erhaschen.

So warteten wir einmal anlässlich einer total ausverkauften Premiere vor der Deutschen Oper Berlin auf unsere Begleitung. Die Deutsche Oper liegt an der stark befahrenen mehrspurigen Bismarckstraße, die aus der Stadt hinausführt. Um uns herum standen zahllose Opernfreunde, die den neu ankommenden Besuchern Schilder wie »Karte gesucht« oder »Suche 1 billige Karte« entgegenhielten. Vicco beugte sich zu mir und sagte: »Wäre es nicht komisch, wenn hier jemand mit Parka und Rucksack stehen würde und ein Schild ›Hannover‹

in die Höhe hält?« Der Blick des humoristischen Zeichners schlief nie.

Es ist die Fähigkeit, in jeder, auch noch so unscheinbaren Situation eine Keimzelle von Komik zu finden. Wer sich mit ähnlicher Entdeckerlust wie Loriot der Realität nähert, wird reich belohnt. Was dann allerdings auf die komische Idee folgt, ist die harte Arbeit der Ausführung.

Sein Freund Patrick Süskind hat das einmal so beschrieben: »Was ich am meisten an seinem Werk bewundere, ist die Art, wie gut alles *gemacht* ist – wie gut es *gearbeitet* ist, hätte ich beinahe gesagt, als wäre er ein Handwerker, ein Goldschmied etwa –, und meine damit nicht einen Oberflächenglanz, sondern das Wohldurchdachte, das durch und durch Ausgetüftelte, das mit Raffinement und größter Sorgfalt Erzeugte seiner Produktion.«

Loriots Komik funktioniert aber, so scheint es, nur in Deutschland. Es gab zwar Versuche, seine Sketche für das englische und das französische Fernsehen zu übersetzen – in England sogar mit einem englisch sprechenden Loriot auf dem Sofa –, dennoch war ihm außerhalb des deutschen Sprachraums kein großer Erfolg beschieden. Hape Kerkeling hatte dafür eine einleuchtende Erklärung: »Auf eine internationale Karriere hat Loriot ja immer verzichtet, da er nach eigenem Bekunden Worte wie Sitzgruppe oder Auslegeware für nicht ins Englische übersetzbar hielt.«

Auch mit dem Früchtedialog und der Zahnersatzzusatzversicherung würde es wohl schwierig werden. Dafür ist die Wirkung Loriot'scher Komik generationsübergreifend, sie altert nicht. Das fiel mir zum ersten Mal auf, als uns eine Freundin meiner damals vierzehnjährigen Tochter auf ihrem iPod die »Herren im Bad« präsentierte und sich vor Lachen kringelte.

Loriot verfuhr nach dem Grundsatz, die Dinge so darzustellen, wie sie archetypisch im kollektiven Gedächtnis der Zuschauer abgelegt waren. Er wollte nie modern sein. Er war der

Ansicht, dass man zeitloser wird, wenn man schon von vornherein veraltet zu sein scheint. Viele seiner Kollegen haben sich beim Zeichnen stark am realen aktuellen Erscheinungsbild der Dinge orientiert, wie zum Beispiel Peter Neugebauer. Nicht so Loriot. Der hat Lastwagen noch mit langen Schnauzen gezeichnet, als diese längst Oldtimer waren und nur noch flache Schnauzen die Autobahnen bevölkerten. Und in seinen Sketchen aus den siebziger Jahren sahen die Figuren eher aus wie in den Fünfzigern.

Deshalb ärgerte es ihn auch, dass die moderne Gerätewelt nur noch Dinge im Einheitsdesign hervorbrachte. Immer wieder monierte er, dass man zwischen einem Telefon, einer Fernbedienung und einem Rasierapparat nicht mehr unterscheiden könne. Er fand, dass die Welt der Dinge sich dadurch der komischen Darstellung entzog. Auch seine beiden Spielfilme (»Ödipussi«, 1988, und »Pappa ante Portas«, 1991) sind in ihrer altmodischen Zeitlosigkeit gute Beispiele für seine Methode.

Vicco konnte privat rasend komisch sein, aber er war, wie übrigens auch Chaplin, kein großer Witzeerzähler. Dennoch hatte er ein Faible für preußische Offizierswitze und Witze, die mit dem Berliner Idiom zu tun hatten. Die erzählte er gerne. Man möge sich Loriots Stimme vergegenwärtigen und sich vorstellen, wie er den gutturalen Berliner Tonfall anschlägt: »Zwei Offiziere sitzen im Konzert. Einer von ihnen guckt durchs Monokel ins Programmheft und raunt seinem Nachbarn zu: ‹Komm, Kamerad, wir jehn, jetzt steicht die Symphonie, det Aas hat vier Sätze.‹«

Oder, noch preußischer und wohl aus alten »Simplicissimus«-Zeiten stammend: »Zwei schneidige Leutnants im Gespräch. ›Sagen Se mal, Ihr Fräulein Braut ist ja janz entzückend!‹ – ›Finden Se? Mir jefällt se nich ...‹«

Überhaupt der »Simplicissimus«. Die Zeichner der Münchner Satirezeitschrift Th. Th. Heine, Olaf Gulbransson und

Eduard Thöny liebte er, in seinem Arbeitszimmer hingen einige ihrer Originale. Und Loriot wurde nicht müde, darauf hinzuweisen, wie viel Sinn für Komik preußische Offiziere, darunter auch sein Vater, hatten. Dazu gehörte die für mich erstaunliche Mitteilung, dass viele der »Simplicissimus«-Witze über das preußische Offizierskorps von diesem selbst der Zeitschrift zugespielt wurden.

Zu dem Genre der von Loriot geschätzten preußischen Witze gehörte auch ein Witz des Kabarettisten und Schauspielers Wolfgang Neuss: »Stehen zwei Freunde zusammen. Sagt der eine: ›Jestern Hoppegarten jewesen. Bücke mir, um meine Schuhe zuzubinden, kommt doch eener von hinten und sattelt mir.‹ – ›Und?‹ – ›Zweeter jeworden.‹«

Nach der Lektüre von Fontanes Briefen erzählte Vicco uns den Lieblingswitz des Dichters: »Der Lehrer bittet klein Fritzchen, ihm vier Tiere aus Afrika zu nennen, worauf dieser antwortet: ›Drei Löwen und ein Nilpferd.‹«

Als er älter wurde, hatte Loriot zunehmend Spaß an albernen Wortspielen. Besonders angetan hatte es ihm folgender Witz: »Gerät man betrunken in eine Polizeikontrolle, so muss man sich nur drei Dinge merken: ›Eishockey‹, ›Kanufahren‹ und ›Wirsing‹. Wenn der Beamte einen nach dem Führerschein fragt, kurbelt man die Scheibe herunter und lallt ›Eishockey (Alles okay), Kanufahren (Kann noch fahren) und Wirsing (Wiedersehen)‹, dann gibt man ganz schnell Gas und verschwindet.« Vicco liebte diesen höchst albernen Scherz, konnte sich aber die drei Dinge nicht mehr gut merken. Deshalb rief er mehrfach bei mir an und fragte, weil er den Witz erzählen wollte: »Was war noch mal das Dritte?«

Irgendwann schenkten wir ihm ein kleines Notizbüchlein und schrieben die Dinge, die er sich partout nicht merken konnte, hinein: »Eishockey – Kanufahren – Wirsing«, den Namen eines italienischen Restaurants in Berlin – und das kleine

233

Scherzrätsel, das er uns beigebracht, aber nicht immer fehlerfrei
parat hatte:

> Nach guter alter deutscher Sitte
> trägt es der Vater in der Mitte
> damit die Mutter nicht zu knapp
> bekam sie es gleich doppelt ab
> die Braut trägt's klein und ganz weit hinten
> damit es niemand leicht kann finden
> die Magd hat's weich, der Knecht hat's hart
> ein jeder hat's auf seine Art.

Und, worum handelt es sich?*

Aber es gab auch den ganz anderen, den ernsten und emo-
tionalen Vicco. 1985 fand im Dom seiner Geburtsstadt Brandenburg an der Havel eine große Ausstellung seiner Zeichnungen statt. In einer Radiosendung im RIAS erzählte er damals,
dass seine Mutter starb, als er sechs Jahre alt war und er an sie
nicht mehr Erinnerungen hatte als an Brandenburg. Er sprach
von einem »ungeheuerlichen Gefühlskomplex«, der nach so
langer Zeit für ihn auf einmal Wirklichkeit wurde, in einer der
schönsten Landschaften, die er sich vorstellen konnte, bei einem Wetter, das nicht besser sein könnte, »mit Menschen, die
nicht netter sein könnten«. Schließlich gab er bewegt zu, dass
dies alles zusammen eines der eindrucksvollsten Erlebnisse
»meines nicht so ganz kurzen Lebens« gewesen sei.

Nachdem er mehrere Tage in der Umgebung Berlins her-
umgefahren war, stellte er beglückt fest, dass in der DDR so
manches erhalten geblieben war, was in der Bundesrepublik
längst verschwunden war. Mit der profitablen Modernisierung
historischer Gebäude hatte Vicco schon immer seine Probleme. Mehr als alles andere hasste er es, wenn aus alten Häusern die historischen Fensterkreuze verschwanden und durch
pflegeleichte, aber scheußlich großflächige Isolierglasscheiben

* Um den Buchstaben r.

ersetzt wurden. »Ich bin betroffen von der Schönheit dieses Landes«, sagte er damals. Dass die DDR-Oberen solches Lob möglicherweise gerne hörten, kümmerte ihn wenig.

Nach seinem Besuch in Brandenburg trafen wir uns in Berlin. Auch wenn wir uns in Bezug auf den Umgang mit der DDR immer noch nicht einig waren, so verstand ich doch, dass es ihm auch diesmal weniger um das Politische ging, als vielmehr darum, mit seiner Anwesenheit seinen Lesern, seinem Publikum jenseits der Mauer Hoffnung zu machen und Menschen zueinanderzuführen – wie schon beim Erscheinen des »Dicken Loriot-Buches«.

Aber es war auch der Schmerz über das verschwundene Preußen, der ihn in der DDR überkam. Ein Jahr später gab er in einem Interview zum Thema Preußen zu, dass er, wie eine Mutter zu einem kranken Kind, ein besonders enges Verhältnis zum zerstörten Preußen hatte: »Vielleicht gerade deswegen, weil es nicht mehr existiert und weil unsere Familie und meine ganze Vergangenheit auf dem Leben in Preußen und der Geschichte Preußens beruht – ob sie nun positiv oder negativ gewesen ist.« Es bedeutete ihm schon viel.

Humoristisch verarbeitet hat er die Eindrücke aus seiner Geburtsstadt nicht. Er wollte etwas, das ihn im Herzen so berührte, nicht in eine witzige oder etwa satirische Form kleiden: Er müsse sich, im Gegenteil, »Mühe geben, nicht etwa sentimental zu werden«.

Er liebte sein Brandenburg und beglückte seine Fans im anderen Teil Deutschlands zwei Jahre später erneut, als er mit Evelyn Hamann im »Palast der Republik« in Ost-Berlin eine bejubelte Lesung hielt, bei der, wie schon erwähnt, endlich »Geigen und Trompeten« aufgezeichnet wurde.

Gelegentlich ließ sich Loriot dann doch zu kleinen Spitzen gegen das System der DDR hinreißen. Am 9. März 1989 sagte er anlässlich der Eröffnung einer Ausstellung seiner Werke in Weimar: »Als meine Frau und ich vorgestern am frühen Nach-

mittag die Stadt erreichten, führte uns der Weg auf den The-
aterplatz, wo wir zunächst eine Weile in gebührender Andacht
vor dem Marx-Engels-Denkmal verharrten, bis uns, durch das
Fehlen der charakteristischen Barttracht beider Herren, die ersten Zweifel kamen. Dann sahen wir auch schon, dass es sich
hier nicht um führende Politiker, sondern vielmehr um die
beiden bedeutendsten DDR-Schriftsteller handelte: Goethe
und Schiller nämlich.«

Auf den Tag genau ein Jahr zuvor fand die Uraufführung
seines ersten Spielfilms »Ödipussi« im Ost-Berliner Kino »Kosmos« statt, um 16 Uhr, also vier Stunden vor der abendlichen
Premiere in West-Berlin. Bevor der Vorhang sich hob, wandte
sich Loriot an die Ost-Berliner Kinozuschauer und drückte
angesichts des mit über tausend Menschen bis auf den letzten
Platz belegten Kinos seine »Besorgnis« aus, der Aufbau des Sozialismus könne gestört werden, wenn so viele Menschen
schon am frühen Nachmittag ihre Arbeit unterbrochen hätten: »Dass mir das nicht einreißt.«

Begegnungen

Die allererste prominente Begegnung, die ich Loriot verdanke, war medialer Natur. Loriot zeichnete regelmäßig für die ZDF-Show »Der Große Preis« Trickfilme mit dem Hund Wum und dem Elefanten Wendelin. Man schrieb das Jahr 1978, Micky Maus wurde 50 und besuchte zu diesem Anlass seine beiden deutschen Kollegen. Nun stellt man sich vor, dass die Zeichner von Loriots Studio einfach Micky in ihren Cartoon einbauen würden. Weit gefehlt. Nachdem Disney seine Einwilligung zum Geburtstagsbesuch gegeben hatte, bekam das Studio Loriot Post aus Hollywood.

Ich war schon ein bisschen aufgeregt, als die angekündigte »Bibel« von Disney ankam, denn ich hatte mit Micky-Maus-Heften lesen gelernt und war mit dem prominenten Gast seit früher Kindheit sehr vertraut. Die »Character Bible« war ein dickes Buch mit Beispielskizzen, in denen genau festgelegt war, wie Micky in bestimmten Gefühlslagen schauen und sich bewegen durfte – und wie auf gar keinen Fall. Jedes Detail von Mickys Mimik und Körpersprache war katalogisiert, ebenso wie die gängigsten Fehler, die es unbedingt zu vermeiden galt. Und tatsächlich, die in dem Buch zahlreich vertretenen »falschen« Micky Mäuse hatten nicht den unmittelbaren Ausdruck, den man von Disneys berühmtester Figur kannte. Erstaunlich fand ich, mit welcher Präzision und Professionalität selbst ein so kleiner »Geburtstagsbesuch« im deutschen Fernsehen von Seiten Disneys geplant wurde.

Im Bundespräsidialamt ging es ähnlich planvoll zu. Zum 80. Geburtstag Richard von Weizsäckers im Mai 2000 war unter der künstlerischen Leitung von Torsten Maß ein bunter Abend mit Schauspieler-Lesungen und musikalischen Scherzen der Berliner Philharmoniker geplant. Ich war 1993, zur Amtszeit von Weizsäckers, schon einmal zu einer Lesung von Loriot und Evelyn Hamann und einer Aufführung vom »Karneval der Tiere« ins Schloss Bellevue eingeladen gewesen. Diesmal bat man mich, die Abendregie zu übernehmen und Loriot in Bezug auf seine Textauswahl zu beraten, eine große Ehre und eine noch größere Verantwortung.

Nun ist der 80. Geburtstag eines Altbundespräsidenten eine delikate Angelegenheit, zumal wenn er von seinem Nachfolger ausgerichtet wird, in diesem Fall Bundespräsident Johannes Rau. Jeder Wortbeitrag musste sowohl auf den einen als auch auf den anderen Präsidenten passen, es durften keine Fettnäpfchen herumstehen, aber komisch sollte es schon sein – und gleichzeitig Tiefe haben.

Um die Sache noch reizvoller zu machen, hatte sich der tschechische Präsident Václav Havel als Ehrengast angesagt. Es sollte also bitteschön auch etwas Tschechisches im Programm sein, ein bisschen Dvořák, Smetana oder Janáček. Die Mails zwischen dem Bundespräsidialamt und mir liefen wochenlang heiß, dann kam die Generalprobe – am Morgen der Veranstaltung. Es war eine Katastrophe. Der Schauspieler Walter Schmidinger erschien nicht, stattdessen überraschte uns ein Fernsehteam, das den Abend plötzlich mitfilmen sollte. Der Tonmann sah technische Probleme und ging lautstark mit einem Ministerialdirigenten in den Clinch, und das musikalische Programm musste in letzter Minute umgestellt werden. Letztendlich gelang uns dann aber doch eine sehr schöne Veranstaltung. Loriot las zum großen Vergnügen der drei Präsidenten aus Thomas Manns »Lotte in Weimar«, Schmidinger las hinreißend aus »Alte Meister« von Thomas Bernhard, und Meret Becker sang »Happy Birthday«.

Der nächste Besuch im Schloss Bellevue fand wieder anlässlich eines 80. Geburtstages statt. Diesmal hieß der Jubilar Vicco von Bülow. Der Präsident hieß immer noch Johannes Rau. Von meiner Mutter hatte ich gelernt, dass man zu einer Einladung immer einige Minuten zu spät erscheint, um dem Gastgeber nicht unnötig Stress zu bereiten. Meine Frau und ich kamen also mit etwa zehnminütiger Verspätung im Bellevue an, nicht ahnend, dass wir die Letzten waren. Erleichtert rief ein Herr vom Protokoll durchs Treppenhaus: »Lukschys sind da, wir können anfangen!« Wir wären am liebsten im Boden versunken. Der Hintergrund dieser kleinen Peinlichkeit wurde uns gleich erklärt: Der Bundespräsident kann mit der offiziellen Begrüßung seiner Gäste erst beginnen, wenn alle da sind. Und Diplomaten sind immer pünktlich.

Nachdem das von einem Bundeswehrkoch zubereitete köstliche Diner vorbei war und man zum gemütlichen Teil des Abends überging, entpuppte sich Johannes Rau als leidenschaftlicher Witzeerzähler und -sammler. Die Musikerwitze, die Peter Riegelbauer, Kontrabassist und Orchestervorstand bei den Berliner Philharmonikern, erzählte, entzückten den Präsidenten ganz besonders.

Zwei Tage später bekam Riegelbauer einen Brief vom Bundespräsidialamt, er möge doch so freundlich sein, die erzählten Witze, vor allem die Bratscherwitze (gewissermaßen die Ostfriesen des Orchesters), für den Herrn Bundespräsidenten aufzuschreiben und ans Schloss Bellevue zu schicken. Unter anderem diesen: »Ein Bratscher bekommt Besuch von einem Freund. Die Frau des Bratschers öffnet die Tür, der Freund sieht, wie der Bratscher seinen Sohn verprügelt. ›Was hat er denn gemacht?‹, fragt der Gast besorgt die Frau. ›Er hat eine Saite an der Bratsche verstimmt, und er will nicht verraten, welche ...‹«

Vicco und Romi kannten Riegelbauer und seine Frau Majella Stockhausen vom Scharoun-Ensemble her, mit dem Loriot oft und gern seine Version des »Karnevals der Tiere« aufgeführt hatte. Seit dem Abend im Bellevue verbindet auch uns mit den beiden eine enge Freundschaft, die Vicco gestiftet hat.

2005 fand endlich in der Berliner Philharmonie eine Aufführung von Loriots/Bernsteins »Candide« statt. Das Deutsche Symphonie-Orchester (DSO) brillierte unter David Stahl, der Saal tobte. Nach dem Konzert gab es ein Diner in der Französischen Botschaft am Pariser Platz. Unser gemeinsamer Freund, der Anwalt und Kunstförderer Peter Raue, brachte einen launigen Toast aus: »Eine Aufführung von Bernsteins und Loriots ›Candide‹ nach Voltaire in der französischen Botschaft zu feiern ist in etwa so, als würde man sich in Paris nach einer Aufführung von Jules Massenets ›Werther‹ in der deutschen Botschaft versammeln, nur weil der Oper Goethes Roman zugrunde liegt.« Loriots Tischdame war Angela Merkel, er war entzückt von ihrem Charme.

Als Loriot einen Nachfolger für seine Moderation der AIDS-Gala in der Deutschen Oper suchte, fragte er mich um meine Meinung. Uns wurde ziemlich schnell klar, dass Max Raabe der ideale Kandidat dafür war. In den ersten Jahren stand Vicco Max Raabe noch zur Seite. Es war höchst amüsant, die beiden zu beobachten, wie sie gemeinsam an Loriots Moderationstexten arbeiteten: Raabe: »Die Handlung von Verdis Oper ›I due Foscari‹ konzentriert sich auf einen gewissen Jacopo, Sohn reicher Eltern, der wegen fahrlässiger …« – Loriot: »Langsamer, langsamer. Sohn – reicher – Eltern …« – Raabe: »Sohn – reicher – Eltern, der wegen fahrlässiger Tötung einsitzt.« – Loriot: »Das ›einsitzt‹, das ›t-z‹ noch deutlicher: ›einsit-z-t!‹.«. – Raabe: »Einsit-z-t.« – Loriot: »Richtig!«

Loriot kämpfte mit jedem Sprecher seiner Texte unerbittlich und dennoch humorvoll um eine überdeutliche Artikulation. Max Raabe musste, als Loriot ihm die Texte vorsprach, breit grinsen.

Nicht weniger amüsant war ein Besuch mit Loriot und seiner Frau Romi bei Max Raabe zuhause. Zur großen Freude meines Freundes stimmte Raabe mit seinem ebenfalls anwesenden Pianisten Christoph Israel ein paar alte Schlager an, Loriot war, wieder einmal, glücklich.

Loriot zu Gast bei Max Raabe

Ein halbes Jahr später lud Max Raabe uns zur Premiere einer seiner Tourneen in den Berliner Admiralspalast ein. Vicco zögerte, weil er befürchtete, der reichlich anwesenden Presse nicht entgehen zu können. Also wurde vereinbart, dass wir das Haus durch einen Seiteneingang betreten sollten. Als der Wagen hielt, war es dann doch der Haupteingang. Die Fotografen hatten leider Wind von der Sache bekommen und empfingen den hohen Besuch mit einem brutalen Blitzlichtgewitter. Das Konzert war dann dafür sehr schön. Als Zugabe bat Max Raabe den in der ersten Reihe sitzenden Thomas Quasthoff zu sich auf die Bühne. Zusammen sangen Sie unvergesslich »In einem kühlen Grunde«.

☞ GEGENSCHUSS MAX RAABE ☜

Als Loriot mich bat, seine Nachfolge bei der AIDS-Gala anzutreten, war mir sofort klar, dass ich es auf keinen Fall annehmen werde.
»Die Schuhe sind zu groß«, sagte ich ihm.

Letzten Endes habe ich die Herausforderung doch angenommen, weil er mir anbot, mich zu unterstützen. Allerdings wollte ich von Anfang an nur meine eigenen Texte vortragen, was ihm nicht sehr behagte.

Als ich meine ersten Ideen zu Papier gebracht hatte, rief ich ihn an. Er sagte nur »Na, dann lassen Sie mal hören.« Im Verlauf des Gesprächs wurde alles auseinandergenommen, was ich mir überlegt hatte. Es war das Tollste, was ich je erlebt hatte, ich konnte die Arbeitsweise eines Meisters studieren. Unsere Gespräche dauerten immer ziemlich lang, und es ging immer weniger um die Moderationen.

Eines Abends saß ich mit Thomas Quasthoff zusammen, wir kamen auf Loriot zu sprechen, und obwohl es schon ziemlich spät war, riefen wir ihn an: wie vermutet, war er noch hellwach. Am Ende unseres Gesprächs haben wir ihm »In einem kühlen Grunde« in den Hörer gesungen. Es war unser letztes Telefonat.

✍

Als ich Vicco 2003 Helge Schneiders Auftritt bei der Verleihung des Deutschen Comedypreises zeigte, war er entzückt über den minimalistischen Jazz, den Schneider auf seinem Klavier zauberte. Da war sie wieder, die Leichtigkeit und Eleganz des Swing-Zeitalters. Ob aber Helge Schneiders andere, anarchisch-dadaistisch-alberne Seite den Humornerv von Loriot treffen würde? Meine Frau, meine Töchter – Josefine ist ein glühender Schneider-Fan – und ich unternahmen das Wagnis, Bülows im Juli 2007 in Helge Schneiders Bühnenshow »I Brake Together« im Berliner Admiralspalast zu locken.

Gespannt linste ich zu Vicco hinüber, ob Schneider vor dem gestrengen Auge und Ohr des Meisters würde bestehen können. Aber schon nach der ersten Nummer waren alle Bedenken verflogen. Vicco und Romi amüsierten sich königlich. Nach der Vorstellung trafen wir Helge Schneider kurz hinter der Bühne, zusammen mit seinem sensationellen Schlagzeuger

Pete York (von der »Spencer Davis Group« und »Hardin & York«). Da Loriots Enkel Leopold auch Schlagzeug spielte und es Pete York an den Starnberger See verschlagen hatte, wurden sofort Adressen für spätere Treffen ausgetauscht.

Loriot und Helge Schneider, diese beiden Männer aus so verschiedenen Humorwelten, trafen sich in ihrem tiefen Verständnis darüber, dass auch den albernsten Ideen immer ein ernster Gedanke zugrunde liegen muss.

Otto Waalkes haben wir zum ersten Mal Anfang der achtziger Jahre in München getroffen. Er präsentierte seine Bühnenshow im Deutschen Theater in der Schwanthalerstraße. Vicco war begeistert, wie es Otto gelang, das Publikum hypnotisch in seinen Bann zu ziehen. Loriot, der Mann, der weder improvisieren wollte noch konnte, bewunderte Ottos Spontaneität und seine Fähigkeit, mit den Zuschauern in Kontakt zu treten. Die beiden sind sich später noch oft begegnet. Einmal erzählte Vicco von einem gemeinsamen Auftritt mit Otto in der Züricher Oper. Der Anlass war das Jubiläum einer Schweizer Versicherungsgesellschaft. Auf dem anschließenden Empfang fragte Vicco einen der Vorstandsvorsitzenden der Versicherung, ob es ihm denn wohl gefallen habe. Der Direktor antwortete behäbig und sehr schweizerisch: »Es war schon sehr luschtig, Herr von Bülow, aber leider war alles so schnell …«

Spätestens als Loriot für den Produzenten Horst Wendlandt arbeitete, für den auch Otto seine ersten Filme gedreht hatte, wurden sie Freunde. Bis zu seinem Tod hing schräg hinter Viccos Arbeitsstuhl ein von Otto Waalkes bemalter Teller mit blauen Ottifanten im Stil einer Delfter Kachel. Ich glaube, es war ein Geschenk zu seinem 60. Geburtstag.

Die Begegnung mit Wendlandt, Produzent beider Loriot-Kinofilme, war beeindruckend. Wendlandt saß Zigarre rauchend hinter einem alten englischen Schreibtisch in seinem Büro und entsprach in allem dem Klischee des klassischen Filmproduzenten. Als wir ihn besuchten, versuchte Wendlandt

Loriot zu überreden, doch noch einen dritten Spielfilm zu drehen. Er spannte auch mich in seine Strategie ein. Ich sollte mit Vicco einen Stoff entwickeln und, um ihn zu entlasten, auch Regie führen. Das Projekt ist allerdings über ein Exposé mit dem Titel »Spiritus Rector« – die Story eines Benimm-Experten, der zufällig reich gewordenen einfachen Leuten feines Benehmen beibringen soll – nicht hinausgekommen. Loriot wollte sich der Mühsal eines dritten Spielfilms nicht mehr unterziehen.

Ein entspanntes und gemütliches Zusammentreffen zum Tee gab es 2009 mit Bastian Pastewka und dessen Frau Heidrun in Bülows Wohnung am Savignyplatz. Pastewka, selber ein Star, war aufgeregt wie ein Kind, als er dem von ihm so sehr verehrten Altmeister begegnete.

☞ GEGENSCHUSS BASTIAN PASTEWKA ☜

In der Tat war dies ein sehr besonderes, für mich unvergessliches Zusammentreffen: Die von Bülows luden uns zu sich nach Hause ein, es gab einen übergroßen feierlichen Kuchen mit Mops-Motiv im klassischen Zuckerbäcker-Stil, der, wie unser Gastgeber es bei seiner Einladung an uns formulierte, »aufgegessen werden muss, bevor wir ihn Bedürftigen übergeben«. Ich bot mich gerne an, diese Aufgabe zu übernehmen.

Ich hatte Vicco von Bülow in der Vergangenheit schon einige wenige Male getroffen und bei irgendwelchen öffentlichen Anlässen auch kurz mit ihm und seiner Frau Romi sprechen können. Auf seine Einladung hatte ich mich im Grunde 36 Jahre lang vorbereitet. Ich kannte den Loriot'schen Kanon, wusste um seltene Trivia-Fakten und googelte vorab zur Sicherheit noch einmal die Geschichte Brandenburgs und Radio Bremens.

Als meine Frau und ich die Treppe zur Wohnung heraufkamen, empfing uns Herr von Bülow im Türrahmen. Ich sah ihn. Und dachte unmittelbar an meinen geliebten weißhaarigen Großvater, der mich über Jahrzehnte bei meinen häufigen Besuchen in seiner Wohnung in Bonn stets vergnügt von der Schwelle aus angrinste und ein herzliches »Bastilein!« durch den Hausflur schallen ließ. Er schaute dabei stets erwartungsvoll, vielleicht hoffte er auf ein Mitbringsel, und seine Hosen waren im gesetzten Alter meist etwas zu groß, was eine vergnügliche Gemütlichkeit symbolisierte. Bei Herrn von Bülow war es genauso (bis auf den Ausruf), und ich glaubte tatsächlich, ich würde im besten Sinne ›nach Hause‹ kommen. Diese Sekunde werde ich niemals vergessen.

Aber meine Frau und ich erkannten sofort instinktiv, dass wir uns völlig ›overdressed‹ hatten. Wir glaubten ja, dass noch drei, vier Müller-Lüdenscheidts, Frau Dr. Plötzmann oder wenigstens eine der irren Mielke-Schwestern von nebenan mit uns eingeladen worden wären. Sinngemäß.

So war es nicht, es war viel besser: wir lernten die von Bülows an diesem Samstagnachmittag gemeinsam mit dem Autor dieses Buches und seiner Gattin kennen und nichts und niemand störte uns bei diesem langen und fröhlichen Beisammensein.

Und ich kann mich nicht erinnern, auch nur ein Stück von dem Kuchen gegessen zu haben.

✍

Das Artemis-Quartett lernten wir gemeinsam bei einem Hauskonzert bei Andrea Bernstorff und Peter Raue kennen. Eckart Runge, der Cellist, outete sich als glühender Loriot-Fan. Als wieder einmal ein Hauskonzert des Quartetts bei Raues anstand, saß Vicco vorher etwas schlapp bei uns in der Wohnung. Er konnte sich nicht vorstellen, ein ganzes Konzert durchzuhalten. Meine Frau kredenzte unserem müden Freund ein Gläschen Likör der Sorte »Roter Weinbergspfirsich«. Der Likör tat seine Wirkung. Loriot hielt nicht nur das Konzert durch, sondern plauderte danach noch lange mit den vier Musikern, allen voran mit seinem Fan Eckart Runge, der bald auch ein guter Freund von uns wurde. Wohlige Erinnerungen an die Abende mit dem Amadeus-Quartett in Elmau wurden wach.

Nach Loriots Tod scheute sich Eckart Runge, eine uralte Aufnahme Loriots auf seinem Anrufbeantworter zu löschen. Das Gerät war zwar schon seit Längerem ausrangiert, aber Eckart warf es nicht weg, eben wegen Loriots darauf befindlicher Stimme. Ganze fünf Jahre lang hatte er es unbenutzt am Netz gelassen in Sorge, Loriots Nachricht könnte ohne Strom vom Chip gelöscht werden – und das Gerät hatte einen Umzug mitgemacht. Irgendwann entschloss er sich, mit seiner Frau Susanne und seinem alten Anrufbeantworter zu uns zum Essen zu kommen. Ich besaß die nötige Technik, um die kostbare Aufnahme auf eine CD zu kopieren. Auch ich habe bis heute sowohl auf meinem Anrufbeantworter als auch auf meiner Handy-Mailbox Nachrichten von Vicco, die zu löschen ich nicht übers Herz bringe.

Ab und zu konnten wir uns für die vielen schönen Einladungen bei Bülows revanchieren. So verbrachten wir mit ihnen und einem weiteren älteren Neffen dritten Grades von mir einen sehr berlinischen Abend in »Clärchens Ballhaus« in Mitte. Wir hatten meinem Neffen und seiner Frau zu seinem Geburtstag »Pasta Opera« geschenkt, eine lustige Veranstaltung im reizvoll verfallenen alten Spiegelsaal des Ballhauses, in dem eine Truppe junger Sänger während eines einfachen italienischen Essens bei Kerzenschein Opernarien in Rokoko-Kostümen zum Besten gab. Bülows begleiteten uns, und Vicco war hingerissen von der Show und scherzte mit der Leiterin der Truppe.

Mit Rokoko-Perücke und
Julia Regehr

Weil Bülows immer häufiger in Berlin waren, luden wir öfter Gäste für und mit Bülows zu uns ein. Die von ihm verehrte Angelica Domröse und ihr Mann Hilmar Thate, die in der Wohnung über uns wohnen, waren mehrfach zugegen – und schließlich feierten wir sogar Viccos 83. Geburtstag bei uns. An diesem Abend bekam Vicco seinen ersten iPod geschenkt.

Der alte Mann und die Technik

Loriot war immer ein Technikfan. Er besaß die beste Stereo-
anlage, die zu ihrer Zeit auf dem Markt war. Die riesigen Ak-
tivboxen sind mir einmal in einem Tonstudio als Referenzlaut-
sprecher wiederbegegnet, da wusste ich, wie gut sie wirklich
waren. Als sein in die Jahre gekommener Plattenspieler irgendwann schwächelte, der Einschaltknopf hakte, riet ihm sein
Fachhändler, das Gerät reparieren zu lassen, denn »so was Gutes wird heute gar nicht mehr gebaut«.

Bei Vicco sah ich das erste Mal einen »Walkman«. Er gehörte zu den Ersten, die das damals sensationelle neue Gerät
besaßen, einen Kassettenspieler mit zwei Kopfhöreranschlüs-
sen, der, um die Kommunikation zwischen den Musikliebha-
bern zu gestatten, eine orangene »Sprechtaste« samt Mikrofon
besaß. Aus heutiger Sicht, da die Vereinzelung des Großstadt-
menschen durch dicke schallgeschützte Kopfhörer weit voran-
geschritten ist, eine geradezu rührend anmutende Vorrichtung.

Während wir in Ammerland eine der Bremer Sendungen
schnitten, flog Vicco für einen Tag in die Schweiz zu seinem
Verlag. Als er zurückkam, zog er als Mitbringsel die allerneues-
ten technischen Spielzeuge aus seiner Manteltasche. Er hatte sie
am Flughafen Zürich erstanden. In Deutschland gab es dergleichen noch nicht. Es waren die ersten kleinen Videospiele, bat-
teriebetriebene handtellergroße Plastikteile mit einfarbigen
LCD-Screens, auf denen man Tennis oder Pingpong spielen
konnte. Ich stürzte mich auf die Neuheiten und spielte mehrere

Stunden hintereinander Tennis. Die Bewegungen der Figuren waren noch nicht flüssig wie bei heutigen Videogames, sondern äußerst ruckelig. Als ich anschließend versuchte, im Bülow'schen Gästezimmer ein Buch zu lesen, tanzten die Buchstaben derart vor meinen Augen, dass jeder Versuch einer konzentrierten Lektüre zum Scheitern verurteilt war – ein Schlüsselerlebnis, das mich Videospielen gegenüber bis heute skeptisch gemacht hat.

Lange vor der Erfindung der DVD überraschte Vicco mich in Ammerland mit einer Neuanschaffung. In einer dicken Box steckten mehrere »Laser-Discs«, auf denen sich Chéreaus kompletter Bayreuther »Ring« befand. Die silbernen Scheiben hatten die Größe von Vinyl-Langspielplatten und sahen im Prinzip wie große CDs aus. Der Player für diese Technologie – die schon nach kurzer Zeit obsolet wurde, weil die viel praktischere DVD sie ablöste – war im Wohnzimmer direkt an einen Stereo-Verstärker angeschlossen, dessen exzellente Boxen rechts und links vom Fernseher standen.

Voller Stolz führte Vicco uns das Racheterzett aus dem 2. Akt der »Götterdämmerung« vor, wobei er die Lautstärke, wie so oft, ganz aufdrehte. Vicco liebte es, Opern sehr laut zu hören. In seinem Haus, das keine direkten Nachbarn hatte, war das unproblematisch. Nun kam zu dem überwältigenden Sound auch noch ein kristallklares Bild hinzu – gemessen an dem, was man von der VHS-Kassette gewohnt war. Es war grandios, wir hatten das Gefühl, besser könne es nicht werden. Vicco war auf der Höhe der Zeit und genoss es sichtlich. Es kamen wohl noch ein paar wenige Laser-Discs hinzu, aber der VHS-Recorder mit seiner Aufnahmemöglichkeit blieb noch lange das Video-Medium Nummer eins.

Natürlich ahnte Vicco nichts von HD-Fernsehern und Blu-ray Discs heutiger Tage. Dennoch machte ihn eine Bemerkung aus Thomas Manns Tagebüchern nachdenklich, in der dieser – zu Zeiten der Schellackplatte – einen neuen elektrischen Plattenspieler beschrieb und konstatierte, dass damit eine Perfektion der musikalischen Reproduktion erreicht wäre, die wohl nicht mehr zu steigern sei.

1999 kaufte ich meinen ersten DVD-Player. Ich schwärmte Vicco davon vor. Er konnte sich nicht so recht vorstellen, dass die Qualität der Filme unter der Verkleinerung der Scheibe nicht leiden sollte, aber die Vorführung in meiner Berliner Wohnung beeindruckte ihn. Ich versuchte ihm klarzumachen, dass dies die Technik der Zukunft sei und dass seine bis dahin nur auf VHS-Kassetten erhältlichen Sketche unbedingt auf DVD erscheinen sollten.

Als Bülows zurück nach Ammerland kamen, fanden sie eine große Kiste von »Warner Home Video« vor, wo alle Fernseharbeiten von Loriot erschienen waren. Die Kiste enthielt die ersten fünfzig DVDs des Warner-Programms – und ein dazugehöriges Abspielgerät. Das Gerät wurde angeschlossen, Vicco war überzeugt, und schon wenig später erschien die erste DVD-Box mit seinen Sketch-Sendungen.

Die DVD sollte dann tatsächlich die letzte Technologie sein, auf die sich Loriot einließ. Es ist etwas Seltsames um den Moment, in dem ein alter Mann, der immer technikaffin war, es verweigert, sich mit einer neuen Technologie auseinanderzusetzen. Vicco war ein Mann des Telefons, des Faxes, der CD und der DVD. Computer, Internet und E-Mail waren ihm ein Buch mit sieben Siegeln. Ganz im Gegensatz zu seiner Frau Romi, die noch in fortgeschrittenem Alter lernte, mit dem Computer umzugehen, und die bis heute eine rege E-Mail-Korrespondenz führt.

Bezüglich der CD und der DVD kam es bei Vicco gelegentlich zu Verwechslungen. Da die Scheiben die identische Größe haben, konnte es schon mal vorkommen, dass eine DVD oder eine Foto-CD in seinem High-End-CD-Spieler landete – auf den er sehr stolz war, »weil es so etwas Gutes auch nicht mehr gibt«. Dann rief er mich an und fragte, warum sein Musikspieler so seltsame Geräusche von sich gibt.

Dass er sich auf die aktuelle Technik nicht mehr einließ, hieß nicht, dass er sie komplett ablehnte. 1999, er war 75, kam ich mit einem Taschencomputer zu ihm, auf dessen kleinem Bildschirm man mit einem Eingabestift zeichnen konnte. Neugierig – das war er zeit seines Lebens – nahm er den Stift zur Hand und zeichnete ein etwas krakeliges Nasenmännchen auf den Bildschirm. Das inzwischen veraltete Gerät mit der einzigen Computergrafik Loriots hüte ich bis heute.

An einem Sommernachmittag in Ammerland ist es mir dann gelungen, ihm endlich die Vorzüge des Internets nahezubringen, wenn auch auf ungewöhnliche Weise. Wir saßen beim Tee, da kam er auf »Robinson Crusoe« zu sprechen, der ihn in seiner Jugend, neben »Kürschners Konversations-Lexikon in einem Band«, wesentlich geprägt habe. Vicco behauptete, in dem Roman von Defoe komme eine Figur namens ›Donnerstag‹ vor. Ich korrigierte ihn: »Du meinst ›Freitag‹.« – »Nein, Donnerstag. Donnerstag ist der Vater von Freitag, und Robinson hat ihn so genannt, weil er vor Freitag da war.«

Der Donnerstag als Vater des Freitag, eine hübsche Idee, nur konnte ich mich nicht erinnern, von Freitags Vater jemals etwas gelesen zu haben. Nun hatte ich auf meinem Laptop eine Sammlung englischer und amerikanischer Literaturklassiker als E-Books abgespeichert. Stolz öffnete ich meinen Mac, rief »Robinson Crusoe« auf und ließ den Computer in Sekundenschnelle feststellen, dass das Wort »Thursday« nicht ein einziges Mal in »Robinson Crusoe« vorkommt.

Vicco fühlte sich herausgefordert. Er ging zu seinem Bücherregal, das eine reiche Sammlung alter Originalausgaben barg, und zog den Band »Robinson der Jüngere, zur angenehmen und nützlichen Unterhaltung für Kinder« von Joachim Heinrich Campe hervor. Es handelte sich um eine mit kolorierten Ludwig-Richter-Holzschnitten illustrierte Ausgabe von 1884. Ob Vicco schon als Kind dieses Exemplar in Händen hatte, weiß ich nicht, sicher ist, dass er »Robinson« seinerzeit nicht im Defoe'schen Original, sondern in der von Campe bearbeiteten Fassung für Kinder gelesen hatte.

Jetzt lag der Ball wieder bei mir. Ich suchte im Internet-Projekt Gutenberg nach »Campe«. Tatsächlich war Campes Robinson-Version dort vollständig vorhanden. Ich rief Kapitel für Kapitel auf und ließ meinen Computer den Text nach dem Wort »Donnerstag« durchforsten. Im 46. von 49 Kapiteln war ich endlich erfolgreich: »*Diesem Alten gab Robinson aus dem Grunde, weil er doch eher, als sein Sohn gewesen wäre, den Nahmen Donnerstag; und so wollen wir ihn denn künftig auch nennen.*«

Vicco jubilierte: »Ich wusste es!« Und er war voller Dankbarkeit und Bewunderung, dass das Internet dem über achtzig Jahre alten Mann die Unsicherheit über eine Kindheitserinnerung nehmen konnte.

Durch die Referenz der Online-Version konnten wir in dem antiquarischen Buch sogar die Stelle lokalisieren, wo in schönster Bleisatz-Fraktur Freitags Vater Donnerstag zum ersten Mal erwähnt wird. Eine Tasse Tee mit etwas Gebäck, ein moderner Computer mit Internetzugang und ein illustriertes Kinderbuch von 1884 in trauter Einigkeit …

Noch ein bisschen moderner wurde es dann an Viccos 83. Geburtstag in Berlin. Romi liebte es, ihrem Mann technische Gadgets zu schenken, und fragte mich, was denn wohl für ihn in Frage käme. Ich schlug einen iPod nano vor. Romi zog los und kaufte den iPod. Ich bot ihr an, das Minigerät mit Viccos Lieblingsopern und Arienzusammenstellungen seiner favorisierten Sängerinnen und Sänger zu füllen. Als Zugabe gab es noch eine Sammlung ausgewählter Fotos der Familie und der Möpse, die er auf dem winzigen Display ansehen konnte.

Vicco freute sich wie ein Kind über das Geschenk. Ich erklärte ihm im Schnelldurchgang, wie der Apparat zu bedienen sei. Das Clickwheel war eine ihm vollkommen neue Kulturtechnik. Er staunte, war aber sehr lernwillig und nahm den iPod jeden Abend mit ins Bett, um sich seine gelegentlichen schlaflosen Stunden mit Wagner, Puccini und Verdi zu versüßen.

In der Folgezeit gab es immer mal wieder telefonische Nachfragen, wie er bestimmte Titel, die er eher zufällig ausgewählt hatte, gezielt ansteuern könne. Da aber das Maschinchen nur seine Lieblingsmusik enthielt, fand er immer etwas, was ihm gefiel. Ich entwarf ihm noch eine auf seine speziellen Bedürfnisse ausgelegte Bedienungsanleitung, die ihm bei Problemen weiterhelfen sollte.

Der iPod wurde jedenfalls zu Viccos ständigem Begleiter und reiste zwischen Ammerland und Berlin hin und her. Die Verzückung, die sich auf seinem Gesicht zeigte, wenn er zufällig auf das Arien-Album von Alfredo Kraus gestoßen war, war zu schön anzusehen.

Vicco mokierte sich gern über die Terminologie der neuen Techniken, so wie er sich früher über Amtsdeutsch und Jägerlatein lustig gemacht hatte. Eine E-Mail hieß bei ihm grundsätzlich »Emil«, und CDs wurden in seinem Sprachgebrauch nicht gebrannt, sondern »gebacken«.

Und ich »buk« ihm einiges. Damit er seine Lieblingsschallplatten auch in Berlin hören konnte, nahm ich die Mühe, sie zu digitalisieren, auf CD zu brennen und in den iPod einzuspeisen, gerne auf mich.

Ein Jahr später ging Romi noch einen Schritt weiter. Vicco bekam zu seinem 84. Geburtstag ein iPad. So recht wusste er noch nichts mit dem flachen Ding anzufangen, doch bald schon gefiel es ihm, damit Patiencen zu legen. Als er eines Abends vollkommen versunken über das iPad gebeugt in seinem Sessel saß und ich ihn fragte, wie er denn mit seinem neuen Gerät klarkomme, antwortete er, ohne aufzusehen: »Och, das Patiencenlegen geht schon ganz gut, nur mit dem Rasieren klappt's noch nicht.«

Loriot an seinem 84. Geburtstag

In noch einem weiteren Bereich hat die modernste Technik bei Bülows Einzug gehalten. Es handelt sich um »Karl«, der, sehr zum Ärger von Mops Emil, dessen Revier erobert hat. Karl ist ein elektronisch gesteuerter Mähroboter, der den Bülow'schen Rasen mit größter Gelassenheit auf einer perfekt niedrigen Höhe hält. Dass Emil ihn regelmäßig zum Duell fordert, stört Karl wenig. Von Zeit zu Zeit stößt Karl sich an einem Obstbaum, um daraufhin beleidigt umzudrehen, sich einen anderen Weg zu suchen und seine Arbeit dort unbeirrt fortzusetzen.

Wie jeden Sommer verbrachten wir auch 2006, während der letzten Tage der Fußball-WM, einige Tage als Gäste bei unseren Freunden in Ammerland. Ich hatte mir kurz zuvor einen DVD-Recorder angeschafft und erzählte, nicht ahnend, was ich damit in Gang setzen würde, euphorisch von der Möglichkeit, selber DVDs aufnehmen und brennen zu können. Die Mühsal der VHS-Kassetten, die im Recorder zerschredderten Bänder, das ewige Spulen, bis man die gewünschte Stelle gefunden hatte, die fehlenden Kapitelmarkierungen, all dies gehörte auf einmal der Vergangenheit an. Vor allem aber konnte man alte Video-Kassetten kopieren und in DVDs umwandeln.

Trotz seiner 82 Jahre hörte Vicco aufmerksam zu. Die Idee gefiel ihm. Zwei Tage später stand auch in seinem Wohnzimmer ein DVD-Recorder, praktischerweise baugleich mit meinem.

Als Erstes entriss ich Familienaufnahmen, die noch mit der inzwischen komplett veralteten Betamax-Technik aufgenommen worden waren, dem Vergessen. Diese ersten Überspielungen hatten ungeahnte Folgen. Sie waren gewissermaßen der Katalysator für alles, was in den nächsten Jahren geschah.

Gerührt bewunderten Vicco und Romi ihren fünfzehn Jahre zuvor aufgenommenen fünfjährigen Enkel Leopold, wie er mit großer Emphase Cello spielte. Sie hatten die Bänder seit Ewigkeiten nicht mehr gesehen. Und plötzlich gab es alles auf DVD.

Ich war glücklich, den beiden mit meinem technischen Know-how eine Freude gemacht zu haben, und suchte in Kellerregalen nach weiteren Kassetten, deren Überspielung lohnte. Dabei stieß ich auf Viccos private VHS-Mitschnitte seiner ersten »Cartoon«-Sendungen.

Als ich die erste Kassette zum Kopieren einlegte, kam ich aus dem Staunen nicht mehr heraus. Am Ende der Sendung sah ich einen Loriot-Zeichentrickfilm, den ich noch nie gesehen hatte. Er war seit den 1960er Jahren nicht mehr im Fernsehen gelaufen und weder auf kommerziellen VHS-Kassetten noch jemals auf DVDs veröffentlicht worden. Gespannt setzte ich meine Suche fort und fand viele weitere Sketche und Trickfilme, die unveröffentlicht in Loriots Privatarchiv schlummerten. In meinem Tagebuch notierte ich den Beginn dessen, was zu einer erneuten jahrelangen Zusammenarbeit mit Vicco führte: »*Do, 6. 7. 2006 – Familiärer Tag in Ammerland. Checke mit Vicco alte ›Cartoon‹-Sendungen, aus denen man eine DVD machen sollte.*«

DVD-Box I – Die vollständige Fernsehedition

Was immer Loriot für das Fernsehen produziert hatte, wurde auch kommerziell ausgewertet. Schon bald nach der Ausstrahlung der sechs Bremer Sendungen erschienen seine Sketche auf VHS-Kaufkassetten – und wurden ein Sensationserfolg, ebenso wie die Audio-CDs, die er zusammen mit Evelyn Hamann aufgenommen hatte.

In den 1990er Jahren änderten sich die Sendeschemata der ARD. Radio Bremen trat an Loriot heran, seine Sketche, die bisher im 45-Minuten-Format vorlagen, neu zu sortieren und in das neue, ARD-kompatible 25-Minuten-Format zu bringen. Das Gute daran war, dass hier auch alte Sketche der Stuttgarter Sendungen ihren Platz fanden, schade war hingegen, dass unsere sechs sorgfältig komponierten 45-Minüter auseinandergerissen und die Sketche zum Teil gekürzt wurden, um in das knappere Format zu passen.

Es erschien also, zunächst fürs Fernsehen, später auch auf VHS-Kassetten und auf DVDs, »Loriot – Sein großes Sketch-Archiv« in 14 Sendungen à 25 Minuten. Ich war nie ein Fan dieses Kurzformats, auch wenn sich die DVD-Zusammenstellung sehr gut verkaufte. Loriot hatte die Sketche nach Themen gruppiert, was seinem Sinn für Ordnung entgegenkam, sie erreichten aber eben nicht die fein gestrickte Dramaturgie der kleinen Bremer Gesamtkunstwerke.

Erst im Sommer 2006 wurde mir klar, dass viele der Stuttgarter Sketche und Trickfilme nie Eingang in das »Große

Sketch-Archiv« gefunden hatten. Entweder befand Loriot sie zu der Zeit als nicht gut genug, oder die Zwänge des seriellen Formats von 14 Folgen à 25 Minuten verlangten, dass man streichen musste.

Wie dem auch sei, ich fühlte mich beim Durchstöbern von Loriots privatem VHS-Archiv wie ein Fernseharchäologe und entdeckte wahre Schätze. Von dieser Entdeckung war der Weg nicht weit zu dem Plan, endlich eine vollständige Edition seiner Fernseharbeiten in Angriff zu nehmen.

Wie es der Zufall wollte, lief 2007 ohnehin der Lizenzvertrag zwischen der ARD und Warner Home Video aus, und man zeigte sich im Hause Warner sehr interessiert an dem Projekt.

Die Chance, die Bremer Sendungen in ihrer ursprünglichen Fassung herauszubringen, beflügelte mich. Und die Lust meines Freundes, sein Lebenswerk noch einmal in einer digital restaurierten, gut editierten DVD-Box zusammenzufassen, wurde immer größer. Die Überwachung eines komplexen technischen Vorhabens dieser Größenordnung hätte ihn allein jedoch überfordert, deshalb bot ich meine Hilfe an. Ich war glücklich, dem Mann, dem ich so viel im Leben zu verdanken hatte, etwas zurückgeben zu können.

Leider hatte Loriot seine alten »Cartoon«-Sendungen nicht vollständig mitgeschnitten, also wandte ich mich an den SWR in Stuttgart und fragte an, ob man Loriot für sein Privatarchiv und zur Sichtung für eventuelle Weiterverwertung DVD-Kopien all seiner »Cartoon«-Folgen zusenden könnte.

Wenn man im Namen Loriots eine Institution, öffentlich oder privat, anrief, so taten sich wie durch ein Zauberwort sofort alle Türen auf. Wo sonst bürokratische Hürden mühsam überwunden werden mussten, schlug einem eine Welle der Sympathie entgegen und das Gewünschte wurde prompt erledigt. Ein Phänomen, dem ich im Laufe der nächsten Monate und Jahre noch öfter begegnete.

Wenige Tage später erreichte mich ein Paket mit zwanzig DVDs, die sämtliche »Cartoons« enthielten. Was für ein Gefühl, die Sendungen, die ich als Student vierzig Jahre zuvor im Fernsehen gesehen hatte, in bester Qualität in Händen zu halten. Ich machte mich sofort an die Arbeit, guckte die Sendungen durch, legte Ablauflisten an und markierte alles, was bisher noch nicht veröffentlicht worden war.

Es war eine Menge, darunter seine herrlichen ersten Zeichentrickfilme in Schwarz-Weiß, die in ihren Bewegungen noch sehr simpel waren, aber von einer unvergleichlich subtilen Komik. Loriot sagte dazu, dass die reduzierte langsame Animation kein Unvermögen gewesen sei, sondern in dem Ungelenken der Figuren deren hölzerne Formelhaftigkeit besser zum Ausdruck käme, als wenn sie elegant und flüssig animiert gewesen wären. Auch hier galt, wie schon beim Schnitt, der Grundsatz: Der Komik ist es manchmal dienlich, auf den letzten technischen Schliff, auf scheinbare äußerliche Perfektion zu verzichten.

Wir überlegten, wie man die aus zwanzig »Cartoon«-Sendungen stammenden Sketche und Trickfilme neu organisieren könnte, die sich überdies noch in bereits veröffentlichte und noch nie veröffentlichte Clips aufteilten. Inzwischen klärten die Verantwortlichen von Warner und der ARD Rechtefragen.

Die ARD hatte seit kurzem einen eigenen DVD-Vertrieb und signalisierte Interesse, die Sache selbst in die Hand zu nehmen. Dagegen sprach, dass wir auch Produktionen des ZDF und Werbefilme in unsere Edition einbeziehen wollten. Zudem war Loriot gegenüber seinen langjährigen Geschäftspartnern, dem Diogenes Verlag und Warner Brothers, immer loyal.

Während sich die Herren von Warner und der ARD in ihre Verhandlungen begaben, fingen wir schon mal an zu arbeiten. Ohne Vertrag und ohne eine gesicherte Aussicht auf Realisierung des Projekts.

Es traf sich gut, dass Bülows inzwischen die Wohnung in Berlin hatten. So konnten wir nicht nur während meiner Ferien in Ammerland arbeiten, sondern auch wenn die beiden am Savignyplatz weilten.

Ich hatte in früheren Jahren schon einige Male Sketche für Loriot zusammengestellt, zum Beispiel als er 2004 zum 50-jährigen Jubiläum des Freiburger Wallgraben-Theaters, auf dessen Leiter Heinz Meier eine Laudatio mit Filmbeispielen hielt. Seit man an DVD-Recordern und Computern Filme schneiden konnte, war dies relativ unkompliziert.

Für unsere abwechselnden Arbeiten in Ammerland und Berlin wurden als Grundausstattung zunächst einmal zwei identische Sets von DVDs erstellt, so dass wir hier wie dort auf die gleichen Ressourcen zugreifen konnten. Die DVDs der gesammelten Bremer Sendungen waren inzwischen auch eingetroffen.

Es war ein bisschen wie bei Friedrich dem Großen, der in jedem seiner Schlösser die gleiche Bibliothek hatte, so dass er ein Buch, das er in einem Schloss zu lesen begonnen hatte, in jedem anderen Schloss weiterlesen konnte.

Der allererste Zusammenschnitt unbekannter Sketche aus »Cartoon« war tatsächlich noch sehr roh. Ohne den konkreten Auftrag von ARD und Warner wollten wir nicht zu viel Arbeit investieren. Wir reihten im DVD-Recorder Sketche grob aneinander und bekamen zum ersten Mal einen Eindruck von der Sache. Loriot lag Stolz fern. Als wir aber im Zuge unserer Recherchen feststellten, dass am Tag der ersten Sendung von »Monty Python's Flying Circus«, am 5. Oktober 1969, bereits seine zehnte »Cartoon«-Sendung gelaufen war, merkte er doch grinsend an: »Ich war zuerst …«

Loriots primärer Impuls bei den Überlegungen zum Ablauf der Sketche war eine thematische Gruppierung. Das hätte jedoch bedeutet, dass wir einen permanenten Wechsel von Schwarz-Weiß und Farbe hätten in Kauf nehmen müssen. Wären wir hingegen streng chronologisch vorgegangen, so hätte es am Anfang fast nur Zeichentrickfilme gegeben und anschließend eine Häufung von Studiosketchen.

Wir wählten einen Mittelweg, der im Wesentlichen chronologisch war, aber bei thematischer Nähe von zwei Sketchen oder bei besonders gelungenen Übergängen die Chronologie aufbrach. Und einen Arbeitstitel für unsere erste DVD gab es auch schon: »MOPS 1«.

Unser Testpublikum waren, wie schon früher bei den Bremer Sketchen, die Damen unserer beiden Familien. Die Begeisterung war groß, nur aus Hamburg, wo Warner Home und die ARD zusammensaßen, hörten wir lange nichts.

Im Frühjahr 2007 wurde man in Hamburg endlich handelseinig. Die Entscheidung fiel auf Warner. Wir waren erleichtert, dass nunmehr alles geklärt schien. Alle waren sicher, ein wunderbares Produkt zu bekommen, auch wenn es kühn erschien, Inhalte, die bereits als VHS-Kassetten und als DVD-Edition vieltausendfach verkauft worden waren, im neuen, wenn auch erweiterten Gewand noch einmal verkaufen zu wollen.

Wir hatten allerdings nicht mit dem Föderalismus und dem Kompetenzgerangel der ARD gerechnet. Die öffentlich-rechtliche ARD hat für die Vermarktung ihrer Produktionen kommerzielle Tochterunternehmen. Für die Verwertung der Rechte von Radio Bremen war »Studio Hamburg Distribution und Marketing« zuständig, mit denen auch Warner verhandelt hatte. Doch die Kunde von der geplanten Loriot-Edition sprach sich schnell herum, und schon bald meldete sich der SWR mit der Bemerkung, dass für eine eventuelle Verwertung des Stuttgarter »Cartoon«-Materials ausschließlich mit deren Verwertungsfirma »SWR Media« zu verhandeln sei.

Die Braut war einfach zu schön, als dass nicht mehrere Bewerber nach ihr schielten. Und wie so oft im Leben sind Geschwister die härtesten Konkurrenten. Die Verhandlungen waren zäh. Am Ende half wohl wieder nur das Zauberwort Loriot. Der Meister selbst mischte sich ein. Er drohte scherzhaft damit, vorzeitig zu sterben, und bat höflich um eine zügige Lösung des Konflikts, um das Erscheinen der Box noch zu erleben.

Im Mai 2007 war es dann so weit, von der vereinigten ARD kam das »Go!«. Loriot war gerade in Berlin. Wir gingen zum Italiener und stießen mit Champagner auf den Durchbruch an. Endlich konnten wir ungebremst loslegen. Es war höchste Zeit, denn zu Weihnachten sollte die DVD-Box unterm Baum liegen.

Die Verhandlungen zwischen Studio Hamburg und dem ZDF erwiesen sich übrigens als völlig unkompliziert. Aus Mainz wollten wir in erster Linie Trickfilme von Wum und Wendelin haben. Aber von den beiden waren in den Archiven des Senders nur noch wenige kurze Bruchstücke vorhanden. Die vielen alten Bänder vom »Großen Preis« waren gelöscht worden oder nicht mehr auffindbar. Die 35mm-Trickfilm-Originale sind nie archiviert worden, ein Trauerspiel. Glücklicherweise hatte ein früherer Trick-Kameramann von Loriot für persönliche Werbezwecke ein »Showreel« zusammengeschnitten, in bester 35mm-Qualität. Diese private Filmrolle wurde letztlich die Basis für unsere leider viel zu kleine Abteilung »Wum und Wendelin«.

Schon vor dem Startschuss aus Hamburg hatten wir mit dem systematischen Erfassen des Materials begonnen. In einem übervollen Regal in Loriots Keller standen zig Kassetten mit Interviews, aktuellen Berichten und privaten Aufnahmen. Das alles musste gesichtet, auf DVDs überspielt und katalogisiert werden. Die Listen wurden immer länger.

Wir recherchierten indes nicht nur beim Fernsehen. Schon vor »Cartoon« hatte Loriot Werbefilme für »Scharlachberg Weinbrand« gezeichnet, hergestellt von der Firma Kruse-Film, die auch das »HB-Männchen« produziert hatte. Kruse-Film wurde leider 1990 aufgelöst und die kostbaren Originalfilme alle entsorgt. Loriots 48 Scharlachberg-Spots schienen auf ewig verloren zu sein.

Da erinnerte sich Loriot daran, dass für die Fernsehsendung zu seinem 80. Geburtstag ein alte Spule mit 8mm-Filmen gesichtet worden war. Nach einigem Suchen fanden wir in Loriots Arbeitszimmer – ganz oben im Regal, zwischen alten Familienfilmen – die angestaubte originale 8mm-Spule. Bingo! So wie heute der Regisseur von der Produktionsfirma eine DVD seines Films als Belegexemplar bekommt, so bekam Loriot in den 1960er Jahren von Scharlachberg als Belegexemplar eine Spule 8mm-Film – leider ohne Ton. Schade, denn zu jedem Spot gehörte ein kleines ironisches Loriot-Gedicht.

Wir suchten weiter und fanden mit viel Glück einen Sammler alter Werbefilme, der immerhin neun frühe Loriot-Werbespots in bester Qualität in seiner Sammlung hatte – mit Ton!

Aber was sollte man mit den restlichen über dreißig stummen Filmchen machen? An einem verregneten Wochenende in Berlin probierte ich, einen der Spots mit Archiv-Geräuschen zu vertonen, und siehe da, es funktionierte. Nun war klar, dass alle stummen Werbefilme vertont und als Bonusmaterial in die DVD-Box aufgenommen werden würden.

Außer dem Regal mit den VHS-Kassetten gab es in Loriots Keller noch einen grauen Stahlschrank, hinter dessen Türen Kopien aller seiner Trickfilme (außer Wum und Wendelin) lagerten. Intakte 35mm-Kopien, die für unser Vorhaben ideal waren, denn auf den DVDs sollte nur digital restauriertes Material in bestmöglicher Qualität erscheinen.

Die meisten Filmschachteln und -dosen, die wir im Stahlschrank fanden, waren leicht eingestaubt, aber ordentlich beschriftet. Es gab aber auch eine Anzahl unbeschrifteter kleiner Filmröllchen, die wir keinem der uns bekannten Trickfilme zuordnen konnten.

Loriots Studio mit dem dazugehörigen Schneideraum existierte zu diesem Zeitpunkt schon lange nicht mehr, der Schneidetisch war längst verschrottet. Wir packten also all die Dosen und Schachteln, die wir nicht zuordnen konnten, in einen großen Wäschekorb und fuhren zu den Bavaria-Studios in München Geiselgasteig. Dort stand für filmhistorische Notfälle noch ein 35mm-Schneidetisch.

Da wir gleich mit dem Material arbeiten wollten, hatte ich eine kleine Videokamera mitgenommen. Ich baute sie vor der Mattscheibe des Schneidetisches auf und lichtete die neu aufgetauchten Trickfilme ab. Die Qualität war für einen Offline-Schnitt ausreichend. Es sah etwa so aus wie heute manche You-Tube-Videos, und das Rattern des alten Tisches war auf der Tonspur deutlich zu hören.

Unter den Fundstücken waren einige Filme, an die sich nicht einmal mehr Loriot erinnern konnte. Darunter frühe Werbespots für die vereinigte Oberbekleidungsindustrie (›Herr Adam‹ kommt, nur spärlich mit einer Blume bekleidet, auf eine feine Gesellschaft, eine Dame fällt bei seinem Anblick in Ohnmacht, daraufhin erscheint der gute Rat: »Erstmal ein neuer Anzug!«); ein absurd-satirischer Propagandafilm für den Aufbau der Sozialen Marktwirtschaft, gipfelnd in den Parolen »Der freien Wirtschaft erster Satz: selbst ist der Mann und frei der Platz!« (an der Werkbank) und »… schafft, was er will, aus eig'ner Kraft in der Sozialen Marktwirtschaft!« (wobei ihm eine Gattin und ein Auto in den Arm fallen). Schließlich fand sich noch ein kurzer stummer Streifen, der zwei Herren in einem Theater oder Kino zeigt. Der unvollendete Stummfilm, in dem der eine Herr den anderen mit einer permanent knisternden Bonbontüte ärgert, war vermutlich als Rahmenhandlung für Kino-Vorfilme geplant, kam aber wohl nie zum Einsatz.

Gerade dieser letzte kleine Film hatte es Loriot angetan. Er liebte die Animation und die detailreiche Ausführung des Publikums um die zwei Herren herum. Am liebsten hätte er den Film komplett neu synchronisiert. Dazu hätte es aber eines Drehbuchs bedurft, und um das zu schreiben, war nicht genug Zeit.

Auf dem Rückweg von Geiselgasteig belohnten wir Filmdetektive uns mit Kuchen, den wir im sonnigen Ammerländer Wohnzimmer verspeisten, während wir Romi stolz unsere Trouvaillen vorführten. Ja, auch atmosphärisch erinnerte alles wieder an die siebziger Jahre. Es war der gleiche Zauber, die gleiche permanente Mischung aus Arbeit und Lebensfreude, aus Musik, Kuchen, Schneiden, ein bisschen Sport und Ferien am schönen Starnberger See.

Der nun anstehende Feinschnitt war mit den groben Mitteln eines DVD-Recorders nicht mehr zu machen. Also wurde das Material komplett in meinen Computer eingespeist und der Laptop mit einem langen Kabel an Loriots Fernseher angeschlossen. Bülows Wohnzimmertisch wurde zum Schnittplatz. Teekanne und Keksschale wichen meinem MacBook, und Loriot konnte bequem in seinem biedermeierlichen Fernsehsessel sitzen und das Geschnittene auf der Mattscheibe begutachten.

Ich wollte Vicco die Mühen langwieriger Studiotage ersparen. Er sollte die Möglichkeit haben, sich zwischendurch auch mal für eine halbe Stunde aufs Ohr zu legen, um dann, durch etwas Musik und eine Tasse Tee gestärkt, eine weitere Sitzung anzugehen.

Schnell stellte sich heraus, dass das Projekt gewaltige Dimensionen annehmen würde. Zu dem Arbeitstitel »MOPS 1« (alle bisher unveröffentlichten »Cartoon«-Beiträge) gesellte sich schnell »MOPS 2« (alle bereits veröffentlichten »Cartoon«-Beiträge in neuer Zusammenstellung), »MOPS 3« (eine Mischung aus Sketchen für »Report« und Werbefilmen für Stanwell-Tabak) sowie diverse zusätzliche Programmpunkte und Bonus-Tracks.

Mit einem alternden Genie an einem hochkomplexen technischen Vorgang, den er nicht mehr bis ins letzte Detail nachvollziehen konnte, zusammenzuarbeiten war eine Herausforderung. Loriot war es zeitlebens gewohnt, nichts dem Zufall zu überlassen, er war ein Kontrollfreak. Insofern war der Zeichentrickfilm der ideale Tummelplatz für ihn. Hier hatte er alle Fäden in der Hand und konnte seine Werke bis zum letzten i-Tüpfelchen perfektionieren. Für manche Mitarbeiter mag das schwierig gewesen sein, für mich war es ein Geschenk, mit einem so radikalen Perfektionisten zusammenzuarbeiten. Die hohen Qualitätsmaßstäbe, die er immer an seine Arbeit angelegt hatte, galten auch für die DVD-Edition. Ich glaube, wir haben die Geduld und Belastbarkeit der Kollegen von Studio Hamburg, wo die Endfertigungsarbeiten an der Box stattfanden, bis an ihre Grenzen ausgereizt.

Doch mit dem Betreten technischen Neulands wuchsen auch Loriots Zweifel. Ich bin mir nicht sicher, war es mangelndes Zutrauen zu seinen frühen Sketchen und Cartoons, das ihn diesmal stärker als sonst zweifeln ließ, oder war es eine Alterserscheinung? Wir haben jedenfalls sehr oft Lösungen, die uns perfekt erschienen, schon am nächsten Tag wieder verworfen und geändert. Und da er seinem Kurzzeitgedächtnis nicht mehr so ganz traute, wurden die geplanten Änderungen nicht gesammelt und auf den nächsten Durchgang verschoben – der vielleicht eine Woche später angestanden hätte –, sondern gleich vorgenommen. Wir begannen sehr oft von vorn. Ich gebe zu, dass es selbst für mich, der ich diesen Mann wie keinen zweiten verehrte, nicht immer leicht war. Dabei gründete der Wunsch nach Änderungen nie in persönlicher Eitelkeit. Es ging Loriot immer um die Sache, es war immer ein Ringen um die bestmögliche künstlerische Lösung.

Von Zeit zu Zeit musste ich ihn dazu ermutigen, in die Edition alle, wirklich alle seine Sketche in ihren Originalfassungen aufzunehmen. Wir haben teilweise regelrecht miteinander verhandelt, ob ein Sketch gestrichen wurde oder auf die DVD gelangte. Loriot war seinen eigenen Werken gegenüber gnadenlos und sich selbst sein schärfster Kritiker.

Dass Künstler nach vielen Jahren ihre frühen Werke verändern und verbessern wollen, kommt häufiger vor. Billy Wilder erzählte einmal von einer Szene, für die er im Traum endlich die perfekte Lösung gefunden hatte. Nur war der Film, aus dem die Szene stammte, schon seit Jahren fertig gedreht und geschnitten.

Loriot ging an seine alten Sketche heran, als wären es aktuelle Arbeiten. Er wollte kürzen, umstellen und mehr Tempo machen. Bei einigen Sketchen war er nicht von kleinen Kürzungen abzubringen. »Ich fand das eigentlich schon damals ziemlich beschissen …«, sagte er oft. Es ist glücklicherweise, über die ganze Edition verteilt, nur bei einigen wenigen Schnitten geblieben.

Um einen Sketch tat es mir dann doch sehr leid. Er heißt »Bastelstunde« und stammt aus dem Jahr 1969. In der »Bastelstunde« sprach Loriot auf seinem – noch roten – Sofa salbungsvoll von der enormen Bedeutung der Kindererziehung, bei der die frühzeitige Anregung des Kindes zu eigener Betätigung im Mittelpunkt stehen sollte. Auf nichts sei das Kind schließlich so stolz wie auf das erste Selbstgemachte. »Durch Sägen, Malen und Hämmern entwickelt sich die Phantasie des Kindes und das Empfinden für sauberes Denken und Handeln«, sagte er, bevor er vom Sofa in eine Studioecke ging, wo drei Kinder an einem Tisch saßen und bastelten. Mit sanfter Kindergärtnerstimme wandte Loriot sich den lieben Kleinen zu. Erst als er ein Werkstück in die Hand nahm, war zu erkennen, worum es ging: »Wir basteln ein Hakenkreuz.« Dass Loriot es schon 1969 gewagt hat, sich dem Thema Nationalsozialismus im Fernsehen humoristisch zu nähern, war neu und sensationell mutig. Er machte sich über die heile Welt von Bastelstunden lustig in einer Zeit, als unter der Oberfläche überall noch die Glut der NS-Zeit schwelte. Auch wenn der Sketch damals in »Cartoon« gelaufen ist, in die DVD-Box hat er es dennoch nicht geschafft.

Loriot befürchtete, dass die Presse sich bei der Besprechung der Edition aus purer Sensationsgier nur auf diesen einen Sketch einschießen würde. Er hätte keine Ruhe mehr vor Anrufen, Interviewanfragen und Bitten um politische Stellungnahmen gehabt. Im Jahr zuvor hatte Günter Grass enthüllt, dass er als junger Mann Mitglied der Waffen-SS gewesen war, und mit dieser Enthüllung ein gewaltiges Mediengewitter ausgelöst. Vicco, der ehemalige Wehrmachtsoffizier, fühlte sich Derartigem nicht mehr gewachsen, ließ aber gleichzeitig keinen Zweifel daran, dass er den Sketch in seiner liebenswürdigen Boshaftigkeit für äußerst gelungen hielt: »Ihr könnt das ja gerne veröffentlichen, wenn ich nicht mehr lebe.«

Wie recht er mit seinen Befürchtungen hatte, zeigte sich kurz nach Erscheinen der Box. In einem Zeitungsinterview, es ging unter anderem um Dani Levys Film »Mein Führer«, hatte sich Loriot höchst differenziert zu der Frage geäußert, wie man der Nazizeit und dem Führerkult humoristisch-satirisch begegnen könne. Daraufhin erschien der Artikel mit einer verstümmelten Kurzfassung seiner Antworten. Überschrift: »Loriot mag keine Witze über Hitler«.

Nachdem die Zusammenstellung der sechs DVDs abwechselnd in Ammerland und in Berlin – immer vom bequemen Sessel aus – grundsätzlich abgeschlossen war, stand noch eine letzte redaktionelle Sitzung an. Sie fand ausnahmsweise nicht im Wohnzimmer in Ammerland statt, sondern im lauschigen Seegasthof Huber in Ambach.

Loriot ließ in der rustikalen Junior-Suite einen riesigen Fernseher installieren. Dann reisten drei Herren aus Hamburg an. Herr Marner von Warner Home sowie Herr Richter-Kiewning und Herr Bötticher von Studio Hamburg. Kai Marner brachte, wie immer, wenn er uns besuchte, eine große Packung mit kleinen Niederegger-Marzipanbroten mit, eine Süßigkeit, der weder Vicco noch wir anderen widerstehen konnten. Bei viel Marzipan betrachteten wir gemeinsam die Arbeitskopien unseres Werkes und befanden die Zusammenstellung für gut.

Anschließend musste das 35mm-Originalmaterial nach Hamburg zur Restaurierung verschickt werden. Der Stahlschrank im Archivkeller wurde ausgeräumt, die gestapelten 55 Filmdosen und -schachteln fotografiert und aufgelistet, dann ging die gewaltige Lieferung ab nach Hamburg.

Um die Überwachung der Postproduktion bei Studio Hamburg kümmerte ich mich. Dort ergaben sich kuriose Dinge. Der Trickfilm in »Loriots sauberer Bildschirm«, ein fiktives Studio-Interview über die »Pneumatische Plastologie«, existierte offenbar in zwei Versionen, die sich lediglich in dem Krawattenmuster des Plastologie-Professors unterschieden. In der Bremer Originalsendung, die nur noch als vergleichsweise unscharfes MAZ-Band vorhanden war, trug Professor Häubl einen gepunkteten Schlips, in dem 35mm-Film aus Loriots Stahlschrank – der der Restaurierung zu Grunde liegen sollte – hingegen einen gestreiften. Wir entschieden uns für die bessere, gestreifte Qualität des 35mm-Originals und pfiffen auf die gepunktete filmhistorische Korrektheit.

Zum Schluss ging es um die Gestaltung des Booklets. Auch hier legte Loriot, was Inhalt und Grafik anbelangte, strengste Maßstäbe an. Und hier bewegte er sich auf gewohntem Terrain, es war ein Heimspiel für ihn. Inzwischen drängte die Zeit. Um die Sache zu beschleunigen, wurden die Entwürfe von Booklet-Artikeln und -Grafiken per E-Mail von Hamburg nach Berlin und Ammerland verschickt. Romi druckte alles aus und legte es Vicco vor, der die Begutachtung am Computerbildschirm verständlicherweise verweigerte. Für die endgültige Fassung des kleinen Heftchens bekam er die Andrucke dann per Post zugeschickt.

Nachdem Studio Hamburg, Warner Home und Romi zu Höchstleistungen aufgelaufen waren, ohne dass wir auch nur einmal miteinander Krach gehabt hätten, präsentierten wir am 22. Oktober 2007 im Museum für Film und Fernsehen in Berlin der Presse die fertige Box. Die versammelten kritischen Journalisten spendeten nach jedem wiederentdeckten Sketch frenetisch Beifall. Vicco war erstaunt, dass seine Uraltfilmchen aus den sechziger Jahren junge Kritiker von heute derart amüsierten.

Im Fernsehen wurde die Box in der Sendung »Beckmann« vorgestellt. Als Gäste wünschte sich Loriot neben Mops Emil

Olli Dittrich und Max Raabe. Er war den beiden in gegensei-tiger Bewunderung verbunden und teilte am Ende der Sen-dung gemeinsam mit ihnen einen Kosakenzipfel.

Ich kam etwas später nach Hamburg und wurde von dem-selben netten Fahrer, der Romi, Vicco und Emil in einer Li-mousine von Berlin nach Hamburg gefahren hatte, am Flug-hafen abgeholt. Aus leidvoller Erfahrung wusste ich, wie mühsam es war, Mopshaare aus Autoteppichen zu entfernen. Deshalb fragte ich den Fahrer, ob Emil auf der Reise stark ge-haart hätte. Er antwortete trocken: »Der Mops ging. Schlim-mer waren die krümelnden Kekse von Herrn von Bülow.«

Zwei Tage später starb Evelyn Hamann.

Evelyns Tod

Evelyn hatte Krebs, das wussten wir schon länger. Ihre Familie hatte die Presse verständlicherweise nicht eingeweiht. Wie ernst ihr Zustand in den letzten Tagen war, ahnten wir jedoch nicht. Die Freundschaft zwischen Vicco und Evelyn war herzlich, aber eher professionell geprägt. Es war nicht so, dass sie täglich miteinander telefonierten. Und sicher wollte Evelyns Familie den alten Mann nicht mit permanenten Krankheitsmeldungen belasten.

Montag früh, am Tag der Beckmann-Sendung, einen Tag vor Erscheinen der DVD-Box, klingelte mein Telefon. Am anderen Ende war Beckmanns Redaktionsleiter Olaf Köhne: »Wissen Sie schon, dass Evelyn Hamann gestern Abend gestorben ist?« Ich wusste es nicht. Bevor ich mit Köhne besprechen konnte, was am besten zu tun sei, musste ich Vicco und Romi die Nachricht überbringen. Sie waren, genau wie ich, erschüttert.

Aber für Trauer blieb uns an diesem Tag keine Zeit. Am Abend sollte die Beckmann-Sendung laufen, in deren Aufzeichnung am Freitag natürlich nicht auf Evelyns Krankheit Bezug genommen worden war. Sollte man die Sendung verschieben? Damit hätte man nur das Problem verschoben, denn auch eine oder zwei Wochen später hätten die Zuschauer eine Stellungnahme Loriots zum Tod seiner wichtigsten Schauspielerin vermisst.

Außerdem wollten wir Vicco vor einer Flut von Interviewanfragen abschirmen. Um Spekulationen und erfundenen Zitaten vorzubeugen, beschlossen wir, dass er einen kurzen Nachruf verfassen sollte, der dann über Agenturen den Weg in die Presse finden würde. Er musste die Sache aktiv in die Hand nehmen. Dieser Nachruf sollte dann auch der »Beckmann«-Sendung vorangestellt werden, in der man darauf hinweisen würde, dass Loriot zum Zeitpunkt der Aufzeichnung noch nicht ahnte, dass es mit Evelyn zuende ging.

Es folgten hektische Telefonate. Loriot noch einmal ins Studio nach Hamburg zu kutschieren, war ausgeschlossen. Obwohl Bülows es hassten, wenn Fernsehteams bei ihnen zuhause auftauchten, blieb ihnen diesmal keine Wahl. Beckmann versprach, mit einem »Mini-Team« anzurücken, und machte sich auf den Weg nach Berlin.

Unendlich traurig saßen wir in der kleinen Dachwohnung am Savignyplatz. Dennoch musste Vicco etwas formulieren, was dem Anlass angemessen erschien und – das war das Schwierige – trotz allem irgendwie auch komisch sein sollte.

Die in solchen Fällen üblichen Floskeln kamen nicht in Frage. Da erinnerte ich mich an einen Film, den ich Jahre zuvor mit Inge Meysel gedreht hatte. Sie spielte darin eine Witwe, die nach der Beerdigung ihres Mannes sein Foto betrachtet und ihm vorwirft, unfair gewesen zu sein: »Es war abgemacht, dass ich zuerst gehen darf.« Ich erzählte Vicco von der Szene und schlug etwas in dieser Art vor, vielleicht verbunden mit einem Hinweis auf Evelyns perfektes Timing als Schauspielerin. Die Idee gefiel ihm. Dann wurde formuliert, aufgeschrieben, umgeschrieben und wieder aufgeschrieben.

»Liebe Evelyn, dein Timing war immer perfekt, nur heute hast du die Reihenfolge nicht eingehalten …«, so endete Loriots kurze Erklärung. Sie war das Ergebnis langen Nachdenkens. Vicco war nicht unzufrieden, aber irgendetwas fehlte ihm noch – der »Loriot-Touch«, eine Formulierung, die warmherzig, traurig und gleichzeitig humorvoll sein sollte. »Na warte …«, sagte Vicco plötzlich, und diese zwei trotzigen, den eigenen Tod reflektierenden Worte waren genau das, was er suchte.

Beckmann und sein Team kamen gegen Mittag an. Das »Mini-Team« war natürlich größer als angekündigt. Die Scheinwerfer füllten das kleine Wohnzimmer am Savignyplatz ganz aus, die Maskenbildnerin baute ihr umfangreiches Equipment in Romis Küche auf und schminkte Vicco, der alles mit stoischer Ruhe über sich ergehen ließ.

Dann wurden das vorbereitete Statement und ein kurzes Interview gedreht. Der Text des Statements wurde von Beckmanns Redaktion an die Nachrichtenagenturen weitergeleitet und überall richtig zitiert. Keine einzige Zeitung fragte wegen eines weiteren Interviews an.

Abends kamen Bülows in die Giesebrechtstraße, um gemeinsam mit uns »Beckmann« anzusehen. Wir waren mit der improvisierten Lösung sehr zufrieden. Auf das Interview, in dem Vicco an Evelyns Präzision und ihr ungeheures Lachen erinnerte, folgte eine Montage der schönsten Momente von Loriot und Evelyn, dann begann die eigentliche Sendung.

Das Museum

Die Beziehungen zwischen Loriot und dem »Museum für Film und Fernsehen« in Berlin hatten eine lange Geschichte. Der damalige Leiter der Deutschen Kinemathek und Direktor des Museums am Potsdamer Platz, Hans Helmut Prinzler, war ein alter Freund von mir. Wir kannten uns aus der Zeit meines Studiums an der dffb, wo er in den 1970ern als Studienleiter arbeitete. Prinzler wusste von meiner Freundschaft mit Loriot und bat mich, ihn zu fragen, ob er nicht zur Eröffnung der Fernsehabteilung des Museums im Mai 2006 eine kleine Rede halten könnte.

Vicco war als brillanter Redner hochgeschätzt und wurde ständig und von allen Seiten um Reden angegangen. Seine Lust, sich diesbezüglich zu betätigen, war allerdings äußerst gering. Andererseits war er einer der wenigen ganz großen Fernsehstars. Er sah ein, dass er das Ansinnen des Museums schlecht ablehnen konnte, und ich bestärkte ihn darin. Er sagte zu, allerdings unter der Voraussetzung, dass er in seiner Rede Passagen verwenden könnte, die aus früheren Texten stammten.

Loriot hatte ein großes Talent, Texte zu recyceln. Er war darin Johann Sebastian Bach nicht unähnlich, auch der hatte kein Problem damit, Partituren, die er für Kantaten komponiert hatte, in seinen Oratorien wiederzuverwenden.

Wir machten uns also an die Arbeit, Loriots Werk nach Texten zum Thema Fernsehen zu durchforsten. Und wir wurden fündig. Loriot verfasste ein paar neue einleitende Worte und Übergänge – fertig war die Ansprache.

Mit den Worten »Laut Programm droht nun die Festrede. Ein älteres Museumsstück ergreift das Wort«, begann Loriot seine Rede. Die Gäste jubelten.

Auf dem Höhepunkt der Planungen für die DVD-Box erreichte uns im Februar 2007 eine weitere Anfrage des Museums. Man wollte den 85. Geburtstag Loriots mit einer großen Ausstellung im Fernsehmuseum feiern.

»Och nö, Kinder, muss das sein?«, höre ich meinen dauererschöpften Freund noch sagen. Ja, es musste sein. »Na gut.« Das alte Zirkuspferd riss sich zusammen, und wieder wurde es nichts mit dem wohlverdienten Ruhestand.

In dem Zusammenhang fragte ich Loriot, was er von einer filmischen Dokumentation seines Lebens hielt, woraufhin er antwortete, er sei eigentlich ein Mann des Vergessens. Eine Antwort, die ich erst sehr viel später verstand.

Dennoch arbeitete Vicco akribisch an den Planungen für die Ausstellung mit, die etwa ein Jahr in Anspruch nahmen. Soweit es meine Zeit zwischen Dreharbeiten erlaubte, half ich dabei.

Im Vorfeld besichtigten wir gemeinsam das Museum, das Vicco sehr begeisterte. Mit staunenden Kinderaugen ging er durch die Sammlung Ray Harryhausen, des großen amerikanischen Trickfilmers, in der die kleinen Animationsfiguren aus »Sindbads 7. Reise« und »Jason und die Argonauten« in aufwendigen Dioramen ausgestellt waren. Leider wurde die Sammlung später von Peter Jackson , dem Regisseur und Produzenten vom »Herrn der Ringe«, gekauft und nach Neuseeland geschafft. Aber auch mit dem Nachlass von Marlene Dietrich fühlte Vicco sich in guter Gesellschaft.

Nach der Museumstour bat Direktor Rainer Rother ihn, etwas ins Gästebuch zu schreiben. Das Nasenmännchen mit einem Bleistift im Mund war schnell gezeichnet, aber was sollte er jetzt Witziges schreiben? Vicco grübelte und raunte mir zu:

»Ich schreib einfach ›Boll ist toll‹.« Da erinnerte ich ihn daran, dass er während unseres Rundgangs gesagt hatte: »Aufregender kann auch ein Film nicht sein.« »Das ist gut«, fand er und hatte seine Widmung.

Eine Ausstellung über Loriots Leben und Werk könnte allein ein ganzes Museum füllen. Er war ja nicht nur Zeichner und Trickfilmer. Er war Fernsehstar, Filmregisseur, Opernregisseur, Texter von Neufassungen beliebter Konzertstücke, Redenschreiber, Schriftsteller – und im Alter auch noch Maler und Ehrenprofessor für Schauspiel an der Universität der Künste Berlin.

Der begrenzte Raum, den das Museum zur Verfügung hatte, machte die Konzeption schwierig. Im Zentrum der Ausstellung sollte zwar der Fernsehmacher Loriot stehen, aber auch sein zeichnerisches Frühwerk sollte gezeigt werden ebenso wie alle anderen künstlerischen Tätigkeiten. Dazu Produkte aus dem Merchandising – Bierdeckel, Spielkarten, Schachteln für »Auto-Schokolade« und vieles mehr.

Im Sommer 2008 kamen der Leiter der Fernsehabteilung des Museums, Peter Paul Kubitz, und Gerlinde Waz, die Kuratorin der Ausstellung, nach Ammerland, um sich in Loriots Privatarchiv nach Exponaten umzusehen.

Hier begegneten sie auch zum ersten Mal einer Reihe kleinformatiger Kunstwerke – den in den vergangenen zwei Jahren entstandenen, von Loriot so genannten »Nachtschattengewächsen«.

Eines Nachts im Sommer 2006 wachte Vicco auf und kritzelte schlaftrunken eine abstrakte Struktur, die ihm im Traum erschienen war, auf einen kleinen karierten Block, der auf seinem Nachttisch lag. Morgens sah er das Gekritzel an und hatte die Idee, daraus eine kleine Zeichnung im Stil Picassos zu machen, eine Dame mit Mops. Das Bild schenkte er seiner Frau zum Geburtstag.

Schon zu früheren Geburtstagen hatte er Romi kleine Mopsbilder geschenkt, in der Regel aufwendige Gemälde im klassischen Stil. Die Bilder paraphrasierten Motive großer Maler, die »Sixtinischen Engel« des Raffael, die leeren Interieurs eines Hopper oder die frühen kubistischen Werke von Braque und Picasso. Aus einer geträumten abstrakten Struktur ein Bild zu machen, das war neu, und wie immer reizte Loriot das Neue an der Idee.

So entstanden zwischen 2006 und 2008 etwa zwanzig dieser postkartengroßen Kunstwerke. Kubitz und Waz waren verzückt. Man beschloss, den »Nachtschattengewächsen« innerhalb der Ausstellung einen eigenen Raum zu geben, ein kleines Kabinett, in dem die Bilder wie Alte Meister präsentiert werden sollten.

Nach vielen weiteren Besprechungen und zahllosen E-Mails konnten wir endlich am 3. November 2008 die Ausstellung vorbesichtigen. Zwei Tage vor der Eröffnung fanden wir noch eine ziemliche Baustelle vor, aber das Konzept schien zu funktionieren. Die »Nachtschattengewächse« waren gut gehängt und durch eine Galerie von gemäldeartig gerahmten Flachbildschirmen (mit Kopfhörern) erreichbar, auf denen die populärsten Loriot-Sketche als Dauerschleife liefen. Vicco war skeptisch. Die Galerie mit den Bildschirmen hielt er für überflüssig: »Mein Gott, das kennen die Leute doch alles von zuhause, das sehen die sich doch hier nicht noch mal an.«

Und er zweifelte, ob alles rechtzeitig fertig und funktionieren würde. Vor allem aber war es ihm nach wie vor unangenehm, derart gefeiert zu werden. Das war mehr als nur Bescheidenheit, es war die Lebenshaltung eines Mannes »des Vergessens«.

Großer Bahnhof bei der Eröffnung der Ausstellung. Einziger Wermutstropfen: Der Katalog war nicht rechtzeitig fertig geworden. Er beschäftigte uns noch die nächsten zwei Monate und erschien leider erst, als die Ausstellung schon nach Hamburg weitergezogen war. Die Intendantin des rbb, Dagmar Reim, hielt eine Geburtstagsrede.

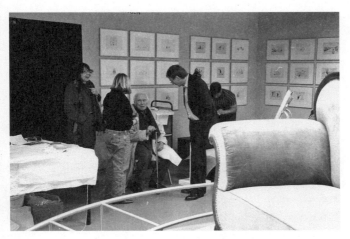

Vorbesichtigung zwei Tage vor Eröffnung

☞ GEGENSCHUSS DAGMAR REIM ☜

Verehrter Herr von Bülow,

[...] Ich liebe Ihre Geschichten, Szenen, Sketche, Fernsehsendungen, Filme, Liebesbriefe, Opernsprengungen, kurzum: das gesamte Werk, und ich habe darüber mit meiner Mutter und Großmutter gelacht. Ich lache darüber mit meinem Mann, meinen Kolleginnen und Kollegen, mit meinen Freunden, meiner Friseurin und mit meinen Kindern. Es fällt mir nichts ein, was meine Großmutter ebenso erheitert hat wie ihren Urenkel. Es gibt nichts Vergleichbares.

Würde Infratest dimap heute eine Umfrage starten, so bin ich mir des Ergebnisses sicher: Sie sind über alle Altersgruppen hinweg bekannter als Bundeskanzlerin, Außenminister und Bundespräsident zusammen. Amüsanter allemal und beliebter sowieso. Keine Hochzeitszeitung, in der sich nicht mindestens eine Ihrer Zeichnungen findet. Kaum eine Familienfeier, auf der nicht irgendein Onkel sich an Ihren Sketchen versucht. (Ich hoffe inständig, dass Sie nie einer solchen Aufführung beiwohnen mussten.) Was ich damit sagen will: Ihre Comics, Dramatischen Werke und

Figuren gehören längst zum deutschen Humorschatz, mehr noch: zum gesamtdeutschen, wie Peter Rühmkorf es formuliert hätte: zum – Volksvermögen. [...]

Zu Ihrem 100. Geburtstag wünschen Sie sich, hört man, als Kulisse die Große Halle des Volkes in Peking. Ich empfinde das als übertrieben bescheiden, wenn ich den heutigen Andrang sehe. In den großen Kongresssaal des sozialistischen Bauwerks passen gerade mal 10 000 Chinesen. Besser wäre das Vogelnest, »Bird's Nest«, das Olympiastadion – das fasst 80 000 Gäste, und – Stichwort Glückszahl acht – es dauert lediglich acht Minuten, das Pekinger Olympiastadion im Ernstfall zu evakuieren. Apropos Ernstfall:

Ein Leben ohne Loriot ist möglich, aber sinnlos.

Am Abend der Ausstellungseröffnung schrieb ich in mein Tagebuch: *» Vicco ist sehr unsicher, steckt mir den Text seiner Rede zu und sagt, bei einem Schwächeanfall müsse ich die Rede eben halten. Dann kommt Dagmar Reim und hält eine so schöne Rede, dass Vicco ganz aus dem Häuschen ist. Er springt spontan auf und umarmt sie. Danach hält er seine Rede mit freier Einleitung: › Versehentlich wurde ich nicht zum amerikanischen Präsidenten gewählt‹ [Barack Obama war tags zuvor zum ersten Mal gewählt worden]. Er ist plötzlich superfit und lässt viele Menschen über sich ergehen.«*

Schon die ersten Worte seiner Rede brachten die Zuhörer zum Lachen. Er stellte die Frage nach dem Unterschied von bildenden Künstlern und Karikaturisten und wartete mit einer verblüffenden Antwort auf: Der bildende Künstler schneide sich gelegentlich ein Ohr ab, der Karikaturist nicht.

Es erübrigt sich beinahe schon, zu erwähnen, dass die Ausstellung die erfolgreichste wurde, die das Museum jemals zeigte. Später ging sie mit ebensolchem Erfolg nach Hamburg und Bonn.

In Bezug auf die Galerie mit den Flachbildschirmen hat sich Loriot glücklicherweise geirrt. Ich besuchte einige Wochen später noch einmal das Museum und betrat die Galerie, wo sich mir ein ungewöhnliches Schauspiel bot: Die Besucher standen mit Kopfhörern an den Monitoren, nicht ein Platz war frei. Durch die Kopfhörer war der Ton der Sketche in der Galerie selbst nicht zu hören. Der Raum war nur angefüllt mit dem dezenten Gekicher und Gelächter der Besucher. Dieses wunderbare Geräusch wehte in den Nebenraum mit den »Nachtschattengewächsen« hinüber und erfüllte auch dieses Kabinett mit leiser Glückseligkeit.

2008 – Zumutungen & Glücksmomente

Von der gelungenen Ausstellung abgesehen, war das Jahr 2008 für Loriot ein Jahr der Zumutungen, aber auch einiger Glücksmomente.

Im Prinzip fing das Jahr gut an. An einem grauen Berliner Januartag fiel mir der im Jahr zuvor am Schneidetisch bei der Bavaria abgefilmte kleine Cartoon der beiden Herren im Theater wieder ein. Vicco hatte vor nicht allzu langer Zeit die Anfrage bekommen, ein Cover für eine Bendow-CD zu gestalten, was mir den alten deutschen Komiker wieder ins Gedächtnis zurückgerufen hatte. Vielleicht ließ sich ja, in Anlehnung an Loriots berühmten Cartoon »Auf der Rennbahn«, bei Bendow ein knisternder Audio-Track finden, der zu den beiden Männern im Theater passte. Ich nahm also meine gesammelten Bendow-Aufnahmen zur Hand, darunter interessante Alternativfassungen von »Auf der Rennbahn«, die Loriot von Bendow-Fans zugeschickt bekommen hatte, und hörte sie durch. Tatsächlich stieß ich auf einen alten Radio-Sketch von Wilhelm Bendow und Franz-Otto Krüger: »Mies und Munter im Theater«. Als ich den Sketch hörte, wusste ich, dass ich einen Weg gefunden hatte, den stummen Trickfilm zum Sprechen zu bringen.

Ich setzte mich an meinen Computer und machte mich an die Arbeit. Der Bendow-Sketch, der zu lang für den Film war, ließ sich gut schneiden. Als Musik legte ich die Ouvertüre zu Rossinis »Barbier von Sevilla« unter den Dialog. Es war eine Aufnahme von Toscanini, die ich als Schellackplatte besaß. Das

Rauschen der schwarzen Scheibe passte perfekt zu der akustisch flachen Bendow-Aufnahme. Nach drei Stunden war das Filmchen in einer halbwegs vorführbaren Fassung fertig.

Am selben Abend waren wir mit Bülows beim Italiener zum Essen verabredet. Enkel Leopold war mit seiner Band Good-Books, in der er Schlagzeug spielte, nach Berlin gekommen, um sich mit seinen Freunden in unserer Stadt für ein paar Wochen inspirieren zu lassen. Es war, wie immer, ein sehr anregender Abend. Irgendwann zog ich mein iPhone aus der Tasche und kündigte Vicco eine Überraschung an. Er war gespannt und noch gespannter, als ich ihn bat, die knubbeligen weißen Kopfhörer in seine Ohren zu stöpseln. Dann sah er zum ersten Mal seinen geliebten kleinen Trickfilm mit Ton. Er war vollkommen fassungslos: »Wie hast du denn *das* gemacht? Das ist ja fabelhaft!«

Während alle anderen den Film reihum ansahen und sehr lachten, erklärte ich ihm, wozu mich das trübe Winterwetter animiert hatte. Den Ton eines alten Bendow-Sketches auf den Computer zu überspielen und mit dem digitalisierten Filmschnipsel zu synchronisieren kam Vicco wie Zauberei vor. Begierig ließ er sich das Handy erneut geben und schaute sich den Film zum zweiten Mal an. Sofort stellte er fest, dass es hier und da noch ein paar kleine Mängel in der Synchronität gab und man vor einer eventuellen Veröffentlichung noch kleinere Änderungen würde vornehmen müssen. Tja, er stieg selbst im Kreise seiner Familie in einem italienischen Restaurant gleich in die Arbeit ein. Dass diese erste Version nur ein Rohschnitt sein sollte, beruhigte ihn. Aber es war klar, dass der Cartoon irgendwann das Licht der Welt erblicken würde.

Schade nur, dass die Fernseh-Edition gerade erschienen war. Ich weiß nicht, ob dieser Abend die Initialzündung war, zumindest hat wohl der Gedanke, Bendow nach »Auf der Rennbahn« auch »In der Oper« auftreten zu lassen, die Idee zu einer weiteren DVD-Box mit den gesammelten musikalischen Werken Loriots beflügelt.

Als nächster offizieller Termin stand die Verleihung des »Kulturellen Ehrenpreises der Stadt München« auf dem Programm. Wir setzten uns gemeinsam über die Dankesrede, und ich stellte ihm, wie schon öfter, eine DVD mit ausgewählten Sketchen zusammen, die seine Dankesrede audiovisuell flankieren sollten. Natürlich freute sich Vicco über jede Ehrung, die er bekam, aber jede dieser Ehrungen war eben auch mit Mühen verbunden, denen er sich im fortgeschrittenen Alter immer weniger gern unterzog – zumal seine Technik, Texte zu verfassen, sehr traditionell war. Er schrieb grundsätzlich alles mit der Hand, strich durch, korrigierte, schrieb darüber.

Das Handgeschriebene wurde dann zu seiner früheren Sekretärin Frau Brücker gefaxt, die inzwischen in Spanien im Ruhestand lebte, aber immer noch für Loriot tätig war. Frau Brücker faxte den getippten Text zurück. Loriot korrigierte, faxte wieder nach Spanien, Frau Brücker übertrug die Korrekturen und faxte zurück usw. Als ich Vicco darauf hinwies, dass Frau Brücker den Text doch auch per E-Mail schicken und ich die Korrekturen, an denen wir ja ohnehin gemeinsam saßen, in meinen Laptop tippen könne, zögerte er. Er wollte vermeiden, dass ich für ihn in die Rolle eines Sekretärs schlüpfte. Ich hingegen wollte nur Zeit sparen. An die Tatsache, dass man im Zeitalter von Laptops nicht gleich eine Schreibkraft war, wenn man eine Tastatur bediente, musste er sich erst gewöhnen.

Kurz nach der Bendow-Premiere im italienischen Restaurant gab es bei uns zuhause ein großes Spaghetti-Essen. Eingeladen waren, außer dem Ehepaar Bülow, die komplette Band GoodBooks samt deren Managerin, eine lustige Truppe.

Mit Rücksicht auf unsere Gäste sprachen wir vornehmlich Englisch. Vicco verstand die Sprache zwar leidlich, aber sein aktiver Wortschatz war doch begrenzt. Dennoch wollte er es sich nicht nehmen lassen, ein komisches Erlebnis in seinem holprigen Englisch zum Besten zu geben. Es ging um eine Stewardess, die auf einem Flug ein Sektglas über ihn gegossen

Hauskonzert mit Enkel
Leopold und Mops Emil

hatte, dessen Inhalt sich langsam kriechend unter Hemd und Hose verteilte und dort grauenvollsten Juckreiz auslöste. Da, wo ihm die Worte fehlten, gestikulierte er zäh mit beiden Armen, um den Weg des klebrigen Schaumweins pantomimisch nachzuzeichnen. Die jungen englischen Musiker fielen vor Lachen fast von ihren Stühlen.

Vicco hatte wohl schon Musik der Band auf CDs gehört, GoodBooks aber noch nie live gesehen. Da bei uns viel musiziert wurde, haben wir allerhand Instrumente im Haus. Im Esszimmer steht ein alter Flügel, akustische und elektrische Gitarren sind in ausreichender Anzahl vorhanden. Und im Keller gibt es sogar ein einfaches Schlagzeug.

Nach dem Essen holten Leopold und ich die Snaredrum, ein paar Drumsticks und den Schlagzeugsitz aus dem Keller. Meine Tochter Josefine steuerte ihren E-Bass samt Verstärker bei, der Keyboarder setzte sich an den Flügel, und der Leadsänger griff zu einer meiner akustischen Gitarren.

Dann legten die vier Musiker los, und der über achtzig Jahre alte Loriot erlebte zum ersten Mal seinen Enkel als Drummer mit seiner Band. GoodBooks spielten auch Kompositionen von Leopold, und Vicco bekam glänzende Augen. Durch die akustischen Instrumente war die Musik sanfter, als sie bei einem Bühnenauftritt gewesen wäre. Die »unplugged«-Versionen der Songs gefielen dem älteren Ehepaar und selbst Mops Emil außerordentlich gut.

Ich habe diesen Abend als etwas ganz Besonderes in Erinnerung. Drei Generationen saßen zusammen, aßen, scherzten und musizierten in Deutsch und Englisch. Es war sehr anrührend und mit seiner generationsübergreifenden Aura einfach unvergesslich.

In der ausgelassenen Stimmung beschlossen wir, alle zusammen drei Tage später in die Philharmonie zu gehen – neun Personen! Das Konzert war seit Wochen ausverkauft, Daniel Barenboim spielte und dirigierte vom Klavier aus die Berliner Philharmoniker. Es gab Beethovens 3. Leonoren-Ouvertüre sowie sein 1. und 5. Klavierkonzert.

Es gelang uns tatsächlich, neun Karten zu bekommen. Wir saßen verstreut über den ganzen Saal und hörten ein grandioses Konzert. Noch ein Abend, der allen unvergesslich geblieben ist. Eine Woche später gab es bei uns ein weiteres Good-Books-Hauskonzert.

Wie schon in den ersten Jahren unserer Zusammenarbeit waren aber auch diese glücklichen Tage für mich von der Krankheit und schließlich dem Tod meines Bruders überschattet.

Vicco hatte meinen Bruder nur einmal kurz getroffen, deshalb hielt ich es nicht für selbstverständlich, dass er mit Romi zu dessen Beisetzung kam. Aber er ließ sich nicht davon abbringen, mir in diesen schweren Tagen zur Seite zu stehen. Eine der Musiken, die ich für die Trauerfeier ausgesucht hatte, war der zweite Satz des 5. Klavierkonzertes von Beethoven, den wir vor kurzem noch unter so viel glücklicheren Umständen in der Philharmonie gehört hatten.

Das letzte große Interview und der 85.

Radio Bremen hatte mich im Frühjahr 2008 gebeten, meinen Freund dazu zu bewegen, für die ARD-Reihe »Deutschland, deine Künstler« ein letztes großes Interview zu geben. Ich traf die Autorin und Regisseurin der geplanten Dokumentation, die sehr sympathische Claudia Müller. Sie zeigte mir eine ihrer Arbeiten, einen Film über Jim Rakete, ich hatte den Eindruck, dass dies eine Sache sei, die man unterstützen sollte. Zumal Viccos 85. Geburtstag anstand und wir mit diesem Beitrag vielleicht vermeiden konnten, dass wieder einmal von allen Seiten Interviewanfragen auf ihn einprasselten.

Vicco stöhnte auf, als ich ihm das Ansinnen von Radio Bremen und Frau Müller vortrug. Aber er hörte sich auch an, was ich zugunsten des Projekts vortrug. Das Hin und Her, ob er zu einem letzten Interview bereit wäre, zog sich über Monate hin. Mal wollte er, dann rief er wenig später an und wollte doch wieder nicht.

In jedem Fall durfte ein Dreh in Ammerland nur unter einer Bedingung stattfinden: Es sollte kein mehrköpfiges professionelles Team mit großem Equipment anreisen. Außer meiner Frau und mir war nur noch Claudia Müller im Hause Bülow zugelassen. Wie gut, dass ich in den 1970er Jahren an der dffb auch Kamera und Ton studiert hatte. Die Ausbildung zum kompletten »Filmemacher« trug späte Früchte. Ich kaufte in Berlin eine kleine HD-Videokamera, ein Funkmikrofon, das man Loriot für Interviewzwecke anclippen konnte, und einen digitalen Fotoapparat, der HD-fähig war und als zweite Kamera diente. Zwei kleine Scheinwerfer hatte ich. Das war alles.

Dann warteten wir, mehr oder weniger abfahrbereit, auf Nachrichten aus Bayern. Noch in der letzten Woche vor unserem Besuch in Ammerland ging es zweimal hin und her, dann kam die Zusage, und wir machten uns auf den Weg zum Starnberger See.

Letztlich hatte ihn wohl doch eine persönliche Begegnung mit der Regisseurin überzeugt, verbunden mit der Aussicht, dass mit dem einen Interview alle anderen Anfragen guten Gewissens abgewimmelt werden konnten. Außer dem Interview wollten wir noch ein paar kurze, in die Kamera gesprochene Statements für die hungrigen Medien drehen.

Es war nicht das erste Mal, dass wir in diesem Jahr in Ammerland waren. Schon um Ostern herum waren wir für eine Woche bei Bülows eingeladen, diesmal ohne Arbeit. Vormittags liefen wir auf der Zugspitze Ski, nachmittags verbrachten wir Zeit mit unseren Freunden, sahen Filme und Opern an und hörten Musik. Da wir beide Mitglieder der Deutschen Filmakademie waren, haben wir auch zusammen Filme gesichtet, die wir innerhalb des Nominierungsverfahrens für den Deutschen Filmpreis begutachten mussten. Wir waren meist einer Meinung.

Der Besuch im Juli war ganz anders. Alles stand im Zeichen der Aufnahmen für die Dokumentation und die Statements. In den vier Tagen bevor Frau Müller anreiste, setzten wir uns zusammen und suchten aus Loriots Texten Passagen zu den Themen »Fernsehen« (für die Ausstellung), »Altern« (für den Geburtstag) und „Dramatische Werke" (als Grußwort für ein Gastspiel mit seinen Sketchen im Berliner Schillertheater) heraus. Außerdem überflogen wir die vorher eingereichten Fragen von Frau Müller, damit Vicco nicht unvorbereitet in das Interview ging.

Während dieses Gesprächs kam mir zum ersten Mal der Gedanke (den ich dann in meinem Text »Die Stimme des Zeichners« äußerte), dass »Loriot« eigentlich eine Kunstfigur war, ein zweites Ich, ein Alter Ego für Vicco von Bülow. Wann immer Vicco als Loriot in der Öffentlichkeit in Erscheinung trat, verwandelte er sich in diese Kunstfigur. Loriot war stets ironisch-distanziert, gelegentlich auch ernst, aber auf seltsame Weise auch unangreifbar. Bekenntnisse emotionaler oder gar politischer Natur waren von Loriot so gut wie nie zu hören, ganz im Gegensatz zum Privatmann Vicco von Bülow. Vicco hasste die Improvisation, ergo musste er sich gut vorbereiten, wenn er als Loriot vor eine Kamera trat.

Im Alter ließ Vicco die »Maske« dann zunehmend fallen. Er zeigte sich sowohl bei Beckmann als auch in Claudia Müllers Film und einer von mir noch später gedrehten Dokumentation öfter spontan von seiner privaten Seite und legte es nicht mehr darauf an, permanent komisch zu sein. Das macht diese letzten Aufnahmen so authentisch und wertvoll.

Als die Texte standen, hatten wir bis zur Ankunft von Frau Müller genau einen Tag Zeit, um die drei Statements zu drehen. Zusätzlich hatten wir noch vor, einige kurze Loriot-Gedichte aufzunehmen. Die Drehortsuche im Haus und die damit verbundenen Probeaufnahmen wurden mit der Loriot eigenen Akribie angegangen. Er nahm auf den verschiedensten Sesseln in den verschiedensten Zimmern Platz, und ich positionierte die Kamera in allen nur vorstellbaren Winkeln. Nach vielen Versuchen fanden wir die ideale Lösung.

Will man mit einer kleinen Handycam Bilder mit einem halbwegs professionellen Look erzeugen, muss man mit der Kamera sehr weit weg vom Aufnahmeobjekt stehen und gleichzeitig hinter dem Aufzunehmenden noch viel Tiefe haben. Die Kamera wanderte ins Bülow'sche Esszimmer, Vicco saß auf einem Hocker im Wohnzimmer vor der geöffneten Tür seines Arbeitszimmers, dessen Rückwand unscharf den Bildhintergrund ausmachte. Um eine Einstellung zu bekommen, die Loriots ästhetischen Ansprüchen genügte, benötigten wir die gesamte Länge seines Hauses.

Das Licht kam von meinen mitgebrachten kleinen Scheinwerfern, in der Hauptsache aber von draußen. Die dunkelgrünen Fensterläden wurden stufenlos angekippt, um das Tageslicht in der optimalen Helligkeit einzustellen.

Vor Vicco stand ein Klapptischchen, das sonst in seinem Büro als Ablage für Post diente. Auf dem schräg gestellten Tischchen lag sein Text, in großen Buchstaben ausgedruckt. Er wollte die komplizierten Formulierungen nicht auswendig lernen, aber dennoch den Blick in die Kamera so lange wie möglich halten. Einen professionellen Teleprompter gab es nicht, denn das hätte riesiges Equipment (verboten!) und ein zusätzliches Teammitglied bedeutet (auch verboten!).

Das Team blieb übersichtlich. Meine Frau Liele, eine Atem- und Stimmtherapeutin mit feinen Ohren, war die Tonfrau. Ich war Oberbeleuchter, Kameramann, Kameraassistent und Regisseur in Personalunion. Romi fungierte als Garderobiere und Maskenbildnerin. Ein Dreamteam.

Vicco blühte auf. Endlich stand beziehungsweise saß er wieder vor einer Kamera, und das Team bestand nur aus vertrauten Menschen.

Nicht ganz einfach war die Sache mit der Brille. Wenn er seinen Text ablas, verdeckte der obere Rand seiner Halbbrille immer wieder seine Augen. Der Perfektionist Loriot sah sich die Probetakes an und war unzufrieden. Wir konnten sein Tischchen aber nicht höher stellen, weil es sonst ins Bild geragt hätte. Millimeterweise tasteten wir uns von unten an die Bildgrenze heran.

Nachdem wir alle technischen Probleme im Griff hatten, verlas Vicco seine drei Statements. Es war eine Freude, ihm dabei zuzusehen. Wir drehten ziemlich viele Takes. Um sie miteinander kombinieren zu können, nahmen wir als Zwischenschnitt Mops Emil auf, der mit großen Glubschaugen seinem Herrchen beim Rezitieren zusah. Man glaubt es kaum, aber wir haben an unserem ersten Drehtag achteinhalb Minuten

Film geschafft. Das Pflichtprogramm war im Kasten, die Aufnahme der Gedichte wurde auf den Tag nach dem Interview verschoben.

Tags darauf reiste Claudia Müller an. Nachdem die Fragen noch einmal durchgegangen waren, setzten wir uns gemütlich um den Wohnzimmertisch. Ich richtete das Licht ein und nahm mit meiner Handycam in der Hand neben Frau Müller auf dem Sofa Platz. Meine Frau kümmerte sich wieder um den Ton, Romi richtete Viccos Haare, er selbst saß in seinem Sessel. Das Interview konnte beginnen.

Nach der ersten Sitzung schauten wir uns das gedrehte Material sofort an. Vicco war mit dem Ergebnis weitgehend zufrieden. »Aber findet ihr nicht, dass ich grauenhaft alt aussehe?« – »Du bist alt, Vicco«, antwortete ich ihm. Er lachte, und das Interview durfte fortgesetzt werden.

Am meisten beeindruckte mich, wie offen er über den Umgang eines Achtzehnjährigen mit seiner Einsamkeit im Krieg sprach, unter Millionen von Menschen, irgendwo in der Fremde. Er fühlte sich »herausgerissen aus der Zeit, in der man vorher gelebt hat«, und in der neuen Zeit, in die er hineingeraten war, sehr allein. Sein Glück war, dass er in seiner Schulzeit mit großem Vergnügen klassische Dramen und Monologe auswendig gelernt hatte. »Und da kam mir sehr zupass, dass ich dann in dieser Gegend, dieser fremden Welt, etwas zitieren konnte, was in meine alte Welt gehörte.« Die »alte Welt«, das waren Shakespeare, Goethe, Schiller und andere. »Und das Merkwürdige ist, dass ich diese Monologe bis heute auswendig kann.«

Ich war wohl deshalb so berührt von dieser Passage, weil ich gewisse Parallelen zu meiner eigenen Biographie sah. Als ich siebzehn war, also in dem Alter, in dem Vicco zum Militär ging, starb meine Mutter. Natürlich ist der Verlust der Mutter eine gänzlich andere Katastrophe als ein Krieg, aber auch mich retteten damals Bach, Mozart, Beethoven und Brahms vor der

Verzweiflung, und auch ich habe deren Hauptwerke bis heute tief im Gedächtnis.

Nachdem Claudia Müller abgereist war, gab es Abendessen und anschließend Boxen. Boxen war Viccos Schönstes. Warum der feingeistige Loriot ausgerechnet Boxen so sehr liebte, war mir immer ein gewisses Rätsel. Lag es vielleicht daran, dass hier Witz und Ironie so gar nicht am Platz waren? Wie dem auch sei, Wladimir Klitschko verteidigte erfolgreich seinen Weltmeistertitel gegen den US-Amerikaner Tony Thompson.

In den vielen Werbepausen ging Vicco immer wieder in sein Arbeitszimmer, um sich einem neuen »Nachtschattengewächs« zu widmen. Selbst während des mehr als verdienten Feierabends ließ ihn seine Kreativität nicht ruhen. Ich hatte die Kamera noch aufnahmebereit und filmte ihn ausgiebig beim Zeichnen.

Der Tag nach dem Interview war der Tag der Lyrik. Wir nahmen die Loriot-Gedichte »Teddy«, »Ein deutsches Kinderlied«, »Melusine« und »Wunderbar« auf. Vicco war erleichtert, das Interview hinter sich zu haben, und in Bestform. Nachdem das letzte Gedicht abgedreht war und ich die Kamera schon ausgeschaltet hatte, überraschte er mich. Er saß noch auf seinem Stuhl und hob spontan zum Schlussmonolog aus Kleists »Prinz Friedrich von Homburg« an:

> *Nun, o Unsterblichkeit, bist du ganz mein!*
> *Du strahlst mir, durch die Binde meiner Augen,*
> *Mir Glanz der tausendfachen Sonne zu!*
> *Es wachsen Flügel mir an beiden Schultern,*
> *Durch stille Ätherräume schwingt mein Geist;*
> *Und wie ein Schiff, vom Hauch des Winds entführt,*
> *Die muntre Hafenstadt versinken sieht,*
> *So geht mir dämmernd alles Leben unter:*
> *Jetzt unterscheid ich Farben noch und Formen,*
> *Und jetzt liegt Nebel alles unter mir.*

Ohne auch nur ein einziges Mal ins Stocken zu kommen, sagte er den Monolog fehlerfrei aus dem Gedächtnis her. Ich bekam eine Gänsehaut und bat ihn, den Monolog noch einmal, diesmal ohne Brille und mit Blick in die Kamera, für eine Aufnahme zu rezitieren. Er wollte, und so entstand ein weiteres eindrucksvolles Dokument – voller Poesie, Melancholie und Todesahnung.

»Melusine« (»Kraweel, Kraweel ...«) aus dem Film »Pappa ante Portas« haben wir in sieben, leicht unterschiedlichen Varianten gedreht. Sie liefen später alle hintereinander als Dauerschleife während der Ausstellung im Berliner Filmmuseum.

Nun würde man meinen, dass Vicco sich nach diesen wahrlich anstrengenden Tagen eine Pause gegönnt hätte. Aber nein, nur einen Tag später kamen Peter Paul Kubitz und Gerlinde Waz vom Filmmuseum nach Ammerland, um sein Archiv zu durchstöbern.

Loriots Privatarchiv ist erstaunlich. Zeichnungen, Werbe-Annoncen, Prospekte, jede Menge Merchandising-Artikel, Bücher, Bierdeckel, Bühnenbilder, Kostümentwürfe, Filme – den Museumsleuten gingen die Augen über. Sie fühlten sich wie zwei Kinder in einem nur für sie geöffneten Spielzeugladen.

Für Vicco war das alles anstrengend und beglückend zugleich. Er sonnte sich schon ein bisschen in dem Gefühl, auch bei sehr viel jüngeren Leuten noch so ungeheuer populär zu sein, andererseits fiel es ihm zusehends schwerer, die Schattenseiten der Popularität zu ertragen.

Und er ließ es sich nicht nehmen, über allen Aktivitäten, die zu seinem Geburtstag geplant waren, sein wachendes Auge ruhen zu lassen. So bat er mich, in seinem Auftrag das Berliner Schillertheater zu inspizieren, und ich reiste nach Köln, um mir eine Theaterproduktion seiner Sketche anzusehen, in denen einige der Schauspieler mitwirkten, die auch in der Jubiläumsaufführung im Schillertheater auftreten würden.

Die Proben für das Berliner Gastspiel mit Gunnar Möller und Christiane Hammacher fanden in München statt. Selbstverständlich ging Vicco mit Romi hin und ließ sich das Ergebnis vorführen. Er saß hochkonzentriert zwei Stunden da und beschenkte den Regisseur Stefan Zimmermann und die Schauspieler anschließend mit detaillierter Kritik, die allen half, seine Sketche noch besser auf die Bühne zu bringen.

Professor Loriot

Manches, was in diesem ereignisreichen Jahr 2008 an ihn herangetragen wurde, machte ihm besondere Freude. So fragte ihn unser gemeinsamer Freund, der Theaterregisseur und Schauspielprofessor Harald Clemen, ob er nicht Lust hätte, wieder einmal mit den Schauspielstudenten der Berliner UdK (Universität der Künste) einen Workshop abzuhalten.

Zur Vorbesprechung des Workshops trafen die beiden sich Ende April an einem warmen vorsommerlichen Tag bei Viccos Lieblingsitaliener zum Mittagessen. Ich selbst war um vier Uhr mit ihm verabredet. Es waren einige wichtige Dinge im Zusammenhang mit der Ausstellung und den DVD-Verkäufen zu besprechen. Romi sagte mir, dass er mit Harald immer noch beim Italiener saß. Ich ging nach unten und setzte mich zu den beiden. Später kamen Romi, Liele und meine Tochter Leonore hinzu. So saßen wir gemütlich beieinander, bis es dunkel wurde und der Nachmittag langsam in ein Abendessen überging.

Vicco hatte sich auf der am Spätnachmittag kühl werdenden Terrasse in eine knallrote Wolldecke gehüllt und genoss das Vergehen der Zeit. Wir erzählten Theatergeschichten, plauderten über Oper und Film, lachten viel, tranken viel Espresso und Wein und hatten das Gefühl, einen der schönsten Tage des jungen Jahres miteinander verbracht zu haben. Besprochen haben wir nichts.

Der verabredete Schauspielworkshop fand dann doch erst im Herbst statt. Die jungen Schauspieler lagen Vicco sehr am Her-

Loriot macht sich zwei Jahre jünger

zen. Deswegen hatte er sich dazu bereit erklärt, obwohl in die Zeit nicht nur die Eröffnung seiner großen Ausstellung fiel, sondern zusätzlich die unterschiedlichsten Ideen kursierten, wie man Loriot zum 85. Geburtstag im Fernsehen würdigen könnte.

Unter anderem war ein Auftritt bei »Dittsche« geplant. Es wurde viel telefoniert, und ich erinnere mich an eine ausgiebige Motivsuche in Berlin. Die Idee war, Loriot in Dittsches Imbiss erscheinen zu lassen. Das kam aber wegen der zu beschwerlichen Reise nach Hamburg und den Imponderabilien einer Live-Sendung nicht in Frage. Also dachten wir über eine Alternative nach. Olli Dittrich sollte seinen Imbiss verlassen und in einem Treppenhaus auf den Überraschungsgast Loriot treffen. Die Hintertreppenszene hätte man in Berlin vorproduzieren können.

Zufällig gab es im Haus von Loriots Wohnung eine unbenutzte und abgeschlossene Hintertreppe. Bülows fanden nach längerem Suchen den Schlüssel, und wir betraten den Tatort. Es war toll. Das Treppenhaus war seit Ewigkeiten nicht mehr gereinigt worden, im Staub lagen Taubenfedern, im Prinzip die ideale Location für eine kleine »zufällige« Begegnung der beiden großen Komiker. Und wie immer, wenn es um Arbeit ging, stieg Vicco sofort richtig ein. Er probierte Sitzhaltungen auf der Treppe aus, imaginierte Dittsches Auftritt und machte sich schon zur Beleuchtung des Sets Gedanken.

Trotz liebevoller Planung wurde aus der Sache dann aber doch nichts. Der Sender wollte den kleinen Auftritt groß ankündigen, das aber hätte der Idee widersprochen, und das Publikum wäre vielleicht sogar enttäuscht gewesen. Also sagten Olli Dittrich und Loriot das Ganze ab. Dennoch machten die Vorbereitungen der kleinen Szene Spaß.

Mitten im Geburtstags- und Museums-Stress war es dann am 6. November, nur einen Tag nach der Eröffnung seiner Ausstellung, so weit. Vicco fragte mich, ob ich Zeit und Lust hätte, ihn zum Schauspielworkshop zu begleiten.

Ich hatte einige Jahre zuvor seinen ersten Workshop miterlebt, wo er hauptsächlich an Kleist-Texten gearbeitet hatte. Damals ging es um den Schlussmonolog aus dem »Prinzen von Homburg«, um die kleine, aber sehr schwer zu rezitierende »Anekdote aus dem letzten preußischen Kriege« und um eine Szene aus Shakespeares »Hamlet«. Vicco fand, dass das moderne Theater dem gesprochenen Wort zu wenig Achtung entgegenbrachte. Diese Achtung und Liebe zum Text wollte er seinen Studenten vermitteln.

Die Kleist-Anekdote mit ihrem tückischen ersten Schachtelsatz, der sich über zehn Zeilen hinzieht, hatte es Vicco schon immer angetan. Ich erinnere mich, wie wir in Ammerland einen Nachmittag damit zubrachten, verschiedene Aufnahmen der Anekdote zu vergleichen. Da war der preußisch-kraftvolle Heinrich George auf der einen Seite und der zarte, filigrane Ernst Ginsberg auf der anderen. Zwei grundverschiedene Arten, einen Text sprachlich zu gestalten. Wenn Vicco ihn las, klang es eher wie Ginsberg, dennoch war seine Bewunderung für George grenzenlos. Er hatte ihn in seiner ersten Theatervorstellung als Kind in Kleists »Prinzen von Homburg« auf der Bühne erlebt, zusammen mit Horst Caspar, Friedrich Kayssler und Werner Krauß. Über die »Titanen ihrer Zeit« schrieb er 2004: »Es war die Sprache der Schauspieler und mit ihr ein Gefühl von Betroffenheit und Theaterglück.« Als junger Mann wurde er an Georges Seite im »Schiller«-Film als Komparse kurz überschwenkt. George spielte den Herzog Karl Eugen von Württemberg und schritt die Freitreppe des Stuttgarter Schlosses Solitude herab, auf der Vicco Spalier stand. Wir haben die Szene mehrfach zusammen angesehen, ihn im Schwenk aber leider nie finden können.

Selbstverständlich hatte ich Lust, Vicco zu seinem neuerlichen UdK-Workshop zu begleiten. Beim Verlassen meiner Wohnung erinnerte ich mich, wie aufregend der erste Workshop war, schnappte mir meine Videokamera, steckte ein paar Leerkassetten ein und fuhr zum Savignyplatz, um Vicco abzuholen.

Professor Loriot bei seinem ersten Schauspielworkshop an der UdK

Das Studio der UdK befindet sich in einer ehemaligen Fabriketage in Berlin-Halensee, in einer Seitenstraße am oberen Ende des Kudamms. Vicco liebte die künstlerische Arbeitsatmosphäre, die dieser Ort ausstrahlte.

Diesmal ging es nicht um Klassiker, sondern um Loriots eigene Texte. Die Schauspielschüler hatten eine Auswahl seiner Gedichte und Szenen vorbereitet, ihre Erwartungen waren groß. Das spürbare Interesse der jungen Leute rührte Vicco sehr.

Er nahm auf einem unbequemen Holzstuhl Platz und begann sofort mit der Arbeit. Hochkonzentriert probte er mit der Gruppe seine Gedichte und Szenen, korrigierte, lobte, trug selber vor und war ein guter Lehrer in eigener Sache.

Ich versuchte mit meiner Kamera möglichst viel von der Atmosphäre und den Details der Arbeit einzufangen. Im Grunde hätte man zwei oder drei Kameras gebraucht, der Dreh wäre dann allerdings nicht mehr so diskret verlaufen. Vicco vergaß sehr schnell, dass ich den Workshop filmte. Wohl nicht zuletzt deswegen hatte er nicht eine Sekunde lang das Gefühl, »Loriot« sein zu müssen.

Die Schauspielschüler hatten nicht erwartet, dass er sich ihnen so lange und ausgiebig widmen würde. Sie genossen den Ernst, aber auch die Leichtigkeit und Komik, mit der Vicco ihnen Grundsätzliches beibrachte. Es ging um Betonungen, um den »Double Take« (dessen Meister Cary Grant war) und darum, nicht laut und schenkelklopfend zu sein, sondern im Stillen das Komische zu entdecken.

Dem Sketch »Geigen und Trompeten« widmete er besondere Aufmerksamkeit. Erst wurde mit einigen Studenten geprobt, dann lieferte Vicco eine messerscharfe Analyse seines eigenen Textes ab, in der er zum Erstaunen aller deutlich machte, dass es sich keinesfalls um ein albernes Unsinnsgespräch über Instrumentenmissbrauch handelt (»Kein Geiger würde einen Trompeter in seine Geige blasen lassen …«), sondern um den erbitterten Machtkampf eines Ehepaares um die Kommunikationshoheit.

Schließlich bot er den Eleven noch etwas Klassisches und rezitierte auswendig, flüssig und fehlerfrei Hamlets Monolog aus dem zweiten Akt (»O, welch ein Schurk' und niedrer Sklav' bin ich!«).

Nachdem er drei Stunden ohne Pause mit den Studenten gearbeitet hatte, fiel es ihm schwer, aus dem Stuhl aufzustehen. Die hohe Konzentration hatte ihn seine Rückenbeschwerden vollständig vergessen lassen.

☞ GEGENSCHUSS HARALD CLEMEN ☜

Es war ein großes Glück für unsere Studenten, dass wir Loriot im Jahr 2002 als Honorarprofessor an die Universität der Künste holen durften.

Loriot wollte mit den Studenten im kleinen intimen Kreis an Texten arbeiten. Sie hatten den Auftrag, seine Texte sowie Monologe von Shakespeare und Kleist vorzubereiten. Er begegnete den Studenten mit Liebe und Genauigkeit. Liebe und Genauigkeit – das war Loriots Grundhaltung in seiner gesamten Arbeit. Er hörte den jungen Menschen mit höchster Aufmerksamkeit zu und korrigierte dann akribisch Betonung, Färbung und Rhythmus der Worte. Die Studenten waren begeistert. Als er einmal eigentlich nur eine Stelle aus Hamlets Monolog am Grab korrigieren wollte, wurde er hingerissen und sprach den gesamten Monolog. Wir waren tief berührt.

Einmal, wir saßen in Loriots Lieblingslokal, in dem wir uns regelmäßig zu langen Gesprächen trafen, zeigte er mir seine gerade entstandenen Bilder, die »Nachtschattengewächse«, wie er sie nannte. Loriot war von einem schweren Augenleiden heimgesucht worden, er sah Chimären und Doppelbilder, und was tat er? Er fing an, wieder zu malen, im hohen Alter: den beschädigten Menschen, oft Selbstbildnisse. Ein lebensnotwendiger Ausdruck der neu wahrgenommenen Wirklichkeit. Faszinierende Bilder, die ins Herz treffen.

Die Begegnung mit Vicco von Bülow war ein Geschenk in meinem Leben, für das ich sehr dankbar bin.

✍

Aus den Aufnahmen beim Schauspielworkshop habe ich 2010 den Dokumentarfilm »Professor Loriot« geschnitten.

Anlässlich einer Drehbuch-Masterclass »Komödie« an der dffb zeigte ich den jungen Autoren Ausschnitte meiner Dokumentation. Dabei tauchte die Frage auf, wie aktuell Loriots »Szenen einer Ehe« noch seien. Während einer der Studenten sagte, die drei Trickfilme seien Beispiele aus einer längst vergangenen Zeit, aus der Welt seiner Eltern und Großeltern, widersprach ihm ein Kommilitone. Er lebte in einer Wohngemeinschaft und hatte die Situation des Mannes, der »einfach nur hier sitzen« will, oft erlebt, wenn einer seiner Mitbewohner vor dem Computer saß und dessen Freundin den vergeblichen Versuch unternahm, ihn zum gemeinschaftlichen Joggen zu animieren. Der Wohngemeinschaftsbewohner von heute hatte sich und seine Welt in dem dreißig Jahre alten Loriot-Cartoon wiedergefunden.

Aber Vicco half auch Nachwuchsregisseuren bei deren ersten Werken. Als Mitglied der Deutschen Filmakademie übernahm er die künstlerische Patenschaft für das Kino-Debüt »13 Semester« von Frieder Wittich, eine Komödie über die Selbstfindung von Studenten. Wittich und Oliver Ziegenbalg, die zusammen das Drehbuch schrieben, durften Vicco in Ammerland besuchen und mit ihm über ihre Story reden. Im Herbst 2009 war der Film fertig, und Wittich, Ziegenbalg und deren Produzent Jakob Claussen führten Vicco das Werk in den Räumen der Filmakademie vor. Ich begleitete Vicco. Und auch hier war es bemerkenswert, wie differenziert er sich mit den Problemen von heutigen Studierenden auseinandersetzte. Für den anregenden Nachmittag bedankte er sich im Gästebuch der Filmakademie mit einem Nasenmännchen, diesmal mit einem Filmstreifen im Mund.

Der Deutsche Filmpreis

Im Frühjahr 2009 beschloss die Deutsche Filmakademie, Loriot den Ehrenpreis für sein Lebenswerk zu verleihen. Obwohl er es, wie schon erwähnt, mühsam fand, Preise entgegenzunehmen, konnte er sich dieser höchsten Auszeichnung, die ein deutscher Filmemacher bekommen kann, nicht entziehen. Man bat mich, für die Broschüre der Veranstaltung eine kleine Laudatio auf ihn zu schreiben. Hier ein paar Auszüge:

»Seit einiger Zeit habe ich das große Vergnügen, meinen Freund Vicco von Bülow beim Anfertigen von Dankesreden beobachten zu dürfen. Eigentlich hatte er sich vorgenommen, nach einem an Arbeit überreichen Leben etwas kürzerzutreten und nur noch zu zeichnen. Diesem verständlichen Wunsch verdanken wir leider auch die schmerzliche Tatsache, dass seinen zwei Spielfilmen kein dritter gefolgt ist. Loriot ist damit zweifelsohne der deutsche Erfolgsregisseur mit der kürzesten Filmographie – und doch hat er mit seinen Werken – ›Ödipussi‹ und ›Pappa ante Portas‹ – mehr Zuschauer erreicht als so mancher von uns mit einer weit größeren Anzahl von Filmen.

Die Tatsache nun, dass Loriot im fortgeschrittenen Alter mit Preisen aller Art bedacht wird, hat einen angenehmen Nebeneffekt. Er ist genötigt, Worte des Dankes zu verfassen, und hat auf diese Weise eine – sein filmisches Œuvre an Umfang durchaus übertreffende – Sammlung von Reden zu Papier gebracht, herrliche Miniaturen von großer Bescheidenheit und enormer Sachkenntnis.

Wo er sich zum Thema Film äußert, fällt sein profundes Wissen ins Auge, das weit über den ihm als Regisseur nachgesagten Perfektionismus hinausgeht. Es handelt sich um geradezu philosophische Betrachtungen der technischen Aspekte der Kinematographie: ›Was ist Film? Zunächst bedeutet Film die Möglichkeit, 24 Bilder in einer Sekunde zu betrachten. Das sind 86 400 Bilder pro Stunde! Also rund 130 000 Bilder bei Spielfilmlänge. Und wenn der Bundesbürger im Jahr 35 Kinovorstellungen besuchte, hätte er in diesem Zeitraum 4 550 000 Bilder gesehen. Auch der routinierteste Betrachter von Bildergalerien, Bilderbüchern, Illustrierten, Zeitschriften, Fotoalben und Ansichtspostkarten kann da kaum mithalten.‹

Dass ein derart intimer Kenner der Materie wie Loriot es bei nur zwei Spielfilmen bewenden ließ, kann nur einen Grund gehabt haben: seine bedingungslose Liebe zur Symmetrie: zwei Buchsbäume auf der Terrasse, zwei Möpse, zwei Töchter – zwei Filme. Das lässt sich einfach besser arrangieren. Und nun heute Abend, um die Reihe zu vervollständigen, der zweite Deutsche Filmpreis – nach dem Filmband in Gold für seine komödiantische Leistung in ›Ödipussi‹ (1989), übrigens das einzige Mal in der Geschichte des Deutschen Filmpreises seit 1951, dass es in dieser Kategorie eine Auszeichnung gab.

Das ist kein Zufall, denn Loriot ist einmalig. Wir alle verdanken ihm viel. Ich selbst habe von niemandem mehr gelernt, persönlich und professionell. Der deutsche Film verdankt ihm eine – seine Komik, die nicht aus Schadenfreude resultiert, sondern aus der tiefen und ernsten Kenntnis des Menschen und der Liebe zu ihm. Und das Publikum, dem er sich nie durch billige Späße angebiedert hat, verdankt ihm viele Stunden klugen Vergnügens, denn einen Loriot-Film – zum Glück sind es ja zwei – kann man gottlob immer wieder sehen.

Mit tiefer Verbeugung: Danke, Vicco!«

Auch der kurze Auftritt während der Verleihungszeremonie war bis ins kleinste Detail geprobt. Stundenlang feilten wir an seinem Text »Der Traum von kurzen Strümpfen«, der ironisch sein frühes Kinoerlebnis mit »Emil und die Detektive« behandelte, angesichts dessen dem kleinen Vicco klar wurde, dass man als Junge unter der kurzen Hose statt unkleidsamer, beinlanger Strümpfe mit Hüfthalter auch Kniestrümpfe tragen konnte.

Durch den Abend führte Bully Herbig, dem es eine Freude war, Loriot den Preis zu überreichen. Nach seiner liebevollen Laudatio, in der er Loriot als den »Fred Astaire der Satire« und den »Maybach unter den Komikern« bezeichnet hatte, überreichte Bully Loriot die goldene Ehren-Lola. Im Gegenzug drückte Loriot Bully seinen Gehstock in die Hand. Als sich die gesammelte Prominenz des Deutschen Films zu einer Standing Ovation erhob und minutenlang applaudierte, war Vicco, der ja bereits einiges an Ehrungen empfangen hatte, doch sehr gerührt. Danach kramte er – natürlich inszeniert – in seinen Taschen nach seinem Zettel und hielt seine kurze Rede, in der er sich für die Auszeichnung in Gestalt einer »makellosen Schönheit« bedankte, wie sie in den Armen eines 85-Jährigen nur noch selten anzutreffen sei.

Beim Abgang tauschten Bully und Loriot erneut Stock und Lola. Bully ging »versehentlich« mit Loriots Lola nach links ab, Loriot mit seinem Stock nach rechts. Erst als Bully nach einer Schrecksekunde mit Double Take merkte, dass er und nicht der Preisträger die Trophäe in der Hand hatte, rannte er Loriot hinterher.

Es war Viccos letzter großer Auftritt in der Öffentlichkeit.

Michael Bully Herbig und Loriot tauschen Stock und Lola

☞ GEGENSCHUSS MICHAEL BULLY HERBIG ☜

Willst du Vicco von Bülow den Ehrenpreis überreichen?

Man könnte denken, eine recht unkomplizierte Frage, die man doch ganz einfach mit »Ja« oder »Nein« beantworten kann. Aber das genaue Gegenteil ist der Fall!

Man möchte das »Ja« förmlich herausbrüllen, wären da nicht plötzlich diese Zweifel: ›Ist man der Richtige? Hat man selbst diese Ehre überhaupt verdient? Findet man die angemessenen Worte? Und was, wenn er mich überhaupt nicht kennt … oder schlimmer noch, er überhaupt nicht will, dass ich seine Laudatio übernehme!‹

Mit der entsprechenden Anspannung habe ich Loriot in seinem Haus in Ammerland besucht. Er wollte mich gerne treffen, und das ließ ich mir nicht zweimal sagen.

Zu meiner großen Erleichterung wurde ich von ihm, seiner Gattin und einem Mops aufs Herzlichste empfangen. Wir saßen bei Tee und Kuchen zusammen und sprachen über den anstehenden deutschen Filmpreis, als Vicco von Bülow plötzlich aufstand und eine DVD einlegte: »Der Schuh des Manitu«.

Ich war sprachlos! Er kannte nicht nur meinen Film, er hatte nicht nur die DVD im Regal, nein – er mochte ihn auch noch. Er spulte vor zur »Lebkuchenherz«-Szene und erklärte mir, was daran so genial sei. Ich lauschte seiner detaillierten Analyse mit einer Mischung aus Stolz, Demut und Genuss.

Die darauffolgenden gemeinsamen Proben in seinem Wohnzimmer, die Proben hinter und auf der Bühne in Berlin, bleiben für mich unvergesslich. Wie gerne hätte ich ihm gesagt, dass mir diese Art zu arbeiten sehr vertraut ist, aber dieser Gedanke fühlte sich fast anmaßend an. Umso schöner war seine Bemerkung, mit der sich Loriot nach der letzten Probe von mir verabschiedete: »Schade, dass wir uns nicht früher kennengelernt haben.«

✍

DVD-Box II – Loriot und die Musik

Kurz nachdem wir die erste DVD-Box zusammengestellt hatten, entstand die Idee, Loriots gesammelte musikalische Arbeiten in einer weiteren Box zu veröffentlichen – außer seinen Auftritten bei den Berliner Philharmonikern waren das seine zwei Opern, seine neu getexteten Orchesterstücke und Bernsteins »Candide« sowie seine AIDS-Galas, beginnend mit dem »Ring an einem Abend«.

All diese Werke und Auftritte waren vom Fernsehen aufgezeichnet worden, wenn auch nicht immer vollständig – es fehlt leider der integrale »Ring«. Diese Schätze sollten nicht länger im Archiv schlummern.

Die Aufgabe schien überschaubar zu sein. Die beiden Operninszenierungen »Martha« und »Der Freischütz« lagen in relativ guter Qualität beim SWR vor, »Candide« war bei einer Festvorstellung zu Ehren von Loriots 80. Geburtstag vom Bayerischen Rundfunk aufgezeichnet worden, den »Ring an einem Abend« gab es ausschnittweise beim rbb. Die AIDS-Galas lagen komplett vor, sie hätten allerdings allein eine ganze DVD-Box gefüllt.

Ein paar Probleme gab es mit den Erben von Leonard Bernstein, die zögerten, ihre Erlaubnis zur Veröffentlichung von Loriots »Candide« in der konzertanten Version auf DVD zu geben. Sie kannten Loriot nicht und fürchteten wohl, dass unsere DVD der späteren Verwertung einer szenischen Aufzeichnung von »Candide« im Wege stehen könnte. Dank des zähen

Einsatzes des Berliner Kunstanwaltes Peter Raue konnten die Erben beruhigt werden.

Das meiste Kopfzerbrechen bereiteten uns die AIDS-Galas. Wie sollte man sich dem Problem nähern? Es gab die kompletten Mitschnitte von acht Abenden. Nur folgten seinen schönsten Moderationen nicht immer die besten musikalischen Darbietungen, und vor den musikalischen Highlights lagen nicht unbedingt immer die von uns favorisierten Moderationen. Außerdem war jeder Sänger bei einer anderen Plattenfirma unter Vertrag, allein die Klärung der Rechte hätte Jahre gedauert.

Andererseits wollten wir auf »Loriots Opernführer«, wie der Programmpunkt heißen sollte, nur ungern verzichten. Als Buch war »Loriots kleiner Opernführer« ein Dauerbestseller, eine audiovisuelle Ergänzung erschien äußerst reizvoll. Wir sichteten zunächst das Material auf der Suche nach den komischsten Moderationen. So schrumpften die sechzehn Stunden schon mal auf knapp zwei Stunden zusammen.

Die Arbeitssitzungen fanden im gewohnten Setting statt. Entweder saßen wir im Wohnzimmer in Ammerland zusammen und bekamen von Romi Tee und Gebäck, oder wir saßen bei mir in der Giesebrechtstraße in Berlin, wo meine Frau, meine Töchter und auch ich uns freuten, ihrem großväterlichen »Neffen« bzw. »Vetter« gelegentlich Kekse und ein Heißgetränk zu kredenzen. Zwischendurch konnte Vicco hier wie dort die Beine hochlegen und ein Nickerchen machen. Dem Prinzip der Einheit von Arbeit und Leben blieben wir selbst bei diesem letzten großen Projekt treu.

Die ausgewählten Moderationen ließen sich glücklicherweise so schneiden, dass die Gesangsdarbietungen auch wegfallen konnten. Wir hatten also tatsächlich eine Chance auf »Loriots Opernführer«. Aber ein Opernführer auf einer DVD, ganz ohne Musik? Ich erinnerte mich daran, dass ich vor Jahren als Hintergrundmusik für eine Filmszene eine alte Schellackplatte verwendet hatte. Beniamino Gigli sang eine Arie aus »Rigoletto«. Die Platte war so alt, dass dafür keine Lizenzgebühren anfielen.

Ich stöberte in meiner Sammlung von Schellackplatten, die ich über viele Jahre zusammengetragen hatte. Tatsächlich fanden sich auf den harten Scheiben etliche der Arien, die Vicco in der Deutschen Oper anmoderiert hatte. Und es gab einen sehr schönen Text von Loriot über das Grammophon seines Vaters: »Man sollte dem Grammophon sehr dankbar sein, bot es doch auch unmusikalischen Familien die Möglichkeit, am Musikleben teilzunehmen. Bei unserem Gerät handelte es sich um ein deutsches Gerät auf vier kurzen Beinen, etwa einen Meter hoch. Der untere Teil barg eine kleine Sammlung rauschender Opernplatten, die schon damals mein Leben verschönten.«

Entwurf für Text »Grammophon«, wie immer mit der Hand geschrieben

Das Konzept für »Loriots Opernführer« stand. Wie es der Zufall wollte, besaß mein Freund Hartmann Schmige exakt das Kurbelgrammophon, das auch im Hause von Viccos Vater gestanden hatte. So konnte ich für den »Opernführer« Schellackplatten aus verschiedenen Perspektiven filmen, die zwischen Loriots Moderationen eingeschnitten wurden. Dazu ertönten verrauschte Orchesterklänge, oder es sangen Viccos Helden seiner Jugend: Franz Völker, Marcel Wittrisch und Rudolf Schock. »Loriots Opernführer« wurde auf diese Weise zu einer unterhaltsamen Dreiviertelstunde, in der Vicco das, was er am meisten liebte, höchst kultiviert durch den Kakao zog.

Anhand dieser hingeworfenen Skizze zeigte Loriot mir,
wie das Grammophon seines Vaters ausgesehen hatte

Zusätzlich enthielt die zweite DVD-Box Interviews und Begegnungen mit der großartigen Sopranistin Waltraud Meier, mit Yehudi Menuhin, August Everding und Wolfgang Sawallisch und noch einmal Loriots Auftritte in der Berliner Philharmonie.

Als Zuckerl obendrauf erlebte schließlich der Zeichentrickfilm »In der Oper« (frei nach dem alten Radiosketch »Mies und Munter im Theater«) mit den Stimmen von Wilhelm Bendow und Franz-Otto Krüger zu Loriots allergrößtem Vergnügen seine verspätete Veröffentlichung.

Wie schon beim letzten Mal überwachte ich auch diesmal die Endfertigung in Hamburg. Der Bendow-Film, den ich bis dahin immer nur in der vor Jahren vom Schneidetisch in der Bavaria abgefilmten Version gesehen hatte, war inzwischen digital restauriert worden und sah phantastisch aus. Der Ton wurde von unserer unermüdlichen Cutterin Andrea Detmer aufs Liebevollste synchronisiert, und kleine zusätzliche Bewegungen der Figuren wurden als Einzelbilder am Schnittcomputer eingefügt.

Detaillierte Korrekturen waren auch bei den »Comedian Harmonists« nötig. Das Quintett erschien bisher immer nur in einzelnen Kurzauftritten in »Loriot 2« – für die Musik-Box haben wir aus den Einzelteilen einen längeren Trickfilm zusammengestellt. Dazu mussten Bewegungsdetails rückwärts abgespielt werden und einzelne Bildteile, wie der Kopf des Pianisten, isoliert animiert werden – dank moderner Computertechnik alles kein Problem. Zur Zeit der Entstehung des Cartoons hätte man dafür noch tagelang neu zeichnen und einzelbildweise nachaufnehmen müssen.

Der letzte Sketch

Um der DVD-Box »Loriot und die Musik« zum Verkaufsstart im Herbst 2010 etwas auf die Beine zu helfen, bat uns Kai Marner von Warner Home, einen kleinen Werbefilm für die Websites von Internet-Händlern zu drehen. Loriot war mehr als zögerlich. Einen Werbefilm ausdenken, drehen und schneiden – schon wieder so eine Zumutung.

Zufälligerweise hatte ich Vicco im Sommer 2008 dabei gefilmt, wie er in seinem Arbeitszimmer der Regisseurin Claudia Müller (»Deutschland, deine Künstler«) eine Passage aus Puccinis »Turandot« in seiner Lieblingsaufnahme mit Inge Borkh und Mario del Monaco vorspielte. Aus dieser kurzen Aufnahme schnitt ich einen Mini-Film, in den ich die DVD-Box am Ende einblendete. Über dem Gesang lagen ein paar werbende Worte, die Loriot für eine andere Veröffentlichung einmal gesprochen hatte. Er sah sich das kleine provisorische Werk an und bemängelte, dass man doch nicht ihn sprechen hören wolle, wenn del Monaco und Borkh singen. »Man will doch die Musik hören.« Damit war die Idee für den Werbefilm geboren: Wir würden Vicco filmen, wie er die Box anpreist, dann setzt plötzlich laut Musik ein, er redet ungerührt weiter, und sein Dialog geht in der Musik unter.

Die Idee beflügelte ihn, er hatte augenblicklich Lust, für den Werbespot an einem Text zu arbeiten – dessen Löwenanteil später ja ohnehin nicht zu verstehen sein sollte. Zwar sorgte sich Romi, dass er sich überanstrengen könnte, aber Vicco war

Feuer und Flamme. Der kleine Kreativitätsschub gab ihm regelrecht neue Kraft.

Nachdem der Text stand, wurde in seinem Studio ein Plakat aufgehängt, vor das er sich setzte. Warner hatte einen Dummy der noch nicht fertigen DVD-Box geschickt, und die Dreharbeiten, mit kleinem Equipment und dem bewährten Dreamteam, ergänzt durch Tochter Susanne, begannen. Es war erstaunlich, wie viel Freude Vicco daran hatte, noch einmal vor der Kamera Quatsch zu machen. Denn an sich war der Werbefilm ein Anti-Werbefilm. Eine positive Eins-zu-eins-Werbung wäre für ihn nie in Frage gekommen. Es war sein letzter Sketch.

Ich war aber nicht nur nach Ammerland gekommen, um mit ihm den Werbespot zu drehen. Aus den Aufnahmen vom Schauspieler-Workshop von 2008 und den zu seinem Geburtstag aufgenommenen Gedichten, ergänzt um Interviews mit seinen Studenten, hatte ich inzwischen eine erste Fassung von »Professor Loriot« geschnitten, die ich Vicco vorführte. Es berührte ihn außerordentlich, zu sehen, wie wichtig den Studenten der Nachmittag vor zwei Jahren gewesen war. Ich bat ihn, seinerseits die Kommentare der Studenten vor der Kamera kurz zu kommentieren.

So gewährte er mir sein wirklich allerletztes kleines Interview. Es störte ihn, dass er alt wirkte. Heute bin ich froh, dass es die Aufnahmen gibt. Der Dokumentarfilm endet mit einem Epilog, in dem Loriots einzigartige Kleist-Rezitation von 2008 zu sehen und zu hören ist. Ein würdiger Abschied.

Als wir die Arbeit an der Musik-Box abgeschlossen hatten, beschlichen uns gemischte Gefühle. Einerseits waren wir froh, sein audiovisuelles Werk vollständig geordnet zu haben, andererseits wurde Vicco durch das Ende unserer Zusammenarbeit geradezu melancholisch: »Tja, das werden wir nun nie wieder erleben, jetzt, wo alles fertig ist.«

Dennoch blieb es nicht ganz dabei. Im Anschluss entstand (neben einem Loriot-Channel bei YouTube und einem Wein-

Das letzte Interview im November 2010

etikett mit der berühmten Steinlaus) noch die Online-Verwertung der Bremer Sendungen sowie eine Loriot-App für das iPhone, die ihm zu erklären eine ziemliche Herausforderung war. Es handelt sich um einen interaktiven Kalender, der seinen Besitzer jeden Tag mit einem anderen kleinen Loriot-Werk überrascht. Dennoch, auch hier genoss er den Gedanken, einer ganz jungen Generation von Zuschauern in einer vollkommen neuen medialen Form zu begegnen. Es erübrigt sich schon beinahe, anzumerken, dass auch die App ein großer »Ervolg« wurde.

Apropos App ... Beim Entwickeln des letzten Sketches blitzte immer wieder die Lust in ihm auf, in neuen Sketchen unsere modernen Zeiten auf die Schippe zu nehmen. Er hätte sich vermutlich zu gerne über Kommunikationspannen im Internet, die spezifische Dummheit von Computern und gar nicht so smarte Smartphones lustig gemacht. Wie schade, dass die Technik des 21. Jahrhunderts das Lachen über sich selbst ohne Loriots »feine Beobachtungen« wird lernen müssen.

Das Alterswerk

Loriots eigentliches Alterswerk sind seine »Nachtschattengewächse«. Vicco hat sein Leben lang an seinem Schreibtisch gesessen und gearbeitet. Dass dies im Alter aufhören sollte, kam
ihm nicht in den Sinn. Also nahm er jeden Tag an seinem kleinem Holztisch Platz, schaltete seinen CD-Spieler ein, ging die
Post durch, erledigte seine Korrespondenz – und dann arbeitete er.

Er hatte keine großen Texte mehr zu verfassen. Die Drehbücher waren geschrieben, die Filme gedreht, die Opern inszeniert und die Sketche längst Legenden geworden. Über das
Zeichnen fand er im Alter zu seinen Anfängen zurück. Natürlich hatte er nie aufgehört zu zeichnen. Schon allein weil er
ungeheuer großzügig im Signieren seiner Bücher war. Wer
auch immer ihm ein Exemplar zur Unterschrift schickte,
wurde bedient. Als junger Zeichner machte er eine Lesereise
mit seinem Kollegen Paul Flora, der angesichts von Viccos unermüdlicher Signierbereitschaft den Satz prägte: »Ein von Loriot nicht signiertes Buch ist eine bibliophile Kostbarkeit.«

Neben dem Signieren seiner Bücher fertigte er auch immer
wieder zu privaten Anlässen, Familienfeiern, Geburtstagen
von Freunden etc. hinreißende kleine Zeichnungen an. Ich
erinnere mich, wie er in Berlin für seinen Freund Dietrich
Fischer-Dieskau zum 80. Geburtstag einen knollennasigen
Liedersänger im Frack zeichnete, über dem eine Zeile des
Schubert-Liedes »Der Fischer« prangte. Die Liedzeile hatte ich

312

für ihn aus einem alten Notenbuch der ersten Frau meines Großvaters Schack fotokopiert. Er hat die Fotokopie dann in die Zeichnung collagiert.

Die »Nachtschattengewächse« waren etwas anderes. Es waren traumverlorene Visionen des alten Mannes, der sich seiner Anfänge als Student der Malerei an der Hamburger Landeskunstschule erinnerte und sein akademisch-malerisches Können humorvoll mit seinen Knollennasenmännchen verband. Dass er altmeisterlich malen konnte, hatte er nicht zuletzt bei seinen »Großen Deutschen« bewiesen, die Porträts von Dürer, Schiller, Wagner und anderen enthielten, und bei den kleinen Mops-Gemälden für Romi.

Bei den »Nachtschattengewächsen« verirrten sich seine Knollenmännchen in expressionistische Landschaften oder surreale Maschinen, es sind Kapitäne mit Seeungeheuern darunter, Clowns, düstere Champagnertrinker, alles in allem ein Bestiarium, das einer schier unergründlichen Phantasie entspringt und gleichzeitig ein ironischer Gang durch die Geschichte der modernen Malerei ist.

Ausführlich beobachten konnte ich ihn, sogar mit der Kamera, als er seinen von Meeresungeheuern umgebenen Kapitän malte (unterbrochen vom Boxkampf Klitschko vs. Thompson, s. o.). Er korrigierte das Bild immer wieder, klebte auf den Ärmel des Kapitäns gelbe Streifen, um dessen Dienstgrad kenntlich zu machen, und war unglaublich detailverliebt. Heraus kam am Ende ein kleines surrealistisches Meisterwerk.

Inmitten eines kreativen Moments erreichte ihn einmal die etwas ungehörige Bitte eines Fans, ihm doch eine schöne Zeichnung zu schenken. Vicco nahm spontan das neueste seiner »Nachtschattengewächse«, ein äußerst gelungenes Blatt, tütete es ein und schickte es dem Mann. Unentgeltlich, zum Verbleib, und zur großen Verwunderung seiner Familie.

Altersbedingte Einschränkungen, die ihm das Leben schwer machten, hinderten Vicco nie daran, weiter kreativ zu sein. Ja, er ließ sich durch Krankheiten sogar anregen. Als wegen einer Netzhautablösung eines seiner Augen operiert werden musste, hörte er nicht auf, zu malen und zu zeichnen. Er brachte die optischen Sensationen, die ihm das operierte Auge bot, zu Papier. So erreichte er einerseits einen hohen Grad zeichnerischer Abstraktion und beschrieb doch andererseits höchst konkret seine Eindrücke.

Eines seiner »Nachtschattengewächse« zeigt deutlich, wie sich sein Fokus auch inhaltlich verschob. Das Bild gibt es in zwei Versionen. Er hat es übermalt, aber weil wir seine Zeichnungen regelmäßig eingescannt haben, ist die Urversion zufällig erhalten.

Sie zeigte eine an Picasso erinnernde, weiblich ausladende Freiheitsstatue, mit kubistisch verfremdeten Körperteilen. Nachdem die Zeichnung schon lange fertig war und seine Sehkraft nachließ, nahm sich Loriot das Bild erneut vor und übermalte einige Partien. Dort, wo zuvor üppige Rundungen zu sehen waren, starrten den Betrachter nun große Augen an, die die Rundungen ersetzt hatten. Der weibliche Körper trat zurück, das Thema hatte gewechselt. In den Mittelpunkt seines Interesses waren die Augen gerückt.

Aus derselben Zeit stammt auch ein Selbstporträt mit Knollennase, Augenklappe und sehr traurigem Blick. Anstatt darüber zu klagen, verarbeitete Vicco sein Augenleiden künstlerisch. Die Probleme des Alters, die so manchen in Depression und Larmoyanz verfallen lassen, führten bei ihm zu kleinen Meisterwerken.

☞ GEGENSCHUSS PETER RAUE ☜

... richtig, Alterslarmoyanz kannte Loriot nicht. Als ich auf den im Sessel sitzenden, fast fünfundachtzigjährigen Herrn zuging, erhob er sich etwas langsamer als früher und sagte: »Verzeih, dass ich so langsam bin, aber schließlich bin ich keine achtzig mehr!« ... Und glücklich bin ich, ein Porträt mit Knollennase besitzen zu

314

dürfen – es ist das Hochzeitsgeschenk, das er meiner Frau Andrea und mir im Jahre 2007 überreicht hat, und geht zurück auf einen gemeinsamen Besuch der Ausstellung »Der private Picasso« in der Neuen Nationalgalerie. Dort studierten, besprachen und diskutierten wir die frühen kubistischen Arbeiten und ersten Collagen dieses großen Künstlers, der als Erster Fundstücke in Bilder integrierte. Wir haben uns gefreut über die kubistischen Gitarren und die unfassbare Wandelfähigkeit dieses Künstlers diskutiert. Anschließend, beim gemeinsamen Abendessen, erneut der Versuch, das Phänomen Picasso einzukreisen angesichts der jede Bildsprache beherrschenden Meisterschaft von Picasso – vom klassischen Bild über die Collage, die Skulptur, das »objet trouvé«, die rosa und blaue Periode, die Phasen des Kubismus, Klassizismus, Surrealismus –, die ganze künstlerische Welt zu betrachten. Da wage ich – offensichtlich ohne Scheu, mich lächerlich zu machen –, Parallelen zu ziehen, und sage etwa: »Ich kenne überhaupt nur drei Künstler, die derart umfassend die ganze Welt in ihrem Œuvre widerspiegeln: Shakespeare, Mozart und Picasso.« Und Loriot stimmt dem kopfnickend zu und bestätigt: »Das mag wohl wahr sein. Aber von mir ist wieder einmal gar nicht die Rede.« In Wahrheit ist natürlich immer wieder von ihm, dem Unvergessenen und Unvergessbaren, die Rede.

Der lange Abschied & Die letzten Auftritte

Es war ein großes Glück für mich, Vicco in seinen letzten Jahren so nah sein zu können. An ihm lernte ich, Nachsicht und Geduld mit dem Alter zu haben, liebevoll mit seinen immer stärker werdenden künstlerischen Zweifeln umzugehen – und was einer seiner Lieblingssätze bedeutete, der von der unvergessenen Mae West stammt: »Alt werden ist nichts für Feiglinge.« Vicco empfand es als »Zumutung«.

Den letzten Akt hatte er streng genommen schon 2005 eingeläutet, als er mit Romi und mir zum ersten Mal auf Berliner Friedhöfen unterwegs war, um nach einer geeigneten Grabstelle zu suchen. Dass es Berlin sein sollte, war schon länger klar. Vicco ging vor wie ein Regisseur auf Motivsuche. Alle Aspekte der Inszenierung eines Friedhofsbesuchs kamen ihm in den Sinn. Das Licht sollte gut sein, der Platz sollte frei von Lärm und die Vegetation üppig sein. Ein Jahr später beschrieb er den Nachmittag so: »Ich bin mit meiner Frau und Freunden schon über einige Friedhöfe marschiert, und wir haben uns angeguckt, wo wir am liebsten liegen würden. Hinterher haben wir im Café Apfelkuchen mit Schlagsahne gegessen und hatten den Eindruck, wir wären auf unserer eigenen Beerdigung gewesen.«

Damals war der Tod zwar ein Thema, aber eben doch ein sehr fernes. In späteren Jahren wurden seine Ahnungen konkreter, aber auch hier machte er sich einen Spaß daraus, sich über sein Alter lustig zu machen. Die Münchner »Abend-

Im »Kolumbarium« Berlin-Wilmersdorf

zeitung« hatte auf ihrem Titelblatt groß eine Liste angekündigt: »Wie viele Jahre Sie noch zu leben haben«, oder so ähnlich. Man konnte ausrechnen, wie viel Zeit einem noch blieb. Vicco kaufte neugierig das Blatt, ging die Liste durch, rechnete Lebensalter, Ernährungsgewohnheiten und körperliche Fitness zusammen und verkündete mir das erstaunliche Ergebnis: »Minus drei, ich müsste schon seit drei Jahren tot sein.«

2007 nahmen wir Vicco und Romi zu einer ausgedehnten Havel-Rundfahrt auf unserem Segelboot mit. Das Einsteigen war etwas mühsam, aber als er einmal saß, genoss Vicco intensiv die Ausblicke auf den Wannsee und die Pfaueninsel, wohl auch deshalb, weil er ahnte, dass sich dergleichen nicht mehr oft wiederholen würde. Mehrfach hörten wir bei dieser und ähnlichen Unternehmungen den Satz »Das war das Tollste, was ich jemals erlebt habe«, und in dem Superlativ schwang immer Abschied mit.

Bei einer gemeinsamen Fahrt ins Oderbruch besuchten wir das abseits gelegene Grab von Viccos im Zweiten Weltkrieg

Auf der Berliner Havel

gefallenen Bruder Johann-Albrecht. Wir fanden die Grabstätte im Park von Gorgast bei Küstrin, gingen auf dem Oderdeich spazieren, kehrten in einer rührenden kleinen Gaststätte hinter dem Deich ein und genossen in Neuhardenberg einen wunderschönen Sonnenuntergang. Kleine Reisen, die große Gefühle weckten.

Seine Kriegserlebnisse ließ Vicco erst in den letzten Jahren stärker an sich heran. Früher hatte er wohl hier und da von waghalsigen Schützenpanzerwagen-Manövern »Gang rein, Augen zu, Berg runter ...« erzählt, von Läusestichen, denen man nur beikam, wenn man mit den Fingern um den Stich herum kratzte, und von der ihn rettenden klassischen Literatur, die er an der Front immer rezitierte. Jetzt begann er auch, von seinen Erinnerungen an die schrecklicheren Dinge zu berichten.

Einmal war er bei einsetzender Dunkelheit versehentlich von seiner Einheit getrennt worden und mit seinem Panzerspähwagen eher zufällig in einen russischen Konvoi geraten. Er reihte sich mit einer gewissen Kaltblütigkeit zwischen die feindlichen Fahrzeuge ein und fuhr unbemerkt mit den Russen eine Strecke mit. Als sich eine Gelegenheit ergab, scherte er heimlich aus dem Konvoi wieder aus. Auf dem Weg zurück zu seiner Einheit fuhr er dann über ein schneebedecktes Feld. Sein Ziel war ein Wald am Rand des Feldes, in dem seine Kameraden lagen. Als er unversehrt bei ihnen ankam, sahen die Soldaten ihn entgeistert an – er war, ohne es zu ahnen, durch ein Minenfeld gefahren.

Erschüttert erzählte er, wie er ein anderes Mal mit mehreren Kameraden auf seinem Schützenpanzerwagen – einer Art offenem gepanzertem LKW mit Kettenantrieb und erhöhten Seitenwänden – durch feindliche Linien fuhr und unter Beschuss geriet. Die Soldaten hatten Angst, aber noch stärker als die Angst war die Scham, sich vor den Kameraden in die Hose zu machen. Sie riskierten lieber ihr Leben, sprangen vom halbwegs sicheren Fahrzeug ab, suchten sich im feindlichen Kugelhagel einen Platz am Straßenrand, verrichteten ihr Geschäft und sprangen wieder auf den Schützenpanzerwagen auf. Einige hat ihre Scham das Leben gekostet …

Bei seinen Erzählungen kam mir zunehmend der Gedanke, dass Viccos ironische Distanz, die Basis seines humoristischen Blicks, möglicherweise das Resultat dessen war, was der 18- bis 21-Jährige in Russland erlebt hatte. Er hatte dem Tod vielfach ins Auge geblickt und rettete sich in Humor.

Patrick Süskind hat 1993 im Vorwort zu einem Loriot-Katalog Ähnliches geäußert: »Man bedenke, dass Loriot einer Generation angehört, die sich von der Schulbank weg – in seinem Falle einer humanistischen Schulbank, auf der man ihn die Ideale des Guten, Schönen und Wahren gelehrt hatte – von einem Regime, das die Inkarnation des Schlechten, des Hässlichen und der Lüge war, mehr oder weniger freiwillig und frohgemut in einen Krieg hat schicken lassen, der ihr vier Jahre lang die Brutalität, Monstrosität und Absurdität menschlicher Existenz vor Augen führte! Wer solches erlebt und wohl nur aufgrund der Willkür des Zufalls überlebt hat, der kann in gewissem Sinne die Welt nicht mehr ernst nehmen.«

Und Christoph Stölzl, in seinem Essay »Wir sind Loriot« aus dem Jahr 2006: »Kein Neubeginn ohne tiefsten Kulturbruch; Vicco von Bülow hat oft erzählt, dass nur der Krieg und das Ende Preußens ihn zum Künstler gemacht haben, hinausgeworfen in eine Existenz ohne die festen sozialen Koordinaten, nach denen die Bülows über Jahrhunderte gelebt haben.«

Schließlich würdigte Bundestagspräsident Norbert Lammert in einem Nachruf Loriots Haltung zum Krieg und zitierte ihn mit einer Antwort auf die Frage, ob er ein guter Soldat gewesen sei: »Nicht gut genug, sonst hätte ich am 20. Juli 1944 zum Widerstand gehört. Aber für den schauerlichen deutschen Beitrag zur Weltgeschichte werde ich mich schämen bis an mein Lebensende.«

Vicco hatte, wie er sagte, »Schwein gehabt«. Er entkam auf dem Rückzug der russischen Gefangenschaft, weil er sich mit einigen seiner Kameraden vor den heranrückenden Russen in Österreich über eine Brücke der Enns retten konnte, deren anderes Ufer von den Amerikanern besetzt war. Bei Beckmann erzählte er, wie die Russen hinter ihnen erschienen und auf die letzten deutschen Soldaten schossen, die hinüber zu den Amerikanern wollten, »und da eröffneten die Amerikaner das Feuer auf die Russen – ein seltsamer Moment, der einen doch sehr nachdenklich stimmte über das, was Krieg bedeutet«.

Als er aus dem Krieg zurückkehrte, war er nach eigener Aussage antriebslos. Er arbeitete als Holzfäller, um Lebensmittelmarken zu bekommen. Erst als sein Vater ihm sagte: »Du zeichnest doch so hübsch, willst du nicht auf die Kunstakademie gehen?«, bekam sein Leben wieder eine Richtung. Als Student der Landeskunstschule Hamburg lernte er dann auch Romi kennen, mit der er sechzig Jahre lang verheiratet war.

320

Loriots öffentliche Auftritte in seinen letzten Lebensjahren, die ich miterleben durfte, waren allesamt sehr anrührend und bewegend.

Der Filmpreis wurde oben schon erwähnt. 2005 erklärte er sich bereit, zur Feier der 500. Kolumne im »SZ-Magazin« des von ihm hochverehrten Axel Hacke zwei von dessen Prosastücken vorzutragen. Als »Generalprobe« gab Vicco die kurzen Erzählungen »Ich kotz gleich« (in der es um einen renitenten Jungen geht, der seine Eltern terrorisiert, um einen Anti-Übelkeits-Kaugummi zu bekommen) und »Tallin« (die sich der Frage widmet, wie das ADAC-Länderlexikon ernsthaft behaupten könne, in Estland lebten auf jedem Quadratmeter 66 Hühner), bei uns zum Besten. Wir konnten nicht mehr vor Lachen.

☞ GEGENSCHUSS AXEL HACKE ☜

An den Moment, in dem Loriot im November 2005 die Bühne des Residenztheaters betrat, erinnere ich mich exakt: Drei Schauspieler hatten zwölf meiner damals 500 wöchentlichen Kolumnen im Magazin der »Süddeutschen Zeitung« gelesen. Als ich dann selbst auf die Bühne springen wollte, öffnete sich der Vorhang einen Spalt, heraus trat: Loriot.

Das Publikum machte ein Geräusch, ich weiß nicht – so einen Ton fassungsloser Freude und vollständiger Überraschung, eine Art geächztes Jauchzen. Loriot sagte, er habe sich gefreut, nach den zwölf bereits vorgelesenen Texten nun die anderen 488 Kolumnen zu Gehör zu bringen, wolle sich jedoch angesichts der vorgeschrittenen Zeit auf zwei beschränken. Und las, wie nur er so etwas konnte, mit jenem präzisen, millisekundengenauen Gefühl für Timing, für den Raum, den eine Pointe braucht, vorher, nachher.

Danach trug ich selbst noch eine Geschichte vor, mit rauer, gelegentlich versagender Stimme. Am Schluss standen wir nebeneinander auf der Bühne, und mir kamen die Tränen. Wissen Sie was? Glücklicher, als ich es an jenem Tag war, kann ein Mensch in seinem Beruf nicht werden.

✍

2006 bat das Berliner Renaissance-Theater ihn, an einer Benefiz-Matinee zur Rettung des Hauses teilzunehmen. Er mochte das Theater nicht nur aus nachbarschaftlicher Verbundenheit heraus, sondern auch weil wir kurz zuvor dort eine hinreißend komische Aufführung von Yasmina Rezas Stück »Kunst« gesehen hatten, mit Udo Samel, Peter Simonischek und Gerd Wameling. Außerdem amüsierte ihn – und mich – die Vorstellung, dass er im selben Haus auftreten würde, in dem ich 1955 als sechsjähriger Junge neben der von Vicco bewunderten großen Käthe Dorsch auf der Bühne gestanden hatte.

Vicco las auf der Veranstaltung, u. a. neben Gerd Wameling, seinen Text »Sprechen, sprach, gesprochen«, einen luziden Versuch über menschliche Kommunikation. Er begann mit einem Hinweis auf das Alter des Theaters: Es sei Mitte achtzig und bedürfe zur Aufrechterhaltung seiner Betriebssicherheit der Restaurierung – »Dieser Zustand ist mir vertraut.«

Als die Zuschauer des ZDF ihn im Rahmen der Voting-Show »Unsere Besten« im April 2007 zu Deutschlands beliebtestem Komiker wählten, machte ihm sein Lampenfieber wieder einmal zu schaffen (nicht wegen der Ehrung, sondern wegen des Live-Auftritts). Man möchte meinen, dass ein Profi wie er, der schon x-mal vor großem Publikum aufgetreten war, frei davon war. Irrtum. Und im Alter wurde es immer schlimmer. Seine ganze Umgebung wurde einbezogen und liebevoll terrorisiert. Diesmal kapitulierte selbst Romi und bat mich, ihn ins ZDF-Studio zu begleiten.

Den Ehrenpreis des Deutschen Comedypreises hat er dann im selben Jahr wegen der damit verbundenen Reise doch nicht mehr live vor Publikum entgegennehmen wollen. Er wurde ihm nach Ammerland gebracht, ohne dass eine Kamera dabei war.

Auch die Ehrenmitgliedschaft der hochwissenschaftlichen Deutschen Gesellschaft für Soziologie im Jahr 2010 nahm er nicht mehr persönlich entgegen. Er schickte mich nach Frankfurt, wo ich in der Paulskirche die Urkunde für ihn entgegennahm und in seinem Namen ein paar kurze Dankesworte sagen durfte. Vorher führte ein Zusammenschnitt von Loriots schönsten Momenten zu homerischem Soziologen-Gelächter in der heiligen Halle der Deutschen.

Aber nicht alle Ehrenbezeugungen machten ihm Mühe, manche freuten ihn sogar ganz außerordentlich. Sein alter Freund Joachim Kaiser hat zu seinen späten Geburtstagen die vielleicht schönsten Formulierungen über Loriot gefunden. Er nannte ihn einen »Preußen, wie Gott ihn träumt«, und gratulierte ihm zum Erscheinen seines Lebenswerkes mit den Worten: »Ich glaube, nur die Barbarei ist imstande, dem Lächeln Loriots zu widerstehen.«

Sein letzter Bühnenauftritt war »Candide«, am 14. Juli 2007 im Münchner Gärtnerplatztheater. Er hatte schon länger kein Bedürfnis mehr nach Öffentlichkeit, aber das Publikum wollte ihn unbedingt noch einmal auf der Bühne erleben. In den Tagen und Stunden vor der Aufführung war Vicco stark belastet. Vier Tage zuvor hatte der lyrische Tenor Jerry Hadley, der die Partie des Candide unter Bernstein uraufgeführt hatte, versucht, sich das Leben zu nehmen, und nur schwerstbehindert überlebt. Die Nachricht traf nicht nur Vicco, sondern noch viel mehr seinen Dirigenten David Stahl, der mit Hadley eng befreundet war. Vier Tage später starb Hadley.

Bevor es losging, zog David Stahl ein kleines Stück Bernstein aus der Tasche seines Fracks und reichte es Vicco, damit er es berührte. Vicco hatte Stahl den Stein zur Premiere in Erinnerung an den Komponisten und Mentor des Dirigenten geschenkt.

Die Aufführung war großartig. Bei allem Witz und aller musikalischen Brillanz lag aber auch die Wehmut der Dernière über der Vorstellung. Man hatte öffentlich verkündet, dass dies Loriots definitiv letzte »Candide«-Aufführung sei. Es war ein ergreifender Abschied von der Bühne.

In diese Zeit fiel auch Loriots letzter Opernbesuch als Zuschauer. Wagners »Parsifal« im Münchner Nationaltheater am 8. April 2007. Kent Nagano dirigierte, Nikolai Shukoff sang einen bemerkenswerten Titelhelden, John Tomlinson einen grandiosen Gurnemanz, die sehr moderne und sehr gelungene Inszenierung war von Peter Konwitschny.

Wie jung er aber trotz alledem fühlen konnte, bewies er noch im Frühjahr 2009, als er während des Gallery Weekends in Berlin weilte. Er hatte während eines Abendessens bei uns den jungen Berliner Maler Christian Awe kennengelernt, dessen künstlerische Wurzeln im Graffiti liegen. Vicco zeigte sich äußerst interessiert an den Arbeiten des jungen Kollegen. Am nächsten Tag fuhren wir mit Romi, Liele, meinen Töchtern und unserer gemeinsamen Freundin Gabriele Quandt nach Mitte, um die Ausstellung von Awe in Augenschein zu nehmen. Die großformatigen farbenfrohen Arbeiten hatten es Vicco angetan und die spontane Lebendigkeit des Malers auch. Als dieser ein paar Farbdosen aus einem Regal nahm, ließ Vicco sich verführen, zusammen mit Awe vor der Galerie eine (bereits mit einigen »Tags« versehene) Parkuhr zu besprühen. Wir machten Fotos von dem »Event«, der 85-jährige Vicco fühlte sich so jung wie lange nicht mehr und bestand darauf, im Anschluss daran noch durch mehrere Galerien zu ziehen und am Spätnachmittag in der Stammkneipe meiner Töchter einzukehren.

Das Gallery Weekend hatte es Vicco angetan. Im Jahr darauf machten wir eine weitere Tour durch Museen und Galerien. In meinem Tagebuch notierte ich: *»Bülow-Tag. Wir gehen, zusammen mit Leonore, in Museen und Galerien. Erst ins renovierte Naturkundemuseum zum Dinosaurier, den Vicco wie ein Kind bestaunt. Leider wird man das Gefühl nicht los, dass es für ihn eine Art Abschiedstournee ist. Kleines Essen im »me«, wo*

Loriot als Sprayer und als Ausstellungsbesucher

ihn mehr als alles andere die Wunderkammer begeistert. Dann noch kurz in die Zionskirche, die wegen Renovierung offen, aber zugehangen ist. Dennoch beeindruckend als Raum.«

Dinosaurier

Zur Abschiedsreise an sein geliebtes Mittelmeer kam es leider nicht mehr. Unsere Freundin Gabriele hatte die Idee, Vicco und Romi Ostern 2011 noch einmal in das Haus ihrer Familie nach Südfrankreich einzuladen. Vicco war krank, hörte von dem Plan und war zu tiefst gerührt: »... da wird man ja schon bei dem Gedanken gesund.«

Er wurde wieder gesund, für eine Reise ans Mittelmeer war er dann aber doch zu schwach. In Ammerland empfing er zu der Zeit nur noch engste Freunde.

Als ich mit meinen Töchtern im April 2011 zu Besuch war, ging es ihm nicht besonders gut. Der Kreislauf spielte nicht mehr mit, und ab und zu verließen ihn seine Kräfte. Als er, am Tisch sitzend, etwas länger als gewöhnlich die Augen schloss und leicht in sich zusammensackte, waren wir besorgt. Nach einer Weile gab er, ohne das Gesicht zu verziehen, ein kurzes, aber heftiges Schnarchgeräusch von sich. Romi war irritiert: »Das war jetzt aber ein Scherz, Vicco, oder?« Ohne die Augen zu öffnen, antwortete Vicco mit matter Stimme: »War'n Scherz ... mir geht's fabelhaft.« Wir waren erlöst. Vicco liebte es, mit Entsetzen Scherz zu treiben, und hat nie damit aufgehört, seine Umgebung zum Lachen zu bringen.

Beim letzten Besuch von meiner Frau und mir im Krankenhaus Starnberg hörten wir viel Musik. Wir hatten ihm einen kleinen Lautsprecher für seinen iPod besorgt, und er verdrehte glücklich die Augen, wenn er Passagen aus »Lohengrin« hörte oder René Kollo und Torsten Kerl in Korngolds »Die tote Stadt« verglich.

Als unsere Besuchstage am 9. Juli 2011 endeten, ahnten wir, dass wir uns nicht wiedersehen würden. Aber selbst hier verabschiedete er sich noch mit einem Scherz. Ich saß neben seinem Krankenbett auf einem Besucherstuhl und rutschte ein wenig zur Seite, wobei die Stuhlbeine ein eigentümlich pupsendes Geräusch machten. Vicco, der an diesem Nachmittag matt und schläfrig war, richtete sich im Bett auf, grinste breit, und sagte wie aus der Pistole geschossen: »Oh, Verzeihung ...«

Ich musste an seinen alten Feuerlöscherscherz denken, bei dem er durch vorgetäuschtes heftiges Zischen mit dem Mund seine Umgebung so gerne in Panik versetzte, an seinen Weinprobescherz und an seinen Satz, dass man »nur dann wirklichen Spaß am Leben behält, wenn man das Kindliche immer noch mitträgt«, vor allem aber an eine Geschichte, die er oft von seinem Vater erzählte, als der auf dem Sterbebett lag. Vicco saß mit Romi an seinem Bett, und er wusste, es würde zuende gehen. Romi begann einen Satz und sagte: »Weißt du, ich kann mir nicht vorstellen ...« Und in die Pause rein sagte der Vater sofort: »Du brauchst dir nich vorstellen, ick kenn dir ja schon!«

Während unserer Sommerferien in Südfrankreich erreichte mich am Abend des 22. August ein Anruf von Romi mit der traurigen Nachricht, dass mein Freund gestorben war. Er war im Kreise seiner Familie, mit Mops Emil zu seinen Füßen, friedlich eingeschlafen. Mit 87 Jahren.

Seltsam, von allen Nachrufen, Titelseiten und liebevollen Gedenkschriften, die in den folgenden Tagen erschienen, hat mich die lakonische ganzseitige Anzeige des Art Directors Club Deutschland in der FAZ am meisten gerührt.

Die Beisetzung fand im allerengsten Familienkreis statt. Ich war zu der Zeit in China und hielt an einer Schule für Animationsfilme einen Vortrag über Loriot, der den chinesischen Studenten größtes Vergnügen bereitete. Am meisten amüsierten sich die jungen Leute aus dem Land, in dem das Wahren des Gesichts so wichtig ist, über die »Nudel«.

Genau zum Zeitpunkt von Viccos Beisetzung war ich in Peking und besichtigte gerade den Himmelstempel. Auf dessen weitläufigem Gelände findet sich eine kleine runde Marmorscheibe, die die Chinesen als den Mittelpunkt der Welt ansehen. Ich stellte mich in eine Reihe von Touristen, um die Scheibe zu betreten. Von fern wehte leise Musik eines Straßenmusikers herüber. Als ich auf dem Stein stand und nach oben in den versmogten Pekinger Himmel blickte, kamen mir in Gedanken an den besten Freund, den man haben konnte, die Tränen.

Epilog

Am 17. September hielt Loriots Geburtsstadt Brandenburg im Dom eine Trauerfeier ab, wobei mir das Gedicht einer fünfzehnjährigen Schülerin, die als Stipendiatin der Vicco-von-Bülow-Stiftung an der Städtischen Musikschule ein Instrument lernen durfte, als besonders bewegend in Erinnerung geblieben ist. Nachdem auch die Gemeinde Münsing am Starnberger See im November ihres Ehrenbürgers gedacht hatte, fand am 18. Dezember 2011 im Berliner Renaissance-Theater eine letzte große Gedenkfeier für Vicco statt.

Gerd Wameling trat mit dem Scharoun-Ensemble auf und las Viccos Text zum »Karneval der Tiere«, Max Raabe sang, von Christoph Israel begleitet, drei Chansons, Klaus Schultz hielt eine wunderbare Rede, Olli Dittrich erzählte von seinem ersten Telefonat mit Vicco, und das Scharoun-Ensemble spielte außer dem »Karneval« noch Wagners »Siegfried-Idyll«. Die Familie hatte auch mich gebeten, ein paar Worte zu sagen.

In meiner Rede dankte ich Vicco für alles, was ich von ihm gelernt hatte, für seine Großzügigkeit und seine Freundschaft. Ich bedankte mich aber auch bei der Familie und bei drei Generationen von Möpsen, und ich erinnerte an unsere ersten Begegnungen und an unsere ungewöhnliche Verwandtschaft: »Die etwas weitläufige und komplizierte Verwandtschaft haben wir gepflegt. Du hast Briefe an mich mit ›folgsamer Neffe‹ unterschrieben, ich durfte als Onkel aus Berlin grüßen.«

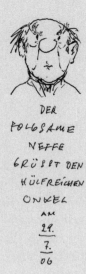

Seiner beispiellosen Eleganz, mit der er Schallplatten auf den Plattenteller legte, gedachte ich ebenso wie der herrlichen Zeiten in Bayreuth, auf der Elmau und bei »Grashoff«.

»Es war ein großes Glück und ein großer Spaß, mit dir zu arbeiten. Aber um wie viel größer war der Spaß, mit dir *nicht* zu arbeiten. Natürlich warst du der fleißigste aller Humoristen, dein Werk spricht für sich, aber dennoch hat dir, glaube ich, kaum etwas so viel Freude gemacht, wie dich genussvoll von der Arbeit abzulenken.«

Schließlich verabschiedete ich mich von ihm: »Vicco, ich vermisse dich, das gemeinsame Musikhören, die Gespräche mit dir, vor allem aber die samstäglichen Telefonanrufe mit der Frage: ›Sach' mal, gibt's heute Abend eigentlich Boxen? Du hast doch da so ein Ding, so'n Apparat, wo das drinsteht … schau doch mal nach …‹ Wie gerne würde ich das noch einmal für dich tun …«

Auch nach seinem Tod ist seine Präsenz ungebrochen. Gerade für uns, die wir weit weg vom Starnberger See wohnen, ist es oft so, als sei er nur für sehr lange Zeit in Ammerland. Wenn ich ihn auf einer DVD sehe, privat oder in einer Rolle, ist er für mich so lebendig wie eh und je.

•

Viccos Grab liegt auf dem Waldfriedhof in Berlin Charlottenburg. Aus Verehrung für ihn stellen unbekannte Fans immer wieder kleine Mopsfiguren und -tassen, insbesondere aber Unmengen von Badeenten auf seinen großen, breiten Grabstein. In der Berliner Tagespresse wurde schon ernsthaft die Frage diskutiert, ob ihm das wohl gefallen würde oder ob er empört gesagt hätte: »Die Ente bleibt draußen!«

Dank

Danke an Franziska Günther, die die Idee zu diesem Buch hatte, Danke an alle, die mit ihren »Gegenschüssen« das Buch bereichert haben. Danke an die Familie von Bülow, die mir gestattete, dieses Buch zu schreiben. Danke an meine Familie, die mich während der Niederschrift aushielt und tatkräftig unterstützte. Vor allem aber Danke an einen unvergessenen Freund – Vicco.

Personenregister

Adam, Adolphe   195
Ahlendorf, Herbert   165
Allen, Woody   193
Alt, Franz   173
Anders, Peter   197
Astaire, Fred   193 221 302
Atlantow, Wladimir Andrejewitsch
   198 f.
Awe, Christian   324

Bach, Johann Sebastian   29 37
   162 f. 273 289
Bakunin, Michail Aleksandrowitsch
   26
Barenboim, Daniel   109 284
Barth, Mario   220
Bauer, Oswald Georg   107
Baumgart, Reinhard   28 85
Becker, Meret   238
Beckmann, Reinhold   131 270 ff.
   287 320
Beethoven, Ludwig van   62 84
   122 f. 149 164–167 284 289
Behrens, Hildegard   176 202
Bendow, Wilhelm   75 280 f.
   307
Bergmann, Ingmar   85
Bernhard, Thomas   238
Bernini, Gian Lorenzo   102 f.
Bernstein, Leonard   169 202 212
   240 304 323

Bernstorff, Andrea Gräfin von
   245 315
Beczała, Piotr   197
Biberti, Bob   67
Bizet, Georges   196
Björling, Jussi   197
Bloch, Ernest   188
Bocuse, Paul   174
Bogdanski, Katja   155
Böhm, Karl   207
Böhm, Karlheinz   207
Boll, Hartmut   224–227
Böll, Heinrich   8 f.
Boltz, Bärbel   92
Bononcini, Giovanni Battista   195
Borkh, Inge   309
Borromini, Francesco   102
Bötticher, Ivo   267
Boulez, Pierre   106 207
Brahms, Johannes   149 289
Brainin, Norbert   62
Bramante, Donato   101
Braque, Georges   276

Brecht, Bertolt   141
Breest, Jürgen   8 11 19 84 144
Breth, Andrea   141
Brinkhaus-Lukschy, Maria   186 f.
   242 260 288 f. 293 305 324 326
Brücker, Vera   24 282
Bruckner, Anton   26

333

Buchmaier, Heidrun 244
Bülow-Quirk, Bettina von 15 38
  50 52 81 188 301
Bülow-Quirk, Charlotte von 189
Bülow-Quirk, Leopold von 188 f.
  222 242 255 281–284
Bülow, Charlotte Mathilde Luise
  von 39 40 44 48 f. 81 133 196
  234
Bülow, Hans von 104
Bülow, Johann-Albrecht Sigismund
  von 39 318
Bülow, Johann-Albrecht Wilhelm
  von 40 44 73 133 233
Bülow, Margarete von 44 f. 81
Bülow, Romi von 15 f. 40 77 105
  121–124 144 f. 186 ff. 191 f.
  203 211 224 239 f. 242 244
  252 f. 255 260 263 268 ff. 272
  275 282 284 288 f. 292 f. 303
  305 309 313 316 f. 320 322
  324–327
Bülow, Susanne von 15 40 134
  301 310
Bülow, Wilhelm von 45 50 145

Cagney, James 193
Campe, Joachim Heinrich 251 f.
Caravaggio, Michelangelo Merisi
  da 101
Carolsfeld, Julius Schnorr von 45
Carrell, Rudi 152
Carreras, José 197
Caruso, Enrico 29 200 208
Caspar, Horst 296
Chaplin, Charlie 92 218 232
Chéreau, Patrice 106 f. 109 249
Chirico, Giorgio de 146
Chopin, Frédéric 84
Cilea, Francesco 195
Clausnitzer, Claus-Dieter 55
Claussen, Jakob 299

Clemen, Harald 293 298
Conway, Russ 41
Cura, José 197

Defoe, Daniel 252 330
Denoke, Angela 206
Detmer, Andrea 308
Dietrich, Marlene 178 274
Ditfurth, Hoimar von 54
Dittrich, Olli 89 220 269 294 f.
  329
Domingo, Placido 162 197 f.
Domröse, Angelica 247
Donizetti, Gaetano 196
Dorsch, Käthe 322
Dumont, Margaret 106
Dürer, Albrecht 51 313
Dvořák, Antonín 238

Edwards, Blake 220
Engelke, Anke 216
Engels, Friedrich 236
Engerer, Brigitte 169
Ertel, Dieter 8 148
Eschenbach, Christoph 162
Everding, August 174 307

Fassbinder, Rainer Werner 19
Fischer-Dieskau, Dietrich 199
  312
Flora, Paul 312
Flotow, Friedrich von 208 f.
Fontane, Theodor 233
Frantz, Justus 162
Frey, Paul 198
Friedrich II. 210 259
Friedrich, Götz 153
Furtwängler, Wilhelm 205

Gaertner, Eduard 190
Gall, Roland 8
George, Heinrich 296

334

Gigli, Beniamino   29 195 f. 200 306

Ginsberg, Ernst   296

Giordano, Umberto   195

Gluck, Christoph Willibald Ritter von   122

Goes, Stephanie   85 f.

Goethe, Johann Wolfgang   236 240 289 330

Gottschalk, Thomas   171

Gounod, Charles   196

Graf, Dominik   176

Grant, Cary   170 297

Grass, Günter   267

Gregorovius, Ferdinand   100

Grieg, Edvard   169

Grigolo, Vittorio   204

Grosz, George   191

Grüber, Klaus Michael   19

Grzimek, Bernhard   67 ff.

Gulbransson, Olaf   232

Gulda, Friedrich   61

Güttler, Wolfgang   166 f.

Hacke, Axel   222 321 f.

Hadley, Jerry   323

Haeberlin, Paul   174

Haffmans, Gerd   127

Hamann, Evelyn   20 f. 34 f. 63 84 86–89 94 104 114 ff. 119 f. 134 139 141 f. 150 159 162 f. 173 177 182 f. 235 238 256 269–272

Hammacher, Christiane   140 292

Händel, Georg Friedrich   30 195 f.

Harryhausen, Ray   274

Havel, Václav   238

Haydn, Franz Joseph   62

Heerdegen, Edith   177 181

Hegel, Georg Wilhelm Friedrich 63

Hemingway, Ernest   146

Henze, Hans Werner   81

Herbig, Michael Bully   220 302 f.

Hitchcock, Alfred   151

Hitler, Adolf   106 113

Hofmann, Peter   108 f. 202

Höpcke, Klaus   121

Hope, Bob   193

Hoppe, Edgar   21 218

Hopper, Edward   276

Horowitz, Vladimir   122 f.

Hübner, Kurt   19

Hülsen, Hans von   100 ff.

Hylton, Jack   193

Israel, Christoph   241 329

Jackson, Peter   274

Jäger, Heino   220

Janáček, Leoš   238

Janssen, Horst   225

Jarmusch, Jim   218

Jauch, Günther   69

Jens, Walter   210

Juhnke, Harald   230

Kaiser, Joachim   122 f. 169 323

Karajan, Herbert von   165 169 172

Kaufmann, Jonas   204

Kaye, Danny   220

Kayssler, Friedrich   296

Keaton, Buster   218

Keilberth, Joseph   204

Kempff, Wilhelm   188

Kerkeling, Hape   155 f. 219 f. 231

Kerl, Torsten   206 326

Kleiber, Carlos   188

Kleist, Heinrich von   89 290 295 f. 298 310 330

Klitschko, Wladimir   290 313

335

Klocke, Piet 220
Kluge, Alexander 61
Knef, Hildegard 178
Koch, Marianne 116
Köhne, Olaf 270
Kollo, René 197 206 326
Kolumbus, Christoph 102
Konwitschny, Peter 324
Korngold, Erich Wolfgang 206
 326
Kowalski, Rudolf 141 ff. 153 f.
 161
Kraus, Alfredo 197 199 253
Krauß, Werner 296
Kremer, Gidon 61
Krüger, Franz-Otto 280 307
Kubitz, Peter Paul 275 f. 291
Kullmann, Charles 29
Kultzscher, Karl 77–80

Lammert, Norbert 320
Lauri-Volpi, Giacomo 29 195
Leoncavallo, Ruggero 195
 212
Lester, Buddy 221
Lewis, Jerry 221
Ligendza, Catarina 109
Liszt, Franz 171
Lorenz, Max 30 197
Lorenz, Peter 9
Lortzing, Gustav Albert 207
Löwenthal, Gerhard 92 f.
Ludwig, Otto 84
Lukschy, Josefine 187 202 242
 283 305 324 326
Lukschy, Leonore 187 202 242
 293 305 324 326
Lukschy, Wolfgang 5 f. 9 11 f.
 44 f. 67 144 185 f. 206
Lukschy, Wolfgang Jr. 11 f. 144,
 284

Mahler, Gustav 26 169
Malden, Karl 117
Mann, Thomas 60 73 216 238
 249
Mantovani, Annunzio Paolo 41
Marner, Kai Uwe 267 309
Marx, Karl 236
Mascagni, Pietro 212
Maß, Torsten 238
Massenet, Jules 196, 240

Masur, Kurt 122
Mazurok, Juri 199
Meier, Heinz 18 f. 35 54 ff. 70 90
 118 135 f. 138 150 157 259
Meier, Waltraud 109 307
Melchior, Lauritz 197 199
Melles, Sunnyi 180
Menuhin, Yehudi 61 169 171 f.
 307
Merkel, Angela 240
Merseburger, Peter 69
Meysel, Inge 271
Michelangelo 100 102
Milashkina, Tamara 199
Minks, Wilfried 19
Möller, Gunnar 140 292
Monaco, Mario del 30 195 309
Moores, Timothy 115 189
Mozart, Leopold 171
Mozart, Wolfgang Amadeus 26
 62 162 f. 189 207 289 315
Müller, Claudia 285 ff. 289 f. 309
Müller, Johannes 61
Mutter, Anne-Sophie 169
Nagano, Kent 324

Neblett, Carol 206
Neugebauer, Peter 223–228 232
Neuss, Wolfgang 233
Nowottny, Friedrich 23

Obama, Barack   278
Ochoa, Elvira   37 46
Ondra, Anny   151
Oppitz, Gerhard   162
Ozawa, Seiji   169 171

Pampuch, Helmut   108
Pannek, Bruno W.   57 62 ff. 66
   116 149 158 181
Pastewka, Bastian   218 244 f.
Patok, Ted   70
Pavarotti, Luciano   197
Pears, Peter   197
Pertile, Aureliano   195
Picasso, Pablo   30 275 f. 314 f.
Polanski, Roman   8
Pollini, Maurizio   122 f.
Ponnelle, Jean-Pierre   109
Poulenc, Francis   207
Price, Margaret   203 f.
Prinzler, Hans Helmut   273
Prokofjew, Sergej Sergeje-
   witsch   207
Puccini, Giacomo   163 195 253
   309

Quandt, Gabriele   324 f.
Quasthoff, Thomas   241

Raabe, Max   240 ff. 269 329
Rabin, Yitzhak   179
Raffael   102 276
Raimondi, Gianni   30 197
Rakete, Jim   284
Rast, Josef   100
Rateuke, Christian   176
Rau, Johannes   61 238 f.
Raue, Peter   240 245 305 314 f.
Ravel, Maurice   67
Regehr, Julia   246
Reim, Dagmar   276 ff.
Renoir, Jean   177

Reza, Yasmina   322
Richter-Kiewning, Gerd   267
Richter, Karl   37 46
Richter, Ludwig   251
Riegelbauer, Peter   238
Rilke, Rainer Maria   134 f.
Roeder, Karl-Heinrich von   48 f.
Roeder, Otto von   48 f. 50
Rossini, Gioachino   280
Rosvaenge, Helge   30 195
Rother, Rainer   274
Rühmkorf, Peter   278
Runge, Eckart   245 f.
Runge, Susanne   246

Saint-Saëns, Camille   172 207
Salminen, Matti   108 f.
Samel, Udo   322
Sander, Otto   180 210 f.
Sawallisch, Wolfgang   175 307
Scarlatti, Alessandro   196
Schack, Gertrud von   11 45 48
   144
Schack, Max von   45 48 ff. 145
Schack, Viktoria von   12 26 44
   100 186 239 289
Schäde, Heinz   24
Schafmeister, Heinrich   214 f.
Schaljapin, Fjodor Iwanowitsch
   200
Schanze, Michael   155
Scheel, Walter   150
Schidlof, Peter   62
Schiller, Friedrich   236 289 313
   330
Schilling, Günther   24
Schinkel, Karl Friedrich   82 190
Schlusnus, Heinrich   202
Schmidinger, Walter   238
Schmidt, Harald   220
Schmidt, Heiner   19 56 90
   138

337

Schmidt, Helmut   23 75 162 167 f. 173

Schmidt, Jürgen   98 f.

Schmidt, Manfred   41 99 228

Schmige, Hartmann   21 104 176 306

Schneider, Helge   220 242

Schnitzler, Karl-Eduard von   192

Schock, Rudolf   205 307

Schreier, Peter   197

Schubert, Franz   44 122 f. 149 189 199 206 312

Schukoff, Nikolai   324

Schultz, Klaus   89 209 212 214 329

Schumann, Robert   206

Schwalbé, Michel   167

Schwerdt, Peter H.   75

Schwindt, Moritz von   99

Searle, Ronald   30

Shakespeare, William   289 295 298 315

Shicoff, Neil   197

Simonischek, Peter   322

Sinkel, Bernhard   176

Slezak, Leo   197 206 222

Slezak, Walter   206

Smetana, Bedřich   62 238

Solti, Georg   112

Sophokles   114

Sperr, Franziska   149 189

Stahl, David   213 240 323

Steber, Eleanor   204

Stefano, Guiseppe Di   29 197

Stein, Peter   19

Steinberg, Saul   30

Stockhausen, Majella   238

Stoiber, Edmund   112

Stoltzenberg, Peter   19

Stölzl, Christoph   7320

Störk, Alexander   57

Stöver, Wolfgang   65

Strasser, Johano   149 189

Strauß, Franz Josef   67 75 150

Strindberg, August   85

Stroheim, Erich von   177

Süskind, Patrick   24 189 231 319

Suthaus, Ludwig   197

Swanson, Gloria   177

Tabori, George   19

Thate, Hilmar   247

Thoelke, Wim   22

Thomas Theodor Heine   232

Thompson, Tony   289 313

Thöny, Eduard   233

Thurber, James   220

Tomlinson, John   324

Toscanini, Arturo   205 280

Traubel, Helen   221

Tucher, Elisabeth   51

Varnay, Astrid   204

Verdi, Guiseppe Fortunino Francesco   26 195 f. 202 f. 205 240 253

Villazón, Rolando   197

Völker, Franz   30 197 200 307

Voltaire   210 212 240

Waalkes, Otto   242

Waechter, F. K.   30

Wagner, Cosima   104

Wagner, Richard   25 ff. 29 62 70 f. 83 99 104 ff. 109–113 146 172 183 196 200 202–206 208 ff. 222 253 313 324 329

Wagner, Wieland   113

Wagner, Winifred   106

Wagner, Wolfgang   104 113

Waldersee, Elsa Gräfin von   61

Wameling, Gerd   172 322 329 330

Wapnewski, Peter   218

338

Waz, Gerlinde 275 f. 291
Weathers, Felicia 114
Weber, Carl Maria von 209
Weber, Heino 117
Wehner, Herbert 67 75
Weizsäcker, Richard von 238
Wendekind, Marion 223–227
Wendlandt, Horst 184 242
Wenkoff, Spas 174 203
West, Mae 316
Wicki, Bernhard 5
Wilder, Billy 176 ff. 220 265
Wilhelm II. 45
Windgassen, Wolfgang 197
Wittich, Frieder 299

Wittrisch, Marcel 307
Witzigmann, Eckart 46
Wlaschiha, Ekkehard 109
Wunderlich, Fritz 197
Wunderlich, Paul 225

York, Pete 242 f.

Zadeck, Peter 19
Zamek, Claudia 99 105 121–124
    160 173 ff. 203 228 f.
Závodszky, Zoltán 206
Ziegenbalg, Oliver 299
Zimerman, Krystian 169
Zimmer, Hans 205
Zimmermann, Stefan 292

Bildnachweis

Archiv des Autors 48, 49, 147 © Stefan Lukschy: 12, 24, 57, 112, 126, 129, 140, 141, 145, 161, 203, 211, 224, 241, 254, 277, 283, 294, 296, 311, 317, 318, 325, 331

Radio Bremen 65 (Foto: Do Leibgirries), 88, 94 (Foto: Do Leibgirries), 158

Jürgen Schmidt, Bremen 97

Ulrike Kment, München 127

Dörte Gröning 136

Gustav Zimmermann 170

»Philharmonische Revue« (100 Jahre Berliner Philharmoniker, SFB, 1982, Regie Klaus Lindemann 172

Bavaria, München (Fotos: Klaus Reiter) 179, 180, 181

Bernd Schönberger, Berlin 246

ZDF Enterprises 302

Lead Agency: Scholz & Friends, Client: Art Directors Club für Deutschland (ADC) e.V., Marketing Direction: Anja Kaun, Executive Creative Direction: Matthias Spaetgens, Martin Pross, Creative Direction: Matthias Spaetgens, Martin Pross, Client Consulting: Katrin Seegers, Agency Production: Benito Schumacher, Copy: Matthias Spaetgens, Martin Pross 327

Loriot *Möpse und Menschen* Copyright ©1983, 2012 Diogenes Verlag AG Zürich 194

Loriot *Spätlese* Copyright © 2013 Diogenes Verlag AG Zürich 51, 111, 133

Der Abdruck der Zeichnungen auf den Seiten 5, 22, 306, 307 und 330 erfolgt mit freundlicher Genehmigung von Susanne von Bülow.

Trotz intensiver Recherchen ist es uns nicht in allen Fällen gelungen, die Rechteinhaber ausfindig zu machen. Berechtigte Ansprüche bitten wir an den Verlag zu richten.

Quellennachweis

Die Zitate von Loriot stammen aus folgenden Publikationen:

Bitte sagen Sie jetzt nichts Copyright © 2011 Diogenes Verlag Zürich

Loriot und die Künste Copyright © 2003 Diogenes Verlag Zürich

Kommentare Copyright © 1978, 1985 Diogenes Verlag Zürich

Möpse und Menschen Copyright © 1983, 2012 Diogenes Verlag Zürich

Gesammelte Prosa Copyright © 2006 Diogenes Verlag Zürich

Sehr verehrte Damen und Herren Copyright © 1993, 2011 Diogenes Verlag Zürich

Inhalt

Statt eines Vorwortes	5
Ammerland, die Erste	11
Vorbereitungen	17
Ammerland, die Zweite	23
Loriots sauberer Bildschirm (Loriot 1) – I. Akt	31
Loriots sauberer Bildschirm (Loriot 1) – II. Akt	37
Onkel Stefan	48
Loriots sauberer Bildschirm (Loriot 1) – III. Akt	53
☞ Gegenschuss Heinz Meier	56
Loriots Teleskizzen (Loriot 2)	60
Exkurs – Die Stimme des Zeichners	72
Loriot und Berlin	77
Loriot 3 – Evelyn & die Nudel	84
Grashoff	96
Ausflug I – Rom	100
Ausflug II – Bayreuth	104
Loriot 4	114
Berlin (Ost), die Zweite	121
Hunde	126
Loriot 5	134
☞ Gegenschuss Rudolf Kowalski	142
Intermezzo	144
Loriot 6	148
☞ Gegenschuss Hape Kerkeling	155
1979 – Kein Jahr ohne Loriot	160

Die Berliner Philharmoniker 162
 ☞ Gegenschuss Helmut Schmidt 168
Report, Billy Wilder, »Der Göttliche« & Der 60. Geburtstag. 173
Familie, Freunde & Häusliches 185
Berlin, die Dritte – Swing 190
Italienische Tenöre,noch mehr Wagner & Opernbesuche 194
Loriots musikalische Werke. 207
 ☞ Gegenschuss Otto Sander 211
Komik & Kollegen 214
 ☞ Gegenschuss Heinrich Schafmeister 214
»Boll ist toll« – Wahre Geschichten, Witze & große Gefühle. 223
 ☞ Gegenschuss Peter Neugebauer 224
Begegnungen. 237
 ☞ Gegenschuss Max Raabe 241
 ☞ Gegenschuss Bastian Pastewka 244
Der alte Mann und die Technik. 248
DVD-Box I – Die vollständige Fernsehedition 256
Evelyns Tod. 270
Das Museum. 273
 ☞ Gegenschuss Dagmar Reim 277
2008 – Zumutungen & Glücksmomente 280
Das letzte große Interview und der 85. 285
Professor Loriot. 293
 ☞ Gegenschuss Harald Clemen 298
Der Deutsche Filmpreis 300
 ☞ Gegenschuss Michael Bully Herbig. 303
DVD-Box II – Loriot und die Musik 304
Der letzte Sketch 309
Das Alterswerk 312
 ☞ Gegenschuss Peter Raue 314
Der lange Abschied & Die letzten Auftritte. 316

☞ Gegenschuss Axel Hacke. 321
Epilog 329
Dank. 332
Personenregister. 333
Bildnachweis. 340
Quellennachweis 341

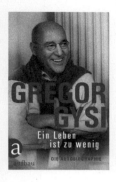

Gregor Gysi
Ein Leben ist zu wenig
Die Autobiographie
Mit 45 Fotos
583 Seiten. Gebunden
ISBN 978-3-351-03684-3
Auch als E-Book erhältlich

So offen und persönlich wie noch nie: die Autobiographie

Gregor Gysi hat linkes Denken geprägt und wurde zu einem seiner wichtigsten Protagonisten. Hier erzählt er von seinen zahlreichen Leben: als Familienvater, Anwalt, Politiker, Autor und Moderator. Seine Autobiographie ist ein Geschichts-Buch, das die Erschütterungen und Extreme, die Entwürfe und Enttäuschungen des 20. Jahrhunderts auf sehr persönliche Weise erlebbar macht.

»Diese Autobiografie ist ehrlich. Gysi spricht offen über sich. Er hat besten Einblick in die DDR-Verhältnisse. Daher ist sein Buch ein bleibendes Geschichtswerk.« SÜDDEUTSCHE ZEITUNG

Regelmäßige Informationen erhalten Sie über unseren Newsletter. Jetzt anmelden unter: www.aufbau-verlag.de/newsletter

Dagmar Manzel
Menschenskind
Eine Autobiographie in Gesprächen
mit Knut Elstermann
Mit 38 Fotos
239 Seiten. Gebunden
ISBN 978-3-351-03649-2
Auch als E-Book erhältlich

Charme, Direktheit und künstlerische Qualität

Wer »La Manzel« noch nicht zu Füßen liegt, wird es spätestens nach diesem Buch.
Sie trägt die mit Pailletten besetzte Robe ebenso elegant wie die Lederkluft. Wie kaum eine andere Schauspielerin schafft sie es, sich jede Rolle chamäleongleich anzueignen, ist mal rotzfreche Göre, mal Dame von Welt. Ihre Fans kennen sie von zahlreichen Theater- und Operettenrollen. Einem Millionenpublikum ist sie überdies als Tatort-Kommissarin bekannt. Nun erscheint die erste Autobiographie der großen Schauspielerin und Sängerin, die sie gemeinsam mit dem Radiomoderator und Kinoexperten Knut Elstermann verfasst hat. Außerdem kommen zahlreiche Kollegen und Weggefährten, wie Matthias Habich, Barrie Kosky und Johanna Schall, zu Wort.

»Mich fasziniert ihre Direktheit, ihr Realismus.« ULRICH MATTHES

Regelmäßige Informationen erhalten Sie über unseren Newsletter. Jetzt anmelden unter: www.aufbau-verlag.de/newsletter

Bernd-Lutz Lange
Das gabs früher nicht
Ein Auslaufmodell zieht Bilanz
349 Seiten
ISBN 978-3-351-03650-8
Auch als E-Book erhältlich

Ein kluger Kritiker des Zeitgeists

Wofür braucht der Mensch einen »Wellnesswecker«? Wieso streben alle einen definierten Body an, aber sprechen ein undefinierbares Deutsch? Und wenn alle auf Stand-by sind, warum haben dann so wenige einen Standpunkt? – Indem er das Früher mit dem Heute vergleicht, rechnet Bernd-Lutz Lange mit dem Zeitgeist ab.

»Es scheint mir, dass ich in eine Zeit geraten bin, in der vieles, was sich zum Teil über Jahrhunderte erhalten hat, nun verschwindet.

Regelmäßige Informationen erhalten Sie über unseren Newsletter. Jetzt anmelden unter: www.aufbau-verlag.de/newsletter

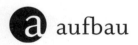

Katrin Weber
Sie werden lachen
Größtenteils schonungslose Erinnerungen
198 Seiten. Gebunden
ISBN 978-3-351-03667-6
Auch als E-Book erhältlich

Die ganze Wahrheit über die lustigste Frau Sachsens

Zwischen Cremetöpfchen und Fettnäpfchen: Katrin Weber ist einer der hellsten Sterne am sächsischen Kabaretthimmel. Zusammen mit Bestsellerautor Stefan Schwarz plaudert sie aus ihrem Leben voller Missgeschicke, Pannen und Ungeschicktheiten – größtenteils ehrlich und umwerfend komisch. Sie werden lachen. Garantiert.

»Katrin Weber ist auf der Bühne eine Diva, die blitzschnell in die Komik kippen kann. Eben ist sie noch eine Frau, die sich total daneben benimmt, und schon glänzt sie als Grande Dame. Ich habe noch nie mit jemandem so viel gelacht wie mit ihr.« BERND-LUTZ LANGE

Regelmäßige Informationen erhalten Sie über unseren Newsletter. Jetzt anmelden unter: www.aufbau-verlag.de/newsletter

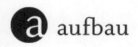

Tom Pauls
Das wird mir nicht nochmal passieren
Meine fabelhafte Jugend
235 Seiten
ISBN 978-3-7466-3224-7
Auch als E-Book erhältlich

Aus dem Leben eines Vollblutsachsen

Tom Pauls, Kabarettist, Schauspieler und Musiker, gehört zu den unangefochtenen Stars des mitteldeutschen Kabaretts. Hier erzählt er so persönlich wie nie zuvor von seinem Leben als Vollblutsachse und lässt den Leser hautnah teilhaben an den Siegen und Niederlagen des heranwachsenden Künstlers.

Tom, der Junge mit den schwarzen Locken, ist Brandstifter, Grabräuber, Schulschwänzer, vor allem aber eine halbe Portion. Doch er hält von Anfang an dagegen: mit Schlagfertigkeit, Witz und der großen Gusche, für die ihn heute sein Publikum liebt. Wie Klamotten, Haare und Gesinnung einen Jugendlichen zum Kriminellen machen, warum es nicht ratsam ist, im Ferienlager an der Ostsee Sächsisch zu sprechen, und was passieren kann, wenn man in einer Leipziger Neubauwohnung mit einem Luftgewehr das Schießen übt – mitreißend und witzig erzählt Tom Pauls Anekdoten und Schoten aus seinem Leben.

Regelmäßige Informationen erhalten Sie über unseren Newsletter. Jetzt anmelden unter: www.aufbau-verlag.de/newsletter

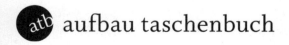